商界40年

弄潮儿

1989—1998

《商界》 考拉看看 主编 | 商界杂志社采编团队 著

浙江人民出版社

图书在版编目（CIP）数据

商界40年. 弄潮儿 : 1989-1998 / 《商界》，考拉看看主编 ; 商界杂志社采编团队著. -- 杭州 : 浙江人民出版社, 2019. 10

ISBN 978-7-213-09450-7

Ⅰ. ①商… Ⅱ. ①商… ②考… ③商… Ⅲ. ①民营企业—企业家—生平事迹—中国—现代 Ⅳ. ①K825.38

中国版本图书馆CIP数据核字（2019）第202875号

商界 40 年：弄潮儿（1989—1998）

《商界》 考拉看看 主编

商界杂志社采编团队 著

出版发行：浙江人民出版社（杭州市体育场路 347 号 邮编：310006）

市场部电话：（0571）85061682 85176516

责任编辑：朱康平 何英娇

营销编辑：陈雯怡

责任校对：姚建国

责任印务：聂绪东

封面设计：观止堂_未氓

电脑制版：北京唐人佳悦文化传播有限公司

印 刷：北京阳光印易科技有限公司

开 本：710 毫米 ×1000 毫米 1/16 印 张：20

字 数：283 千字 插 页：1

版 次：2019 年 10 月第 1 版 印 次：2019 年 10 月第 1 次印刷

书 号：ISBN 978-7-213-09450-7

定 价：68.00 元

目 录

上篇 柳暗花明又一村（1989—1994）

上篇 | 柳暗花明又一村

（1989—1994）

1989年是中华人民共和国成立40年，改革开放则进入第11个年头。这一年，中国过得并不平静，国际政治风波使得中国面临着自改革开放以来最艰难的外部环境。

1989年5月5日，中共十三届四中全会召开前夕，当时的美国总统布什公开发表谴责中国的声明，宣布对中国采取包括暂停一切武器销售和商业性武器出口、暂停美中军事领导人之间的互访等制裁措施，并"同情地重新研究中国留美学生要延长逗留时间的请求"。紧随其后，世界银行发言人宣布中止向中国发放新的贷款；日本政府暂停对中国的一切援助；第四十一届欧洲共同体首脑会议通过制裁中国的《关于中国的声明》；西方七国首脑和欧洲共同体主席共同发表谴责中国的政治宣言……

一时间，四面楚歌，西方世界在制裁中国的立场上表现出了高度的"一致"。然而这样的"施压"并没有摧毁中国要稳定发展、实现改革开放的决心，邓小平同志提出了"改革开放要加大力度"的观点，"上海是我们的王牌，把上海搞起来是一条捷径"。

国内，人们正在"计划经济"和"市场经济"间举棋不定，股份制浪潮被掀起。为了抑制通货膨胀、商品产量过剩，工厂停产、职工"下岗"，国内的形势也不算乐观。

世界发生了巨变，波兰、匈牙利、捷克斯洛伐克等东欧社会主义国家相继发生剧变；柏林墙倒塌，分裂了45年的德国重新统一；第一个社会主义国家苏联也面临解体……

苏联的解体使中国开始反思自己要走的道路，国家领导人与专家学者共同商讨中国经济未来的发展模式，经过前后10次的讨论，最终基本达成共识，认为中国经济体制和机制应走"市场取向"的路子，为中国经济体制改革的走向和路径提供了理论参考。①

---

① 参见《伟大的历程：中国改革开放30年》第四章载顾亚奇《关于经济体制改革的讨论：商品经济也就是市场经济》。

第一章

以点带面|改革全面开花

在20世纪最后一个10年中，“市场”和“接轨”成为这个时间段解读中国的关键词。对外，中国人面对的是西方的制裁，持续了将近半个世纪的冷战格局被打破，而曾经的社会主义阵营也存入了历史词库；对内，中国人面对的是从计划经济到市场经济的大步跨越，从孤立封闭到全面开放的历史蜕变。

20世纪90年代是“淘金”的黄金年代，中国经济发展面对着太多的不确定，但恰巧是这种“不确定”带来了无限的商机，很多成功的企业家在这10年之中淘到了金，他们玩笑地表示，“那几年，中国遍地都是黄金”。

然而，历史学家们在研究这段历史之时，都会注意到一个事实：在世界风云变幻的历史时刻，中国人依然坚定地走自己的路。坚持改革开放，以卓有成效的探索，创造了世界历史上前所未有的社会主义市场经济，观念的突破和制度的创新为此后中国的经济发展提供了不竭的动力。

黄远成：广东“无轨车站第一人”

1988年之后，黄远成发现商机，注册成立广东远成储运公司，挂靠广州白云区河塘乡，首开全国铁路货运市场化运作的先河。远成储运在市场上设立托运处，代表火车站成为货运窗口，大大方便了南来北往的托运客户，很快被媒体誉为“广东第一家无轨车站”。

“无轨车站”利人利己，更是利国利民。很快，滚滚而来的财富令黄远成名震珠三角。

（一）物流行业的新起点

1982年夏天，18岁的四川仁寿县青年黄远成，饥肠辘辘地走出广州火车站，身上只剩下5毛钱。

他从没有挨过饿，也从没有吃过苦。他远在仁寿县的父母都是教师，家境不错；而他自己原来也已进入县供销社上班。可是对这个曾经希望“人生的每一分钟都活得很精彩”的年轻人来说，供销社的“铁饭碗”显然很不精彩。于是在某一天清晨，黄远成带着零花钱，离家出走，消失在南下茫茫打工潮中。

广州火车站的面包1块钱1个，此时的黄远成10个面包都吃得下，却1个面包也买不起。第一次挨饿才知道饥饿的可怕——原来人生的每一次精彩，都要以填饱肚子为基础。

夜幕降临，一些民工在广场铺上凉席，然后每人给火车站保安交1块钱，就此“低成本”过夜。黄远成走向一个看上去和善的老头，问他有没有5毛钱，希望两人合起来买一个面包，一人分一半。老头给了他 5 毛钱，却不要那一半面包。但黄远成坚持只吃一半面包。

老头看他很有个性也很有头脑，就说："你有没有事做？要不然跟着我干？"

黄远成没事做，于是第二天他就和老头一样成了广州火车站的装卸工，并且一干就是 6 年。

1988 年，24 岁的黄远成已经在广州火车站小有名气了。他爱好学习，有头脑，爱交朋友，讲诚信。这一年，年纪轻轻的他竟然提出要跟火车站合作，搞一个叫"无轨车站"的新生事物。

创新源于日常的观察：由于珠三角经济的高速发展，广东铁路运输能力一天比一天紧张，运输货物的客户每天都要在火车站排着长队等待装运。黄远成想，我可不可以搞一个公司与铁路合作，先把货物收下来，等客户走后，我再统一装车？此举肯定受客户欢迎，而铁路上不也因此减少了人力开支，获得了额外收益吗？

他开始运作这件事情——通过房东，他认识了火车站饭堂主任，通过饭堂主任的引荐，他见到了站长。而此时站长正想着怎么改变车站的现状，黄远成的想法让他找到了突破口。

站长把铁路中层以上的干部召集起来，让黄远成给他们讲了堂课：为什么要办这个项目，能给铁路和车站的职工带来什么好处……黄远成精心准备，讲得十分成功。大家在现场都被这个年轻人打动了，"哗哗哗"地鼓掌。

分站长也被打动了，他给黄远成出主意：中国铁路不跟个体户合作，只能跟政府合作。你们成立一个公司，找个乡政府挂靠一下，就可以来签合同。

1988 年，黄远成用 1 万多元积蓄，注册成立了广东远成储运公司，挂靠在广州市白云区河塘乡，首开全国铁路货运市场化运作的先河。远成储运公司在市场上设立托运处，代表火车站成为货运窗口，大大方便了南来北往的托运客户，很快被媒体誉为"广东第一家无轨车站"。

"无轨车站"利人利己。按约定，合作三方每月以一定的比例分配利润：火车站拿六成，河塘乡拿三成，黄远成拿一成。时值广货鹊起风靡全国之际，因此远成储运公司的业务应接不暇，不到半年，黄远成就分得了近10万元利润。

“无轨车站”更是利国利民。改革令多方受益，在珠三角获得隆重推广，黄远成成为无数家火车站的座上嘉宾。1990年后，随着政策的变化，远成储运公司获得直接和铁路部门打交道的权力，逐步形成一方面向客户收取服务费，一方面代客户向铁路缴纳货运费的代理商模式，这样获得的收益就百分之百归自己了。

滚滚而来的财富令黄远成名震珠三角。

然而名气不光带来荣耀，同时还带来竞争。铁路货运代理并不复杂，相关知识略通一二便可独立操作。于是黄远成的公司成为“黄埔军校”，羽翼丰满者展翅高飞，“卧底式创业”此起彼伏。一两年内，“徒子徒孙”的公司如雨后春笋般开在了远成储运的每一家分公司周围。1995年前后，年轻的黄远成在珠三角人前人后地被称为“黄校长”。

竞争对手出现了，竞争对手成长了，竞争对手超过自己了……

“铁打的营盘流水的兵”，黄远成备感孤独，他需要对公司忠心耿耿的得力助手。助手物色到了，黄远成决心用人不疑，将各种技能、关系倾囊相授，令其打理公司大部分业务。自己腾出手来，在珠三角进行大规模的跑马圈地运动，以证明远成储运公司才是“行业的领头羊”。

跑马圈地本已气喘吁吁；正在节骨眼上，得力助手再一次宣布辞职，并带走了远成储运一大批骨干。跟随他们走的，是无数的客户，无数的资源，无数的合作；接踵而至的，是一系列的官司和赔偿。

1997年，黄远成遭遇精神和物质双重打击，公司元气大伤，项目停摆，官司缠身，执行赔偿之后，珠三角20多家分公司已发不出工资。“为此黄老板连续三次举债高利贷，宁愿借500万还1 000万，也不拖欠员工的工资。”危机从另一个方面又让他深深地感动了留下来的员工。

这一年黄远成一面疗伤，一面开始思考：是什么原因，令那些看似强大的企业如此脆弱?

答案很快找到了：因为没有门槛——此时此刻，几乎每个人都可以去注册个公司，挤进同一个市场，然后和他做差不多的生意。而远成储运无论公司招多少员工、开多少分公司，上台阶的都只是规模，而不是核心竞争力。

（二）天下第一包

1997年底，远成储运公司渐渐缓过气来的时候，中国铁路运输系统，这个“中国计划经济最后的堡垒”正在酝酿一场史无前例的改革。

改革的背景是，中国经济蓬勃发展，全国货运规模急剧扩张；但由于体制滞后，以及运输方式的多样化，尤其是航空及公路运输的崛起，铁路货运的相对比例反而逐年下降。铁道部高层深具危机意识，决定推行市场化改革，借助民营企业的力量改变自身“脸难看、门难进、事难办”的“铁老大”形象。这一年，铁道部推出新产品试点——成都至广州、成都至上海的“行包专列”，并第一次公开邀请民营企业承包经营。

然而承包经营苛刻的结算方式，令所有业内人士望而却步：承包者每天必须向铁道部指定的银行账户存入数以10万元计的当日承包金。以成都至上海行包线为例，计算下来，承包者只有每月向上海承运货物达500个车皮以上才能盈利。而在此之前，成都铁路部门的此项数据仅为每月100个车皮。至于成都至广州路线，更是货运人士心目中的“垃圾线”，由于来货多、出货少，成都开往广州的列车每天都是“大量的车皮装着空气远去”。

所有的人都沉默，黄远成却大步上前，成为“第一个吃螃蟹的人”。

“我敢做不是因为我冲动，而是源于基本的判断。”黄远成告诉记者，“首先，在这个行业里，铁路是一种有限资源，谁率先掌握了它，谁就有率先迈向崭新发展空间的可能；其次，国有体制下赚不了钱的事情，民营体制下却未必赚不了钱；另外，我们还是这个行业的开创者，是与铁路及客户打交道经验最丰富的企业。”

这只“螃蟹”后来被证明吃得极为正确。合同一签，远成储运公司一个划时代的新起点就开始了。黄远成迅速将公司的重心倒向成都，宣布进入第二次创业期。

二次创业人气高涨：“民营企业承包铁路干线”本身就是一个激动人心的事件，何况黄老板与所有员工同吃同住同甘共苦，从不拖欠员工工资已传为佳话……

但面对每天如此巨额的运货量，仅有激情似乎并不够，还得有方法。黄远成迅速购置车辆，开通“城际配送”，用公路运输的模式，把中心城市铁路干线运输的触角延伸至四川乃至整个西南的二三线城市，大大扩充了货源基础。毫无疑问，这又是一次行业的创举。

然后远成储运公司开拓市场的商务人员创造性地“把托运处装进手提包”，怀着前所未有的敬业精神深入城市的末端，深耕企业的市场，并把铁路运输部门员工认为不可能的合同带回公司。他们中业绩优秀的，每月可获得数万元的奖金。

1998 年 6 月 18 日，“远成行包专列”正式开通。不到三个月时间，两条线路扭亏为赢，货运量分别比原来增长 10 倍，成都至上海的每月发货量达 1 000 个车皮，创造了民营物流企业“点石成金”的奇迹。

（三）黄远成的武器

“武器”之一：半军事化管理

让我们暂时忘记行邮专列的亏损，换一个视角，从内部来看看黄远成为什么敢于亏损。黄远成告诉记者，远成集团与别的物流企业大有不同，最大的区别，就是企业文化。而远成企业文化的核心，就是行业内独此一家的半军事化管理。

在记者的眼中，远成半军事化管理的主要内容有三方面：

1. 新员工军训。所有新招聘的员工必须参加 10 天以上严格的准军事化训练，强化学习企业制度，矫正个人不良习惯。

2. 异地用工制，远成为家观。远成旗下所有的公司几乎都实行异地用工制，因此所有的员工吃住都在公司，早上统一起床，晚上统一熄灯，食堂统一吃饭（黄远成也不例外），服装统一定制……个人不为生活琐事操心，就连娱乐，也是公司每月组织月庆活动，供年轻人展示才华，张扬个性，实实在在可称为“企业就是我的家”。

3. 严厉的企业制度。这么多年以来，远成几乎每一个岗位、每一个环节都逐步形成了严格的行为规范和奖惩制度，而且远成也是民营企业中少有的能够在制度上做到令行禁止、有错必纠的企业。

围绕坚实的半军事化管理体系，从集团总部开始，层层衍生的相关企业文化，则以相对柔性的方式影响着每一个员工，比如融入企业每一个操作环节的“以客为尊”的服务观念，比如上上下下对“诚信做人”无比遵行的企业氛围，比如因多年来企业同事上下平等、人与人之间关系简单而萌生的“企业民主政治”的雏形……

对外，这些企业文化的基本要素，则构成了远成员工的外在形象。比如远成规定企业员工在外必须穿工服，佩领章、戴工牌，而且绝不允许请客吃饭、抽烟喝酒。“要用你所有的言行举止告诉客户，远成是一个规范的、有品质的、一诺千金的企业。”黄远成说。同时在远成货运列车经停的每一个车站，每当装卸时间到来，装卸队伍一定是穿着整齐的工装，列队进站接车，堪称一大企业文化景观。

记者在数日的采访中，曾经多次从内心产生疑惑：这样讲求整齐划一、抑制员工个性的管理模式，不正好是和当今“以人为本”的现代企业管理理念背道而驰吗？

然而再做进一步的了解，才发现这“看上去很不美”的一套体系，竟然就是和物流业特征及企业发展阶段极端匹配的最佳管理模式，而且实践证明，它已成为黄远成推动企业扩张的第一“杀手锏”。

黄远成告诉记者:"远成竞争力的四个关键词是:成本、服务、网络、速度。除成本之外,其他三方面都要从远成的企业文化里寻找动力。"

服务是什么?

黄远成认为,服务就是企业和企业员工可能与客户接触的每一个环节,向客户传达的感觉。比如客户对前来取货、交货司机的感觉,客户和商务代表打交道的感觉,客户与财务结算环节打交道的感觉,还有最根本的就是对货运质量的感觉——大家都知道铁路运输原来跟质量差是画等号的,拖时、破损、野蛮搬运等。要改变就必须有效地控制住搬运环节,而这就是半军事化管理的核心内容——强调纪律,而且还要从形式上告诉你,你开始进入工作状态了,需要你严肃起来、严谨起来。

半军事化管理的另一个优势就是企业效率高:物流企业常有赶急的货运,铁路货运更是必须准点发车。别的企业在这种时候等把人员召集完毕,时间可能已经耽误了。而远成却是半夜一声哨响,全体人员集合,很快就能行动。

2004年6月,"远成行邮专列"第一次开通,北京火车站突然告知:本站的力量无法完成这些新鲜物资的搬运。远成北京分公司负责人一声令下,40多名穿西装、打领带的管理人员和100多名远成装卸工一起,实实在在地做了一次令对方目瞪口呆的演示。赶来北京剪彩的黄远成也投身其中,干得热泪盈眶。事后,黄远成亲笔写了致全体员工的一封信——《谢谢你们给我信心和希望》。

远成半军事化管理还有一个其他人几乎难以想象的好处:由于异地化用工,所以人员流动方便。远成集团综合部一位员工曾得意地告诉记者:"这几年来,我大半个中国都走遍了。"从某种意义上说,是员工的流动性推动了这个企业拓展的速度。假如远成要开拓一个新的地方市场,当即就可以调拨一批老员工前往,他们熟悉企业及业务,只需把执行标准、操作模式、经营理念、企业文化完整地带过去,而不再需要带任何东西。老员工们也会欣然而去,因为他们在企业干了多年,终于有了独立登上舞台的机会。

当然也有一些员工会离开公司。但远成管理层认为,这是物流企业人员流动性高的共同特征，“我们只需把适合远成集团的人留下来”。自2004年以来，在远成高速扩展的过程中，已经进行了8次大规模的招聘。在这一过程中，半军事化管理的优势再一次得到体现：毕竟有形的东西更容易让人学会，“形式主义”能让新人们很快找到感觉，迅速适应工作岗位。

黄远成曾经对一位日本同行说：“面对未来，远成最大的底气来自这支队伍。”日本客人大惑不解，因为他发现自己公司的队伍仿佛更有素质。黄远成摇摇头，不再做解释，可内心却越发深信，对于企业管理来说，匹配就是硬道理。

“武器”之二：深度潜行的战略野心

也许正是由于这支队伍的力量，远成行邮专列开始慢慢止损，第一个月平均每天亏损100万元以上，第二个月降为70万元，第三个月降为40万元，第五个月降为15万元，到2004年12月底，黄远成宣布盈亏平衡。

远成行邮专列一止损，所有过去人们看不懂的远成布局，突然闪射出难以掩饰的光芒。

众所周知，中国的物流企业以“小、散、多”闻名于世，到2003年已达到73万家，平均每家企业拥有货运车辆两辆，基本等于汽车运输个体户。然而这么多年为什么没有像其他行业一样，因竞争而集中化、规模化呢？黄远成认为，根本原因就是有规模的企业并没有形成规模优势；而个体户却通过超载、躲避税收等方式，降低单位成本，处于打不死也吞并不了的状态。

因此，在拥有铁路运输资源的优势之后，黄远成致力于推动的事情就是大力开拓城际配送业务，以形成远成物流特有的运营模式——干线运输依托铁路。其最大的优势是单位成本低于公路运输，两端连接汽车配送，以汽车配送门到门的服务优势，弥补铁路运输灵活性的不足。对客户来说，铁路运输加上城际配送的运输方式，其平均成本已低于纯公路运输，而便利性却丝毫不减。

同时，他还在数年间高效率地强化以提升客户服务为基础的品牌认同度；量化关键绩效考核以提高及时派送率，降低破损率；通过技术的提升和流程的再造（如2004年全面推广全托盘式搬运），从根本上提高作业效率，改善运营质量。

这就构成了黄远成的第一个战略野心——远成集团需要尽快从低成本、高效率的竞争点上获取根本优势，同时从品牌上赢得客户的绝对认同和安全感，以此“不战而屈人之兵”，把行业“小、散、多”的现状变为行业“大、集、优”的起点，并真正实现远成物流向现代物流企业的转型。

黄远成的第二个战略野心，潜藏在自1998年以来他的“重资产”经营模式中：在运输工具上，远成集团主张全资购买或承包经营；在物流网络即各地分公司办事处的建设上，也采用全资自建的方式。这在全行业正流行“第三方物流”概念，多数人崇尚“轻资产”，甚至恨不得没有资产、全部外包协作的今天，黄远成的做法多少有点逆潮流而动的味道。

那么“重资产”的好处在哪里呢？远成战略与发展副总裁高光的归纳是：“它把企业今天的问题和明天的问题都解决了。”企业今天的问题是可控性，承诺的服务可以优先保障，局部利益和全局利益能够很好地协调。在此基础上，企业明天的能力也得到了储备。比如远成要开拓一个新的产品或项目，就比别人需要克服的难关更少，谈判的环节更少，服务的磨合期更短，甚至连资金都更容易筹措——因为它有资产。

于是当时的人们看到，远成在铁路运输干线上的优势已经无人能敌，行包专列、五定班列、行邮专列、集装箱专列、城际配送、城市快运等产品多层次互动，市场发展得如火如荼。但黄远成仍在2004年底充满激情地宣称：这只是万里长征走完了第一步，远成集团将在2005年投入更多的资本，再进行一次史无前例的扩张。“在日本仅一个物流公司，就拥有20万员工；美国联合包裹公司，世界500强企业，可以为任何人提供任何方式的全球送达业务。”他告诉记者。

所以他真正的方向，是走出“铁路大王”的局限。他要做的事，是从产品线上获得海、陆、空的立体结构，最终让不同层次和需求的客户，在远成都能获得一站式的综合物流服务。然后，在WTO协议于2005年全面向外资放开之际，要运用铁路资源的优势，寻求与国外老牌物流巨头的合作，从而成为拥有全球发展能力和市场的中国新兴物流巨头。

如果时光倒退6年，对于那时刚刚想要打造一个企业核心竞争力的黄远成来说，这无疑是一座过于宏伟的“大厦”，有着遥遥无期的建设时间。不料经过几年坚持不懈的拼搏，现在的远成看上去似乎已经具备了非凡的气质。这就是战略的力量。

“武器”之三：黄远成其人其事

2003年初，远成集团在四川召开年终总结会。会后大家集体爬峨眉山，结果黄远成一马当先，第一个率先爬上山头。他威风凛凛当顶而立，发现自己还没有老。

黄远成40岁，却已经有了22年独立创业的历史。他的财富早已享用不尽，但他却并未止步。“我发现自己已经不是为自己在活了，是在为企业活。我是企业这驾马车的车轮，而不是乘客。”他说。

“不为自己活”的黄远成在生活上要求很低，多年以来，无论在总部还是在全国各地，只要有远成分公司的地方，黄远成总是在公司的食堂吃饭。一次，一位北京的装卸工看见他的碗里搞“特殊化”，很不客气地讥讽他：“怎么你一个人吃回锅肉而我们吃牛肉丝？你是什么来头？”黄远成说：“因为我从小就不吃牛肉。”“那我也不吃牛肉，可不可以跟你换？”“不换。你是什么来头？”“我是远成的！”“那我也是远成的！”直到最后，那人也不知道跟他“吵”了半天的人，是他的老板。

黄远成的节俭也“殃及”他身边的每一个人，比如在集团公司上海总部，近百人的大院，仅有3辆车。有时候黄远成到外地出差，只能自己打车赶往机场。而在远成各地的分公司，却平均每三个销售人员就有一辆商务用车。按黄远成的说法：“要把资源和资金都用在刀刃上。”

2004年6月18日，远成北京分公司副总蒋成昭第一次回上海参加集团周年庆，飞机落地时发现没有迎接的车辆，心中颇有怨言。直到来到总部，才化怨言为感动。“我一生中都没有见过这么亏待自己而厚待员工的老板。”蒋成昭说，“同时我发现远成员工的收入也是同行业中最高的……黄老板克己修身，这必然会让员工感到有亲和力，从而愿意和他一道为企业打拼，所以这是一个让人有激情的企业。”

然而企业的“武器”绝不仅仅是“克己修身”这么简单。深入远成内部，你会发现，黄远成其实有着更强烈的影响力，时刻在引导这个企业的文化，塑造这个企业的灵魂。

黄远成最为欣赏的企业家松下幸之助曾这样说过：“不应把企业的繁荣当成一经播下就一劳永逸的种子，而应不断施肥浇水，将它作为贯穿其整个生命周期的基本生存方式。”

黄远成也有这种体会：他发现就算此时此刻的远成物流，一个堂堂数十亿元规模的“大企业”，仍然离不开自己用心力的“灌溉”，而且这种“灌溉”看上去似乎没有停止的尽头。

◎链接

员工一：他非常实际，比如这个行业有很多新概念新模式，他能够实事求是地抓住最本质最核心的东西，而不被一些华而不实的方法左右。又比如他观察人的方法是“我不听你说什么，但我会听你所领导的人怎么说你；因为你很容易把我骗了，但你骗不了你的下级”。这就是讲求实际的企业管理。他的这个特点，也导致了这个拥有很多博士生、硕士生的企业，没有唯西方企业管理理论是从，大家都自觉、客观地选择了最适合当下企业需要的方法来遵行。

员工二：黄总从骨子里是亲近、爱护公司员工的。曾经有一位装卸工出麻疹，他偶然知道了，就个人掏了一笔钱，让他坐飞机到广州，请自己的朋友帮忙治疗。这么多年来，这种例子举不胜举。他像一个长辈，很有亲和力，又很有霸气。员工很崇拜他，也很怕他。

员工三：他很爱看书。有几个月我陪他连续出差，每个星期至少有5天在坐飞机。他的习惯是，在车上和在机场就用电话或电脑办公，在飞机上的时间全用来看书，什么《商道》《定位》《人生没有彩排》等。你想想，他这一生中要坐多少飞机？又会看多少书？而且老板也鼓励我们每一个人都参加学习，员工拿到学位之后，他还会给大家发奖金。

员工四：他从不挣黑钱，从不走歪门邪道。他也绝不允许我们请客吃饭、喝酒送礼。几个月前，我们的一位副总就是因为这个原因被开除的。

员工五：他很直率，长期以来他刻意坚持工作中就事论事、不分场合不给面子的风格。我的理解是他想造成企业只有一个标准的习惯。事实上，在远成，只要你按照这个标准把事情做好，几乎就不需要搞人际关系，也不需要应付“政治斗争”。企业内耗在这里非常弱化，工作效率也因此大大提升。

员工六：我们是一个典型的速度决定胜负的企业，我认为黄总在对高效率的理解上是与生俱来的。他对我们在这方面的要求是：每一个动作都要分解得高于竞争者的速度。事实上正是因为我们整个企业的高效率，我们才几次能够做到承包铁路经营权时，业界都认为我们不能赢利，而我们最终都赢利了。

王振滔：打破温州鞋劣质的魔咒

1988年，王振滔回到了家乡，看着温州鞋一幅满目疮痍的衰败景象，在哀其不幸、怒其不争的同时，他毅然用仅剩的3万元钱创办了永嘉奥林鞋厂，从此走上了为温州皮鞋雪耻的"不归路"。到了1991年，作坊式的生产无论如何也不能满足市场的需求了。于是王振滔说服一些亲戚和小企业主，以股份合作的形式开始了第一次真正意义上的生产扩建。1992年，奥康销售额突破了1 000万元。

（一）拾金不昧打开局面

王振滔年幼时，父母瞧着这孩子一脸福相，于是找村里有名的算命先生算算他的前程，以求得些吉言。果不其然，先生夸张地说："这孩子脸宽面阔，印堂发亮，日后必当大官。"父母忙欣喜地问："能做多大官啊？"先生掐算："低至少是个村主任，高可做到镇长呢。"父母释然。

多年过后，王振滔笑呵呵地说："我只会经商，这是温州人的禀性，改不了的。"

王振滔出生在浙江永嘉县的一个农村家庭，家境一贫如洗，全靠仅有的几分地讨生活，随着3个弟妹呱呱坠地，更是雪上加霜，连吃饭都常常朝不保夕。

读到高一，眼看着家里实在支撑不下去了，身为长子的王振滔退了学。1982年，17岁的他背井离乡，随堂舅到武汉做起了小木匠。每天，王振滔举着写有"打家具"的小木牌站在街头揽生意，日晒雨淋，还遭受了不少冷言冷语大白眼。幼时因贫困而辍学，王振滔一直难以释怀。多少年后，他累计向全国各地捐款 2 300 多万元，其中教育捐助就达 1 500 多万元，每年数以千计的贫困学生得到他的资助而顺利深造，盖因于此。

20 世纪 80 年代初，中国依然处于短缺经济时期，作为中国经济最活跃地区之一的温州，其产品开始畅销全国。精明的温州人提着帆布包，倾城而出奔赴各地，推销着各自的“宝贝”。1985 年，王振滔也加入这支营销大军。没有本钱，他就选择不用先期进货的电器和阀门产品，带着样品和产品目录到湖北推销，客户看样订货后，再回温州厂家下单，从中获得价差。

温州是中国鞋都，制鞋业历史悠久，早在 15 世纪，温州鞋就进贡皇宫。在布鞋和大头皮鞋包打天下的年代，款式新颖的温州鞋一直是市场上的抢手货。做了一年多推销的王振滔意识到，推销鞋现款现货，资金积累快。凭着在推销业界的良好口碑，他从 5 家皮鞋厂赊到了第一批皮鞋，星夜兼程地赶到他相对熟悉的湖北鄂州。

地段好的门面是租不起的，国有商场是不让个体户进的。寻了好几天，柜台依然无从着落。王振滔一脸沮丧地回到招待所，倒头便睡。早上起来，他打开包一看——懵了，一夜之间，包里多出 11 万元现金来！再一看，不对呀，包是一样的款式，但不是自己的那个，同房的另一个住客也不见了。王振滔立刻意识到是那人离店的时候提错了包。

11 万元对当时的王振滔来说太有用了，别说柜台，就是租个漂漂亮亮的门面也是没问题的。但王振滔想都没想，提着包就冲出门去找寻那位粗心人。经过一番周折，终于物归原主，那人感激不已，两人遂成为朋友。闲聊时，王振滔谈到自己的难题，那人一听，说：“我一朋友在五交化商场当经理，我去说说，或许能行。”

在提前缴纳租金的条件下，商场经理终于破例答应提供给他一节半柜台试试。

王振滔的柜台里花色繁多，在当地国营商店皮鞋柜台一片黑的情况下独树一帜，一双真皮皮鞋售价 18 元，比别的商场便宜一半多。开业没几天，他的柜台前就排起了长龙，一天忙活下来，总有三四千元的收入。他还创造性地把不同款式的鞋子分别取名为“老板鞋”“总统鞋”“健美鞋”，这使他的柜台迅速成为皮鞋潮流的风向标，连周边市县的消费者也纷至沓来。月底结算，王振滔一个半柜台的销售额，居然比商场其他10个柜台的总销售额还高。他迅速还掉了赊欠的货款，又赊进来更多的货。

就这样，王振滔的原始资金在快速的产品流转中开始沉淀下来。

（二）“武林门事件”，火中立志

王振滔说：“我对伪劣商品的定义是，低质低价、高质高价的商品，都不算伪劣商品。比如说，宾馆的拖鞋不要求质量太好，能穿个几天就好，价格超低，也不叫伪劣商品。只有把低质的商品卖出高质的价钱，以次充好，才是伪劣商品。我进的鞋全部是真皮，价格又便宜，怎么就认定我卖的鞋是劣质品呢？”王振滔第一次开始思索地区信誉的问题。

“武林门事件”，一竿子把一船温州人全打落到水里。多米诺骨牌一块接着一块地倒下去，王振滔却在最后一块的后面艰难地站了起来。

1987年8月8日，这看似吉祥的日子却永远烙在所有温州人的心里。

这天，杭州市武林门广场，5 000多双从各地查抄而来的劣质温州皮鞋被付之一炬。经过舆论的发酵，一夜之间，温州皮鞋成了“纸板鞋”“礼拜鞋”的代名词，消费者开始对温州鞋避之唯恐不及。随后，上海、南京、沈阳等全国几十个大城市的大商场相继展开对温州鞋的“全面围剿”，为招徕顾客，店门口更是打出安民告示：本店不售温州鞋。

“武林门事件”直接导致了温州鞋业的信誉雪崩。温州许多鞋企纷纷应声倒闭，勉强生存下来的，则改换门庭打出了上海牌、广东牌，做贴牌销售。这场信誉危机又逐渐蔓延到温州其他行业，更是把温州鞋人推到了里外不是人的尴尬境地，全国上下千夫所指，甚至连温州其他行业的人也骂他们不仅自毁前程，还殃及池鱼。

王振滔也没能在这场风暴中幸免。武汉电视台一则报道——《武汉市民脚踏 30 万温州纸皮鞋》，拉开了全省大清洗的序幕。一天傍晚，当地工商局执法队员突然出现，不由分说查抄了柜台里价值 20 多万元的货。等他赶到时，柜台里已经空空如也。

王振滔想不通，自己卖得好好的真皮皮鞋，怎么就变成伪劣产品呢？更让他想不通的是，有关部门竟然在长江边租了一条船，以 5 元一双的低价处理查抄来的温州鞋，并限定每人只能购买一双。销售现场几乎失控，武汉市民排起了长队，队伍从码头一直延伸到市区的公路上。

痛心不已的王振滔怨气难平：如果我的鞋是假冒伪劣，你们可以集中销毁，但你们公开销售，说明我的鞋没有问题！万事脱不了一个“理”字，得讨个说法。经过长达半年之久的行政诉讼，王振滔终于赢得了胜利，维护了自己的尊严。虽然获得的赔偿只有 2 000 元钱，但也弥足珍贵。

这场劫难让王振滔近两年的积累损失殆尽，从头来过，他却发现偌大的市场已无温州鞋的立锥之地。温州制鞋企业众多，但基本处于无品牌经营状态，鱼龙混杂，良莠不齐。要想在全国上下一片抵制温州鞋的呼声中站稳脚跟，是完全不可能的事。唯有卧薪尝胆，在狠抓质量的基础上再造信誉，创出全新的品牌，才能突出重围，重现中国鞋都的辉煌。

1988 年，王振滔回到了家乡，看着温州鞋一幅满目疮痍的衰败景象，在哀其不幸、怒其不争的同时，他毅然用仅剩的 3 万元钱创办了永嘉奥林鞋厂，从此走上了为温州皮鞋雪耻的“不归路”。

（三）心若在，梦就在

对过去视而不见的人，对未来也是盲目的。当然，一切回到了生活固有的情境，真实也不在豪言壮语里。与许多成功者一样，王振滔的创业也绝非一帆风顺。但即使再艰难，他仍然秉持质量第一、信誉至上的原则。

与其说是工厂，不如说是个小作坊。1 台制鞋机，3 个合作者，几位手艺不错的当地制鞋师傅。就这样，1989年1月，前店后厂的奥林鞋厂正式开工了。没多久，企业更名为“奥康”。

温州制鞋业基础很好，产业链齐备，皮革、鞋帮、鞋跟、鞋扣等材料一应俱全。由于温州鞋业遭受重创，制鞋原料价格便宜很多，而且一般都可以批量赊货，这为缺少资金的王振滔解决了大难题。

每天清晨天还没亮，王振滔就骑着那辆红色的“本田”摩托亲自去皮革厂选皮料。傍晚他载着皮料回到厂里，与师傅们一道研究皮鞋款式，不到一个月，第一批鞋就制作出来。

当大家都在极力回避“温州制造”这个术语的时候，王振滔却毅然决然在自己的产品上打上了“温州制造”的字样。他对几个合伙人说：“一直不打温州牌，那温州制造就一直没有出头之日。”

这年的春天，倔强的王振滔带着自己生产的鞋杀回了他曾经跌倒过的地方——武汉。

开始的境况可想而知，王振滔虽然自信自己的鞋质量、款式均无可挑剔，但仍然吃遍了闭门羹，武汉大小商场一律拒收。好不容易以试销的方式，把鞋子摆进了汉阳一家商场的鞋柜，一连半个月也无人问津。

王振滔急中生智，在柜台前贴出告示：“这不是该被火焚的温州皮鞋，而是经久耐穿的皮鞋，保质期6个月，出现质量问题，以一赔二。”终于，有一位男顾客琢磨很久之后买了一双。王振滔立刻递过一支笔，对他说：“请留下您的通信地址和姓名，您将是奥康永远的荣誉顾客。奥康将来能做大的话，您将永远免费穿奥康！”

这桩新鲜事儿经过当地一家媒体的报道，奥康突然间出了名。由于质优价廉，400双皮鞋，10天内就被闻讯而来的市民一抢而空。王振滔马上催促厂里连夜赶工，货运到没几天，又销售告罄。随后，王振滔把资金全部投入扩大再生产上，频繁往返于温州和武汉之间。为了节省费用，他坐火车只买站票，晚上困了就在冰冷的地板上打个盹儿。汉阳商场的旺销，也使不少商场眼红，王振滔仍以租赁专柜的形式连续进驻了武汉市区的数家商场。当年，他一个月就能卖近 9 000 双鞋。1989 年年底时，达到 3 天发 1 车（9 000 双鞋）的热销态势。

23 岁的王振滔当时没有料到，他的这个举动，开创了中国“引厂进店”销售模式的先河。此后王振滔一路高歌猛进，将这一模式陆续复制到其他地区。

到了 1991 年，奥康鞋厂作坊式的生产无论如何也不能满足市场的需求了。于是王振滔说服一些亲戚和小企业主，以股份合作的形式开始了第一次真正意义上的生产扩建。1992 年，奥康销售额就突破了 1 000 万元。

（四）打破“水浒文化”

一辆马车制作得再精美，也跑不过最简陋的火车。从小作坊到现代企业，需要跨越很多困难，作坊式生产可以通过生产扩建来改造，而把作坊式的管理改造成现代企业制度管理，其间所要承受的阻力和阵痛却是非常人能够想象的。1994 年那次分家，是王振滔无奈又明智的举动。现在回忆起来，他依然惋惜不已，说：“如果没有那次分家，我们的企业销售额现在可能会到 20 亿元了。”

中国很多企业在创业上有着同源性，或者是一个家族成员共同创造的，或者是一帮同学一起创业的，这种企业或多或少都形成了一种“水浒文化”，聚一百零八将的土围子情结。这种文化结果往往开放性不足，也就使企业无法拥有持续的活力。

1994 年，企业依然是超速扩容，王振滔惊觉，过去在企业尚小阶段发挥很大作用的家族制管理体系，已逐渐成为企业进一步发展的绊脚石。比如食堂的一个主管是他的阿姨，全公司都管她叫阿姨；一个当车间主任的亲戚，竟无视其主管上级——一位外来的生产副厂长的存在，从来是越过厂长向他汇报；有的亲戚违规被处罚，老是哭天抹泪地到他面前叫屈；拉帮结派的现象愈演愈烈。

经过深思熟虑之后，王振滔决定对家族式管理体系动刀。

一个秋高气爽的日子，王振滔召集曾经为企业立下汗马功劳的创业功臣商议。在会上，王振滔神情严肃，在分析了企业现状和未来走向后，他一字一句地郑重提出：把股东所有权与企业经营管理权分离，股东不再是当然的企业管理者，亲属撤出企业高层，打破“近亲繁殖”的局面，大胆引进高素质人才。

会议室的气氛骤然凝固。几乎所有人都反对王振滔的这个“改造”。原本相互间有矛盾的人们这时空前团结，矛头直指王振滔。有人说现在企业做大了，他就想过河拆桥；有人大骂他“六亲不认，卸磨杀驴”。

在关乎企业命运的问题上，王振滔固执得像头西班牙斗牛，绝对没有丝毫的退缩。长时间相持不下后，王振滔提了两个方案：1. 既然大家都不赞同分，那么我退出，我不做鞋了；2. “因为是我说要分，所以我来切这个饼，你们先选”。王振滔在企业当时占60%股份，他大度地提出股份对分、市场对分、人员对分。

事已至此，亲戚们再也无话可说。当时1 000多万元资产就这样“友好”地分开了，“奥康”商标作价48万元，归王振滔所有。

那几年是他最痛苦的几年，在外人眼中，王振滔几乎是众叛亲离。亲戚朋友的横眉冷对，无形中给了王振滔巨大的压力。直到现在，仍然有几位亲戚与他老死不相往来，逢年过节他亲自登门问候，好几次都被拒于门外。

所幸，王振滔有位通情达理的妻子。她率先响应丈夫的号召，放下了公司财务大权，回家做起了相夫教子的全职太太。她用实际行动鼓励丈夫坚持到底，把企业做大做强。在得罪的亲戚里，多是来自她的娘家。

新奥康的管理层里几乎没有了家族成员的身影。大量的高级管理职位空缺出来，奥康第一次为外来高素质人才敞开了胸怀。此后，求贤若渴的王振滔亲赴上海、广东、四川等地，以优厚的待遇招聘了100多名专业技术管理人才，随即充实到各个关键岗位上，从而构建起新的现代企业组织架构。

（五）三次营销革命

从“厂商联营”到“多级分销”，再到引入“特许经营”，卖鞋出身的王振滔所走过的每一步都走在了同行的前头。他总是能够呼吸到最新鲜的市场空气，因而他总是精力充沛而富有张力。

大量人才的聚集给新生的奥康带来了全新的管理理念和先进技术。1994 年，奥康完成了第一版企业 CI 设计；企业更加注重销售终端的形象布置，商场专柜逐渐升级为“店中店”；没有了三亲六戚的复杂关系，产品品质控制得到进一步加强；销售人员在业绩提成的杠杆作用下迸发出前所未有的激情，每年上百种新款鞋的问世，一波又一波地刺激着消费者的购买欲望；内部管理逐渐理顺，“制度大于总裁”的概念第一次写进了员工守则……

轻装上阵的企业之舟平稳并超常规地前进着。1995 年，奥康集团公司成立。1996 年，奥康产值首次突破亿元。

王振滔总是能恰到好处地未雨绸缪，在企业营销战略上更是如此。当年赖以起家的“厂商联营”模式被同行纷纷效仿的时候，他率先进行渠道改革，提出“多级分销”概念，在全国重点城市成立分公司，逐步发展一、二、三级代理商，使得奥康的销售网络在资金有限的情况下迅速覆盖全国。

随着市场竞争的日益加剧，“多级分销”战略又显出疲态和不足。一方面，越来越多的皮鞋生产企业纷纷抢占商场终端，短兵相接直接导致促销成本和租金成本的加大；另一方面，许多商场自身由于行业的不景气而朝不保夕，企业的产品好不容易经过层层盘剥来到各个终端，最终的销售状况却还要受到“他人”命运的牵连，岂不悲哀？

在考察了麦当劳的经营模式之后，王振滔决定在行业内率先引入特许经营模式。

1998 年 1 月，第一家奥康直营连锁专卖店正式亮相浙江永嘉县上塘镇，新颖的装潢、热情的导购小姐、齐全的款式立即在当地引起了轰动效应，销售火爆。

此后，奥康拷贝上塘店的模式，发起了全国范围内的特许连锁，吸引加盟商共同发展。

靠着店中店和专卖店这“两条腿”，奥康的足迹踏遍全国，年销售额以100%的超速度激增。1998年产值达到3.75亿元；2000年更是飙升至6.7亿元。

（六）奥康质量突围

在神秘的云贵高原上，有一座著名的藏庙——松赞林寺，里面有一幅精美的壁画，述说着一个黑象变成白象的宗教故事。但要想把黑洗成白，却如唐僧西天取经般漫长而艰难。

2001年，王振滔应邀参加一期中央电视台《实话实说》谈话节目，主题是关于温州鞋的过去和现在。崔永元连问了5位现场观众，没有一个说温州鞋好的。王振滔在台上如坐针毡，他意识到，十几年来，包括自己在内的温州企业为雪耻而做的努力，也仅仅是走出了黑象变白象的第一步，今后的路还有很长很长。

因为“武林门事件”，王振滔深知质量就是企业的生命。从一开始，他就把“质量立厂、品牌兴企”的方针当作生命线，把“诚信经营”理念融入每位员工的血脉，并成为他们的共同价值取向。

为确保产品质量档次，1999年王振滔大举投入3 000多万元，率先引进6条世界一流的生产线。他对产品质量的追求，甚至达到近乎苛刻的地步。

有一次，因为包装工人一时疏忽，误将一双待返修的皮鞋装箱入库。检验员发现此事，立即向厂方报告。王振滔马上严令拆包逐双检查，绝不让有疵点的产品流入市场。然而，动作晚了一步，这双鞋已经发往湖北，很可能混进了商场的货架。王振滔责令有关人员立刻发电报，一定要把这双鞋从湖北追回来！直到他亲眼看到了这双鞋，才松了一口气。现在，这双鞋就陈列在奥康集团企业形象展示中心，成为对职工进行质量意识教育的绝好教材。王振滔“千里追鞋”的故事，也铭记在每个职工的心里。

奥康集团一次炒掉8名中高层管理人员的故事，也在业界一直流传至今。

有次，这些管理人员所在分厂生产的500多双新款女鞋入库时被公司质量管理人员拒收。这几位管理人员便出面辩解道：“这批产品基本上是达到各项工艺要求的，要是在其他厂，肯定属于合格产品。”王振滔立即安排技术人员重新检验，结果仍然判定为不合格。

这可是一批实力派人物，5人担任分厂正副厂长，3人是车间主任，有的是王振滔亲自从广州用高薪聘来的大鞋厂骨干。可是在王振滔的眼里，降低对产品的质量要求，无异于砸企业的饭碗！而谁要砸企业的饭碗，就得先砸掉他的饭碗。“8名管理人员全部被解聘，500双鞋全部销毁”，这是一个足以警醒全体干部员工的决定。

2001年，奥康在与香港某集团的一笔业务中，发现大约有100多双鞋的标识贴得不合格。其实，商品本身并无任何质量问题，拿出去卖了也没什么大的关系。但王振滔又拿起剪刀，把这批鞋都给剪掉了。他说：“这种小小的标识也代表一种质量，也代表一种形象，如果这次放过了，那么下次就还会犯，那么我们的质量就没有保障可言。”

1999年12月中旬，温州品牌制鞋企业齐聚杭州，举办“中国鞋都温州名优鞋展销会”。这实际是一次“温州制造”的集体亮相，也是“温州制造”的雪耻良机。王振滔至今对12年前杭州燃起的那把大火没齿难忘，他策划着要借这次机会，一雪前耻。

当年的武林门广场已经改作绿地，王振滔把各地收缴上来的2 000多双假冒奥康的“李鬼”鞋，运到杭州近郊集中焚毁。“这一天我盼了10多年，等了10多年，今天终于等到了！”王振滔内心的激动溢于言表。

大火愈燃愈烈，2 000多双仿冒皮鞋瞬间化为乌有。这火是胜利的呼唤，是惊天动地的宣言书！它不仅烧掉了王振滔久藏心中的冤屈，也驱散了曾经笼罩在“温州制造”头上的滚滚乌云。

在展销会上，奥康等温州品牌鞋大获成功，5天展期销出皮鞋3.3万双，参观人员突破30万人次，温州鞋类企业共签下6 800万元的订货合同。

（七）多品牌战略成效初显

13亿人口的中国市场是一块让人充满憧憬的梦幻般的“丰腴牧场”。而各式各样的消费习惯和市场特性，又决定了品牌定位必须具有相应的差异性。要想让一个正在吃着哈根达斯的上海女孩与内蒙古草原的屯边少年能够接受同一种时尚的诱惑，是几乎不可能的事。能够让他们同时接受你的产品的唯一方法，就是创立定位完全不同的品牌来迎合他们的需要。

王振滔默默耕耘十余载，终于使奥康稳稳跻身行业前三强。接下来企业又该如何发展?

当多元化发展在业界成为一种潮流的时候，王振滔显得异常平静，他说：“我只会做鞋，今后我还是做鞋。”但这并不表明他故步自封，他清醒地看到，鞋业的细分市场仍有不少的空间，作为“中国鞋都”的温州，在品牌休闲鞋和高档女鞋方面还是一片空白，他能发挥的舞台远远不止目前所能看到的这些。

在喧嚣的商品经济时代，人们的心态向往回归自然，休闲意识也越来越浓厚。在市场上，休闲服装风头正劲，休闲类皮鞋的市场潜力也日益凸现。奥康正是瞄准了这个时机，2001年，奥康旗下的第二个品牌“康龙”横空出世。在市场定位上，“康龙”品牌与“奥康”品牌有明显的区别，主要以休闲为设计主题。8月9日，第一家康龙品牌专卖店正式亮相温州。穿着轻便舒适，款式新颖活泼，价格又适中，再加上之港星黄日华的倾力助阵，康龙系列迅速旺销。

在温州，制鞋业“阳盛阴衰”一直是不争的事实。与男鞋相比，高档女鞋工艺更为复杂，技术难度高。王振滔决心切入这一空档，又适时推出了奥康的高档女鞋品牌“美丽佳人”。他不惜重金请来意大利著名设计师马尼奥，与先期到位的台湾设计师联手担纲设计，原材料大多从国外进口，力求紧跟世界女鞋潮流，并斥资280万元邀请香港美女李嘉欣作为形象代言人。

从2002年1月开始，有关李嘉欣将出任温州某皮鞋品牌形象代言人的消息便频繁在当地媒体上出现。1月23日，《温州商报》还刊登了“李嘉欣‘嫁’给谁”的万元大奖竞猜，吊足了广大市民的胃口。

2月27日，李嘉欣出现在位于温州五马街的美丽佳人第一家专卖店中，激动的人们顿时四面八方蜂拥而至，欲目睹明星风采的人们也顺便买光了店里的鞋。

在王振滔的生意经里，“奥康”是成熟的赢利产品，是企业的“金牛”品牌，必须保证占有国内地市级以上市场；“康龙”是主导产品，要凭借休闲舒适的特色和价格适中的优势，成为“奥康”的品牌防火墙；“美丽佳人”是高端品牌，以打造女鞋顶尖品牌为使命。三个品牌定位各异，实行精耕细作、立体作战，进一步提高了企业产品的市场占有率，降低了运营风险。

（八）一匹来自南方的狼

一位老板无奈地问王振滔：“我的公司就像一棵爬满猴子的树，位置在高处的猴子往下看见的都是笑脸，而位置在低处的猴子往上看见的全都是屁股，你那边怎么样？”王振滔笑呵呵地答道：“我这里看不到屁股，大家看到的都是笑呵呵的脸。”

其实，好心情并不来源于一帆风顺，而是生长于一种从容和坚定的勇气中。

在制鞋业，同行管王振滔叫“南方的狼”，他目光如炬搜索着下一个目标，永不知足且胃口极好。

2002年，奥康的销售额突破了10亿元，王振滔果断提出了“东部不放、西部不让、海外赶上”的发展战略，一系列的大手笔开始酝酿成熟。

王振滔冷静地思考过，世界鞋业生产中心经历了几个阶段，20世纪50—60年代在意大利；70年代在韩国和日本；80年代在中国台湾地区；90年代在东莞；现在是在温州，未来将转移到中国的西部。这是富有远见的战略意识。

2003年1月9日，在西部传统制鞋基地重庆璧山县，王振滔重重地落下了布局西部的第一颗棋子：投8亿元巨资，征地2 600亩，开工建设中国西部鞋都工业园。整个工业园区拟引进100家品牌制鞋企业，产量将超亿双。

把奥康做成国际品牌，这是王振滔孜孜以求的目标。

对于中国鞋人来说，“世界鞋都”意大利是他们朝圣的圣地，色彩斑斓的流行时尚让他们每一次都流连忘返。多年来，王振滔无数次到这里取经，走访市场，获取信息，并在意大利的几个重要制鞋城市设立皮鞋设计中心，聘请国外最优秀的设计师为奥康设计产品。他还以100万元的高薪，聘请两位意大利制鞋专家到奥康总部传授技艺。

此前，王振滔也为打进国际市场做了颇多努力：1999年下半年，王振滔在美国、欧盟、俄罗斯、澳大利亚等50多个国家和地区注册了“奥康”商标，并在意大利、荷兰和西班牙设立分公司；2000年，1万多双奥康皮鞋运抵悉尼，在奥运会期间一销而空；2001年上半年，企业成立了国际贸易部，与国外200多家外贸客商建立起贸易关系；2002年元旦，王振滔又把触角伸到了美国，在纽约开设了奥康专卖店。

2003年2月，奥康集团迎来了一位尊贵的客人——意大利鞋业第一品牌GEOX（健乐士）公司掌门人保俐加图先生。这家年销售额达到150亿元的公司，关注中国市场长达3年之久，却苦于找不到合适的合作伙伴。当“世界鞋都”的企业家和“中国鞋都”的企业家双手紧紧相握的时候，中意两国鞋业迄今为止最大的一项强强合作案也宣告成功。双方约定，GEOX公司销往亚洲及欧美市场的产品将由奥康集团生产和辅助设计，双方销售网络实行资源共享，生产、设计和销售等主要环节的管理由双方共同执行。

2003年9月12日，位于上海淮海路的中国第一家GEOX专卖店正式开业。与此同时，奥康鞋也通过合作伙伴的庞大分销网络，顺利摆上了“世界鞋都”的柜台。

王振滔又露出了他那招牌式的弥勒佛笑容：“我的近期目标——到2007年，奥康皮鞋要在全球开设4 000多家专卖店，年销售收入将达到50亿元。”

张氏兄弟：中国直燃式空调第一企业

1992 年，张跃与张剑在湖南长沙创办远大空调有限公司，到 1996 年，远大直燃机技术达到世界领先水平，产销量全球第一。1997 年，不太为外界所知的长沙远大，因购买飞机，一下子成为妇孺皆知的民营企业。这一年，远大的销售额破纪录地达到 20 亿元。2000 年，远大集团（加上其在美国的子公司——远大美国公司）的销售额超过 1.7 亿美元。

（一）第一桶金、第一台直燃机和最初的战略

历史证明，一些偶然的因素往往主宰个人的命运。

1988 年 6 月，在湖南南部一座叫郴州的小城里，远大的创始人——28 岁的张跃和 25 岁的张剑做出了一个选择：张跃停掉已经干了几年的装修行当，张剑辞掉大学教师职业，合伙成立了“热工研究所”，并给这个寄托了自己全部理想的研究所取了一个美好的名字——远大。

张跃说：“远大的成功，其实并不像一般人认为的那样源于一些可歌可泣的故事。”但远大创业初始就显得光鲜亮丽，一切顺遂。张剑学热工出身，而张跃学艺术出身，兄弟二人优势互补，仅仅半年多时间，热工研究所就有了自己的研究成果——无压锅炉供热技术，并制造出中国第一台“无压热水锅炉”。

当时全国各地发生多起承压锅炉爆炸伤人事件，无压热水锅炉掀起了中国供暖行业的历史性变革。张氏兄弟四处联系厂房，各地购买原材料，用自己最原始的资本——年轻的精力和过人的智慧，开始了无压热水锅炉的生产销售。

然而，一无厂房，二无资金，三无品牌，靠的仅是张氏兄弟和另外两位工

程师的图纸，订单和产量是有限的。

无压热水锅炉利人利己。不久，远大热工研究所与机电部合作组织了“第一届全国无压锅炉会议”，共有几十个企业参加。看到与会者高昂的情绪、热切的目光，他们开始思考：要么坚持用自己的专利搞小规格生产，与几百个有证或无证的企业拼个你死我活；要么转让专利及图纸，积累资本，换一个方向东山再起。最后他们选择了后者，向与会厂家发出专利转让信号。在不足半年的时间里，专利转让令热工研究所大赚了一笔转让费，掘得了第一桶金，近百万元。

而购买远大专利的十余家锅炉厂，此后的获利是数十倍乃至数百倍的。据统计，仅钢材一项，该技术每年就节约数万吨。

10年后，学者于光远说：“远大早年卖掉无压热水锅炉专利，没有最终成为一个锅炉有限公司，是中国企业史上的一大幸事。”而这时候，张跃所感到的却只是自己的幸运：犹如敲错了门，不仅没有挨骂，反而被邀请了进去。他惊奇地体会到：原来知识转化为财富有着如此迅猛的速度！1990年，他们决定将所获得的资金全部投入新产品新技术的研发，一个新的项目悄悄进入了他们的视野。

20世纪80年代中后期，地球臭氧黑洞的扩大引起了科学家和政府的关注。研究表明，臭氧层的破坏来自人类冰箱空调中所使用的冷媒氟利昂。于是早在20世纪60年代就开始在日本推广的溴化锂吸收式冷温水机在国际上引起高度重视。另外，随着国内楼堂馆所及现代化企业的增加，中央空调的使用量突飞猛进，由于国内电力供应趋紧，用电式中央空调的运行很不平稳。而且随着各地火力发电厂的纷纷上马，大气污染一天天加重，环境遭到了极大破坏。

所有的变化和全社会对这种变化日甚一日的责任感，给远大热工研究所以启示：何不开发生产既不破坏环境又能减缓电力供应、以天然气或石油为燃料的溴化锂吸收式冷温水机？1991年2月，热工所启动研究。当时限于条件，只能收集有限的学术文献。热工所凭借其在燃烧、热交换方面的专长，经过一年多的理论研究和设计，又经过3个月的试制，终于成功地研制出中国第一台溴化锂吸收式冷温水机。这一天是 1992 年 6 月 15 日。远大为此搞了一个小型庆祝会，张跃说："这是一项在几年后能创造数十亿产值的产品，应该有一个好听好读的名字，叫'直燃机'怎么样？"几年后，"直燃机"成了全国同行业人士的通用称呼。

与此同时，另一件事情也深深地影响了这个企业的未来：1991 年 3 月，张跃第一次到欧洲参加展览和考察，在法国巴黎待了近一个月的时间。张跃说："这一次基本上把我的脑袋洗得干干净净。最大的感触是，那里的人们都生活在文明、卫生、秩序井然、相互和睦的环境里面。我开始有了思考，我们自己该怎么办？"从此之后，张跃有了每年要到国外跑几趟的习惯。近几年来，远大甚至形成了每年都派出 10% 以上的员工出国参观培训的惯例，张跃把为此花费的开支称为企业发展升级的"认识成本"。

1992 年，远大热工研究所移师湖南长沙，在长沙市开发区租赁厂房，招兵买马，注册成立了长沙远大空调实业公司。1995 年改为远大空调实业公司。

更重要的是，在张跃的脑海里，从前的一些零星构思开始形成一个系统的目标，这个企业渐渐有了它最初的"战略"。

在租来的简陋车间里，远大管理层喷了几个大大的红字：献身远大空调，实现远大理想。新招聘的工人们嘀咕："太过分了吧？献身远大空调，好像是一辈子的事。"直到几年之后，他们才发觉，这句话居然不知不觉地影响了他们的工作和生活。

（二）把"饼子"做大，还是把"基因"长好？

1992 年，当中国第一台直燃机开发成功并投放市场之前，远大热工所的第一桶金已经几乎见底。

但上帝给他们的回报是丰厚的：当直燃机还是一个概念时，从前做无压热水锅炉时的客户们就在大声叫好；当直燃机化为几张草图后，长沙市的几家大企业已经签下订单并付出订金。

直燃机的市场前景究竟何在？张跃说："如果一个企业要选择中央空调，排除环境污染和电力供应等当代中国企业还无法顾及的因素，仅从最初投资、运行成本及维护成本来看，直燃机比制冷机更具吸引力。”

市场前景一天比一天明朗，市场需求极其旺盛，产品却又生产不出来。也许，找银行贷款建厂房、买设备、迅速扩大规模，困难会自然迎刃而解，但哪家银行会给这个小企业贷款呢？

另一个办法是少量生产直燃机以解燃眉之急——向排队的客户收预付金，先收30%，生产过程中收50%，交货时全部货款到账。这种付款方式果然有效，并被远大沿用下来，它使得今天的远大成为国内制造业中少有的没有三角债问题的企业。

事实证明，远大又走了一步好棋。当年同在开发区注册的另外几家红火一时的企业，前后向开发区银行贷款数亿元。然而时至今日，大部分都已资不抵债，烟消云散了。为什么会垮？张跃认为最根本的原因是没有压力，他说：“创办一个企业常常最大的困难就是钱，如果最大的困难不是你自己解决的，长远来看，你就没有很好的‘基因’。”

1992年这一段往事对远大而言是具有历史意义的：当他们选择自己“造血”而不是靠银行“输血”的道路时，远大就已脱离了一般民营企业暴涨暴跌的生存轨迹，也脱离了多数国有企业目光短浅的操作模式，远大走了“第三条道路”。根据经济学路径依赖的理论：在历史的长河中，无论个人、企业还是国家，一旦做出了选择，其效应就如同列车冲上了轨道，再也无法变更。

远大对“第三条道路”的总结是：长的品牌比短期的利润重要；企业的安全比企业的规模重要；“造血”比“输血”重要；早期产品的不断升级比早期市场的迅速扩张重要。

无论怎样，产品的不断完善是一切事业的基础。产品完善来源于技术创新，技术创新之法按常规的理解是“饭要一顿一顿地吃”。然而在这一点上，远大似乎并不那么循规蹈矩：“如果我们设想每时每刻都在吃饭，每次只吃一口，一天下来，会不会比别人吃得更多？”至今已领取“元老津贴”的远大工厂总调度告诉记者：“1992—1993年搞技改的时候，几乎每天都有这样的事发生：昨天才画好的图纸，张总睡一个觉，今天又变了。今天才确定的一个标准，你刚刚达到，明天又提高了。久而久之，每个人都养成了习惯：老板的脑袋是不会休息的，只要他这个‘发动机’一直运转，我们的技术创新、升级换代就停不下来。”

也许，正如一本叫《企业不败》的书里所说：优秀企业从来都没有一个预先设计好的目标，因为它的理想目标永远在自己所处位置的前方，它在不断地变化。

“高压”之下的创新取得了丰硕的成果：1993 年底，在短短一年半的时间里，远大直燃机从第二代一直升级到第五代，一连串动作一气呵成，实现了直燃机的高性能和全自动化运行，并一举获得了 1994 年第 22 届日内瓦国际发明奖。远大用不到 4 年的时间走完了日本同行 30 多年走过的路，远大 V 型直燃机从技术指标上已经赶上日本最先进的直燃机产品——这也意味着，远大的工程师们再也没有可供学习的老师了。

产品本应越新越好，文物才是越旧越好。但今天当我们的很多企业忽略进步，像经营文物一样经营现代化企业时，远大的做法，值得企业管理者们好好考虑。

1994 年，远大开始着手两件事：一是投资建设远大城，2 月份开工，12 月份一期工程完成。二是改变直燃机传统的生产方式，传统方式是以一台设备为中心，一个班组围着它敲敲打打；而远大探索出了流水化生产模式，并于 1995 年建成了全球第一条直燃机流水化生产线，此举大大地提高了生产效率。这一年，中国直燃机生产企业从远大一家猛增至 10 多家，堪称“每个角落都在爆发商战”，然而远大的产销业绩却翻了几番，缴税过亿元，综合经济效益排全国制冷空调、冰箱行业第一名，远大成为一匹从地底冒出来的“黑马”。

1996 年，远大成功地开发出 VI 型直燃机及直燃机电话联网监控系统，在全球率先实行直燃机信息化，当年销售额突破 19 亿元，成为湖南省仅次于烟草行业的纳税大户，而地方纳税额超过了烟厂，成为对本省贡献最大的企业。

1997 年，远大顺利通过德国 ISO9001 质量认证，成为全球直燃机行业首家获此认证的企业；当年购买美国公务喷气式飞机及直升机各 1 架，媒体爆炒，被评为 1997 年中国企业十大新闻之一。

1998年，远大取得美国最权威、最苛刻的UL安全认证，成为全球同行业中唯一一家系列直燃机全部通过UL认证的企业，开发出VⅡ型直燃机，其性能比全球同行业最先进的机型节能10%，开始推行由厂家操作管理直燃机的全球首创的售后服务模式：用户无人化管理；占据了国内直燃机市场80%以上的份额。

20世纪80年代以来，中国社会似乎形成了一股奇异的强大的力量，它能够迫使每一个中国人相信：只要是中国的产品，就必然是质次价优；只要是中国的技术，就必然是“二等残废”；只要是中国的企业，就必然是“小米加步枪”。

然而远大改写了历史。张跃告诉记者：“所有这一切业绩的取得，都是在没贷银行一分钱，没伸手向政府要一次优惠政策，市场价高出同行30%左右的前提下完成的。”

（三）远大“乌托邦”

1999年10月，湖南省一个老干部参观团来到远大参观。一位80多岁的老红军边摸边看，边听边问。中午在职工食堂吃饭时，老人家情绪激动，老泪纵横，忍不住伏案大哭。他说：“我们一辈子浴血奋斗，其实追求的就是远大目前所实现了的这种理想，原来共产主义是可以实现的！”

隔着透明的玻璃窗，一些远大员工看到了这一幕，他们被震动了：没想到自己的劳动，这些年已经慢慢凝聚成了如此深远的社会价值！

五年前，当远大一期工程破土动工的时候，张跃的理想主义英雄梦也开始破土发芽。很多远大的老员工都还记得这些年来，张跃是花了多大的心血来打造这个具有乌托邦生活环境的远大城的。今天的远大城是一个公园或博物馆式的企业。四季常青的草坪、洁白的建筑，到处挂满古典的油画，随时可见汉白玉雕塑。如果从美学的角度来看远大，这里无可争议的是企业环境美学的典范。这里的员工收入远远高出其他企业，吃住全部免费供应，过年、过节、过生日都有礼物馈赠。不出厂区，就有俱乐部、酒吧、网球场、健身房等休闲场所。

的确，每一个初到远大城的人，都难免被这种近乎夸张的“形式主义”迷倒；如果多待两天，又会被这里弥散的浓厚的文化气息感染。无数的人来到远大都产生过这样的怀疑：这是中国人办的企业吗？或者说，一个企业内出现这么多不直接产生经济价值的“摆设”，这样的企业究竟能办多久？

哲人说，假如堂吉诃德掌握了军队，事情将会多么严重。我们还可以推断一下，假如堂吉诃德似的人掌握了一个企业的运作权，这个企业将会面临一种什么样的前途？

“当然不会有前途，但我一定不会是那个毫无理智的浪漫主义斗士。”当记者把自己的担忧讲出来时，张跃禁不住大笑起来，他说：“其实远大只是一个乌托邦似的生活环境，但它又是一个完全符合现代条件的竞争激烈的工作环境——员工与员工之间，员工与社会之间。所以在这个环境里面，我们的员工不会丧失斗志，不会脱离整个社会，而只会越来越有驾驭这个社会的才能。”

（四）细节和原则

踏进远大城的人，参观者也好，客户也好，记者也好，也许过不了 10 分钟，就会向接待的人发问，谁设计的这家工厂？

这里人人都穿着同样的服装，总裁也不例外。这里人个个气宇轩昂，表情都像大老板；进食堂端同样的盘子，吃同样的饭菜；在路上全都大步流星……

熟悉张跃的人也许会提醒你注意，他是远大城最忙的人。如果有人步出办公楼或走进会客室，背后还跟着一大帮人，有人向他汇报，有人请他签字，他就是张跃。他也是远大城最累的人。如果凌晨三点你还能看见办公楼三楼窗口的灯光，推门进去，你见到的就是他。

和张跃谈话，如果留心，有两个词出现的频率最高：细节和原则。事实上，这同样是他管理企业的两根支柱。“为什么好像在公司里很多事情、很多方面都有我的影子？不过是因为我相对其他人管得要细一点而已。别人的一个问题或一个创意，放到我这里，我可以从根本上细究一下它是否违背了企业原则，另一方面也帮助他们把细节弄清楚弄好。”

有时候，他对人的观察也在细节上。有一次，一家希望成为远大配套厂房的某厂厂长来到远大，住进了远大城的方舟宾馆。第二天，张跃来到宾馆，准备与其见面谈谈，走到大厅和服务员聊了几句。服务员告诉张跃，不到一天，这位先生的房间已是烟头满地、烟灰满床。张跃扭头就走，从此不再与之见面。他认为，乱扔烟头是小事，但有这种习惯的厂长又怎能生产出高质量、高清洁度的产品呢？

张跃的作息时间是“硅谷式”的，早晨7点或9点至中午12点睡觉，从下午到第二天凌晨6点半工作。十年如一日，他在远大慢慢博得了一个“全能总裁”的绰号：既懂技术，又懂管理；既懂环境设计，还懂人。一位美国销售商到远大来谈业务，讲着讲着，张跃就在旁边一边画图，一边标出数据来。科技无国界，人人看得懂，同行的美国工程师目瞪口呆：“你们的总裁就是engineer（工程师）?!”

当然再全能的总裁也不可能事事兼顾。张跃的做法是，例行的事情可以不管，按照制度和文件就可以解决。但是非例行的事，没有大小之分，我都得去抓。因为如果你不比别人强的话，你也没有理由成为领导。

长年累月的熬夜似乎并未影响张跃的身体健康。他是国内第一个拥有私人航空驾照的人。在航校进行体检时，38岁的张跃让检验官吃惊：什么毛病没有，健康得像小伙子。问及“健身秘诀”，张跃的回答堪称至理名言：“无所事事的人最容易衰老。”

张跃酷爱飞机，热爱哲学和艺术，记忆力惊人并长于思考，对环境布置与设计有着专业的敏感，对于整齐划一有着与生俱来的兴趣。他在自然科学方面理论欠缺，但是动手能力很强；有一流的中文写作水平，但外语能力很差。他提倡所有人用计算机办公以提高效率，但他自己从来不用，原因是计算机和外语会妨碍他的思考。

“也许是我的天性，对喜欢的东西，我会钻研得特别深，付出无限的时间和精力；而对不喜欢的东西，我绝对不会付出一分钟时间。个人能力是可能培养的，我认为知识也好，技能也好，在逻辑关系上，它们是一通百通的。如果你对某一样东西产生了兴趣，同时你又是一个清醒的人，只要你有学习的习惯，就什么都能学到手。”

（五）远大瓶颈

任何事物的发展轨迹，常规的思路是一道抛物曲线，所以当一个企业鼎盛之时，人们对它最大的担忧就是——拐点何日到来？

为了延缓衰落的降临，或者是力争抑制拐点的出现，远大领导层多年前就开始思考和做准备。他们的做法是，不合资（远大是国内直燃机行业中几家大厂中唯一没有与国外合资的品牌企业）、不贷款（迄今没有一分钱银行贷款）、不上市（原因是上市融来的资金不知投往何处，害怕愧对股民）；而与之对应的是，远大采取了保守的财政策略，几年来银行现金储备始终保持在 5 亿元以上，此即所谓“现金风险管理”。

在一本管理学专著里，保守的财政被描述为“长寿公司的基本特征之一”，近半个世纪来，无数国际知名企业如丰田、福特等纷纷采取这样的策略抑制企业风险，丰田公司在银行常年储备数亿美元，在日本这个极其讲究资金金融化的国度里，可谓是极具定力。

张跃对丰田的这一做法交口称赞，他认为：“远大高达 5 个亿的银行储备至少可以在市场不景气的时候，保证企业在四五年之内运行平稳。”

然而不和谐声音时时打断张跃的思路。好几位经济学家在和他交谈中都指出，远大这么好的企业，这么好的产品，不通过上市迅速扩大企业规模，实在是太可惜。

其实，说“太可惜”只能算“温柔的批评”，不少人指出，远大管理层长于管理，善于开发，这一切都属练内功的范畴。然而“烧饼的另一面”，对外怯于拓展，将是远大下一步面临的重要瓶颈。

20 世纪末有两件事情的发生似乎在为张跃的话做了注脚：一是欧盟规定，

从 2000 年 1 月 1 日开始，欧盟成员国禁止在大型空调上使用氟利昂替代冷媒 HCFC，并把直燃机作为倡导使用的环保空调；二是美国能源部于 1999 年 3 月和 5 月分别开了两次冷热电联产的规划会议，远大作为唯一非美国本土的企业正式出席。6 月 3 日，克林顿发表了《关于美国环保总问题的讲话》，指出在楼宇能源系统运用冷热电联产技术问题上，美国政府愿为全球做出表率。

也许，所有人的担心都多余了？远大已经悄悄迈出了步伐，或者说，远大已在悄悄把握了一种平衡？在 2000 年 1 月 10 日北京召开的“世界 500 强与中国企业发展战略研讨会”上，张跃作为民营企业唯一的代表，做了题为《企业拓展力与内部管理能力平衡》的专题发言。他承认：“面对市场需求，我们在拓展方面是保守了一些。”

也许，所有的观念、才能和习惯，都已经无碍于远大的过去，它已经成功了。但在现实中，我们不妨记住温斯顿 · 丘吉尔的忠告：“人类改变世界的速度总是快过改变自己，因此我们总是把过去的传统应用于现在。”

当远大日益升腾亮丽，走出湖南，冲出中国，当“轻轨快车”在未来成了“重载列车”之后，它所需要的动力，它所需要的管理和决策的效率，以及企业管理者的工作方式和习惯，是否已经与往日不同？当然在这一点上，张跃会比我们想得更透，看得更清楚。

1999 年 12 月 24 日下午，张跃亲自驾驶直升机将记者带上蓝天游览，夕阳下的远大城如同一幅画。而这幅画的作者正熟练地操作着直升机沉浮起落。他的一切，让人联想到《远大企业之歌》里的歌词：“让我一生的时光，在蓝天上自由飞翔；我用一生的时光，追寻远大理想。”

◎**链接**

记者：当直燃机的市场前景伴随着环境问题和能源平衡问题越来越看好时，会不会反而招来更强大的竞争对手？跨国公司拥有雄厚的资金后盾，美日欧拥有强大的基础研究和应用研究实力，一旦“老虎睁眼”，远大将以什么力量和秘密武器与人抗衡?

张跃：我想，你这里其实是想问两个问题，第一，远大为什么不把所有的钱都投入市场开拓上？第二，远大的未来会怎样？

首先，扩张的冲动是一种本能的冲动，但我认为，根据远大的产品特征，公司的安全是每个客户的利益所在。凡是装了中央空调的楼宇是不能出问题的。也就是说，远大是不能出问题的，这在很大程度上是远大的社会责任感。当然我也承认，基于这样，我不能承担社会的某一种责任感，比如解决更多人的就业，完成更多的产值，包括缴更多的税。对于你的第二个问题，当市场前景越来越好时，更多的竞争对手会不会冲击我们的未来？这似乎是一个必然的逻辑。但直燃机有它自身的逻辑，直燃机是一个技术因素很多，或者说技术条件很复杂的产品。更重要的是，它是一个从设计、制造到服务，产品线特别长的产品。所以真正能把直燃机做好，不是一件很容易的事情，何况我们专一，每天我们都在不断创新。我们开发了全球这个行业从来都没开发过的领域，如冷热电联合循环；我们开创了这个行业里面从来没有做的那些服务工作，如运用电话线进行联网监控，无人化管理，等等，所以我们能做到一天比一天稳，一天比一天强大。

记者：到远大来探求远大竞争力之谜的人，感受到更多的反而是远大不那么有经济竞争力的地方，你认为企业的本质是这样的吗?

张跃：几年前我看过一本书，对其中一句话特别感兴趣：一些企业之所以短寿，之所以出现危机，不能怪他们经营不努力，而是他们过多地拘泥于生产与销售，却忽略了企业的最终目的是建立人类社区，或者说企业的最终目标就是企业本身。你不能把它仅仅当成一个对外提供产品、提供服务，对内创造利润的机器，机器是没有生命力的。

记者：西方企业历来有经济型公司和生命型公司之分，经济型公司只为利润而管理，生命型公司则为生存而管理；3 000 年前，中国人把企业经营称为“生意”，其含义就是“生存的意义”，它们是否就是你要达成的目标？

张跃：应该说是。如果你仅仅是要创造用户价值，谋取利润空间，可能你只需要把产品做好就可以了。而你的企业是什么模样并不重要，你的员工在这里生活得是否高兴，是否有终生的依托感也并不重要。如果对这些东西没有给予足够的重视，那么你的利润也好，价值也好，就是短暂的——因为事实上你不能成为一个完整的长久的生命型企业。有人说：“安居才能乐业。”管理学上有一个著名的“霍桑实验”，实验表明，影响工人生产积极性和劳动生产率的，不单单是钱的问题，也不单单是时间安排问题，还有一个方面就是环境和情绪。

记者：你希望远大最终成为一个什么样的企业？

张跃：大一点，远大生存立业的根本就是：“我们制造文明”，我希望远大人制造的这份文明是可以复制的，为全社会文明水平的提高尽一份力；说小一点，至少生活和工作在这里的人能有远大情结，有自豪感，有见识，有做人的准则，有生存的自我保护的能力。

何永智：中国特许经营第一人

出于对重庆火锅的热爱、痴迷和责任，何永智在铸造重庆火锅成为重庆城市“名片”上贡献巨大，她先后在重庆火锅餐饮行业进行了多项创新，1994 年更是以“中国特色的连锁加盟”这种低成本扩张模式，用创新经营模式对传统商业进行改造。何永智就这样成了“中国特许经营第一人”。

（一）大道无形，行者无疆

时间是打开历史的唯一之门。

何永智曾邀中华食文化研究会唐沙波作《重庆火锅源流考》：抗日战争时期，国民政府内迁，重庆火锅迎来了黄金岁月，正阳街上，火锅成阵，麻辣飘香；逐酒征歌之徒，犹如穿花之蝶，鲜衣怒马，纵情逍遥。其繁盛景象，有诗为证：“日暮长街围火锅，家家扶得醉人归。”穿过时间之门，我们才明白，火锅历来繁盛如此，秉承了其文化精粹的佼佼者，必将在特殊的历史时刻脱颖而出。

正所谓“大道无形，行者无疆”。只要身在符合社会发展规律的某种潮流之中，就永远有成功的可能；只要在潮流中不断努力前行，扑面而来的种种风景就蕴藏着无限机会的发展空间。

这时，生活将成为传奇，尤其当拥有年轻的精力和过人的智慧之时。

1982 年，年轻的何永智经历了太多的大喜大悲。先是以 3 000 元的价格将自己用 600 元钱买来的背街老宅卖了出去，然后花 500 元在当时重庆最热闹的市中心八一路买下一个 16 平方米的小门面，赚了近 2 000 元。何永智的母亲，抱着出生不久的孙女儿廖小佳，让她用小手摸着这沓厚厚的人民币，感慨连连："我活了一辈子，没见过这么多钱，这都是你妈妈挣的呀！"

何永智和丈夫廖长光在小门面里摆张铁床，卖起了小百货、服装、皮鞋，生意惨淡经营。三个月后，政府一声令下，八一路要改造成饮食街。何永智凭直觉认为，自己可以做火锅。

于是，百货摊换成了3张火锅桌。于是，喜欢音乐的廖长光，给火锅店起了个富有诗意的名字——小天鹅。

何永智就此踏入了一条即将成为社会洪流的"无形大道"，等待她的将是层出不穷的可能。此时她对未来的设计仅仅是赚够5万元钱就洗手不干，然后与廖长光过悠闲的小日子。但人生的路只有一条，何永智已经为自己选择了一条不归路。

何永智做梦都没料到，三个月后自己竟然会亏得掉泪。其时，她是重庆六一童鞋厂最漂亮的设计师，是被人追捧的"先进工作者""技改小诸葛"，事业如日中天，地位千人之上。舍不下公职的她将火锅生意交给廖长光和姊妹们共同打理，很快亏得一塌糊涂。原指望利益均沾的亲戚姊妹四散而去，何永智只好在工作之余全力以赴，同廖长光苦苦经营。

有人戏言，"所谓强者就是那些爬上了云梯却不敢下来的胆小鬼"，但何永智没下梯子不是因为胆小，而是真正感受到了那份攀登过程中扑面而来的惊喜。终于有天，夫妻俩抱着当天的营业收入数，天哪！足足有200多元，扣除成本，净赚70多元——仅仅一天，就赚足了何永智两个月的工资！欣喜若狂之后，夫妻俩彻夜难眠，最终决定：何永智辞职下海。

何永智吃苦耐劳而又乐观向上，对未来充满信心，于是起早贪黑、勤扒苦做，晚上挂起布帘将门面一分为二，帮工睡外面，两口子睡里面。何永智总是站在他人的角度看问题，为他人着想，于是佐料大瓢大瓢地加，点菜吃完了再送一份，客人总觉得心情愉快。何永智争强好胜，永不满足于现状，总有一种按捺不住的发展冲动，于是一旦赚了钱，就把前后左右的门面盘过来，不断扩大经营面积。她把女人对完美的贪婪用在了生意上。

何永智尤其喜欢揣摩顾客心理，用饱含激情的创新来引导和满足顾客的种种需求：有的顾客怕辣，何永智就发明了将锅底分为清汤红汤的“鸳鸯火锅”；价格和菜的分量不透明，何永智就发明了20元/人的火锅自助餐；辛辣升腾的烟雾熏得客人睁不开眼睛，何永智就率先在火锅上面安上抽油烟机；给泛汤里加了一种回甜味，于是辛辣中便有了别样的鲜美……小天鹅每一次创新都吸引了饕餮之徒蜂拥而来，每一次创新都为何永智带来可观的财富，而每一次创新，都引发了整个火锅行业的地震和对小天鹅的效仿。

别的火锅店在复制小天鹅一切看得见的技术，但这并不妨碍何永智被公认为八一路上的“火锅皇后”，并成为这条街上的领导者。“因为餐饮企业脱颖而出的关键，在于企业营造的文化氛围和餐饮本身的个性完全融合并相得益彰。”这才是别人学不走的核心竞争力。

对于小天鹅来说，何永智一个人的性格就是企业文化的全部。她热情大方、机智干练、宽容豪迈的性格与火锅文化粗犷奔放、热烈狂野而又其乐融融的特征完全吻合，甚至连何永智每每与客人小酌，宾主同乐，烘托气氛的一些小技巧也成了火锅文化的一部分。小天鹅的每一个客人都被何永智的热情豪爽感染了，这种感染，是一种享受。

因此，客人们宁愿排队站一个多小时也要吃小天鹅火锅；火锅摆上了大街，桌子不够，客人就把啤酒箱翻过来，放上一块木板，架上锅照样烫；下雨天，客人披上蓑衣、戴上草帽，依然把小天鹅烫得有滋有味。

1988年，小天鹅在重庆江北开了第一家小天鹅火锅大酒店。“进行了一次真正意义的火锅革命——在全国率先举起了将火锅从街边大排档引入大雅之堂的大旗。”何永智的目的是吸引有钱人，为此她请来了美术学院教授为小天鹅设计了一整套颇具异国情调的装修风格，引进了美式、欧式、印度、泰国、日本等风格各异的火锅包房。一夜之间，小天鹅成为重庆高档火锅的代名词。从此，财大气粗的商务客人开始在小天鹅进进出出，络绎不绝。

何永智渐露王者之气。

（二）给我一双飞翔的翅膀

赚到第一个10万元，小天鹅苦苦坚持了6年，那是原始积累过程中必须经历的艰难岁月。而从10万元到100万元，小天鹅仅用了1年时间，因为小天鹅用高档火锅瞄准了最具潜力的市场。

打开水库闸门的钥匙握在了何永智手中。这把钥匙，就是用创新经营模式对传统商业进行的改造。这是何永智做餐饮20年最大的心得。

作为四川省会的成都有着高档火锅最大的顾客群。1990年，何永智来到了成都，来到了衣冠庙二环路旁的荒郊野外，然后她登上了荒郊野外中的“垃圾物业”月城餐厅的顶层，极目四望，皆是穷乡僻壤，何永智却指着脚下说：“就是这里。”

何永智要在这里开办小天鹅成都分店，闻者无不为之惊诧，“必死无疑”之声不绝于耳。何永智却笑道：“商机的发现不是逻辑推理的结果，但结果最终会证明我的判断符合逻辑。”

何永智坚信小天鹅能化腐朽为神奇，那么她就一定有出人意料的“杀手锏”。果然，大厅正前方台上的大型歌舞表演使客人乐不思蜀。何永智认为，火锅文化既然以奔放热烈为特征，那么，歌舞伴餐就将成为把全场气氛推向欢乐高潮的一支催化剂。这也将成为小天鹅最大的卖点。

果然，小天鹅成都分店11月一开业，生意即刻火爆。台上少数民族歌舞原始质朴，现代模特的表演深情款款，台下数百人觥筹交错，言笑晏晏，一派“全国人民大团结”的升平景象。自此，小天鹅日日欢乐派送，夜夜莺歌燕舞。每天前来一饱口福、眼福的人多不胜数，2 000多平方米的营业面积竟然应接不暇，过道走廊、餐厅外，站满了等待就餐的人。其空前盛况、其火锅文化被赋予的深刻内涵，使蓉城媒体惊呼：“重庆火锅成为国内餐饮先驱!”

“回过头来，我再告诉你为什么当初要选择那么偏僻的郊外。”面对记者，何永智一脸狡黠，商务客人最大的特点是有车，再远他们都能以车代步，转瞬即来，呼啸而去，于是停车是否方便就成了餐饮开业选点的关键。成都小天鹅鼎盛时，门外 100 多辆车排成方阵，一眼望去蔚为壮观。市中心有这么大的停车场吗？没有，那么就没有生意。

与火爆生意同时出现的，是种种预料不到的艰辛和曲折。巨幅落地玻璃窗无数次在三更半夜里被人砸碎，总是有地痞流氓前来挑衅滋事，甚至有职能部门有意刁难，差点关门停业。这一切都源于小天鹅冲击了别的餐饮店生意而招致嫉恨。所幸，小天鹅挺了过来……

不知不觉间，何永智又在创造着奇迹，她又一次成为蓉、渝两地餐饮行业的焦点人物：第一个将歌舞表演引入餐饮业，效仿者遍及蓉、渝两地；第一个提出"停车经济"说，现在以车位定生意早已为人所认同；火锅餐饮行业的产业化和规模化在何永智的推动下日渐成熟。

何永智并不在乎也并不知道这一切，她所关心的是如何把小天鹅做大，再做大。1993 年，双流、温江、崇州、绵阳分店次第开张，年底发展到了 12 家，年营业额一举突破 5 000 万元。这一年，重庆小天鹅饮食文化（集团）公司正式成立。

直到现在，何永智依然激情满怀，但激情深处已多了一份老练和理性。其实小天鹅的成功，在于它抓住了国家发展的每一个历史阶段中潜伏的商业机会。20 世纪 90 年代中前期，中国人初尝小康滋味，暴富派生暴饮暴食也就顺理成章。当时通货膨胀泡沫浮泛，消费价格居高不下，自然给利润留足了空间，加上市场尚不成熟，竞争还不激烈，小天鹅的创新处处又领风气之先。在这样的情况下，小天鹅迅速发展壮大。

如果说小天鹅的成都之行是全国扩张迈出的一小步，那么天津之行则是迈出的一大步。更重要的是，小天鹅由此发现了"中国特色的连锁加盟"这种低成本扩张模式。

1994 年，在小天鹅的发展史上，发生了一个"千里姻缘一线牵"的动人故事。

这一年，天津商人景云汉携带 200 万元支票，循着两年前购买的小天鹅火锅底料包装袋上的地址，从成都辗转武汉，终于找到了正在那里开分店的何永智。他非常虔诚地请求小天鹅北上天津，而原因是两年前他在绵阳亲眼看到了小天鹅火锅的盛况。“我这一辈子，能够开这样一家店，也就心满意足了。”

景云汉的真诚，正中何永智夫妇下怀。双方一合计，便开创了一种全新的合作模式：景云汉出资金、一名副总和一名财务主管；小天鹅出技术、品牌和其他所有人员，负责具体经营。收回投资以前，利润按三七分成（景云汉七，小天鹅三）；投资收回以后，对半分成。

1994年8月，小天鹅天津店正式开业，80多名来自重庆的训练有素的员工坐镇天津。出人预料的是，开业仅6个月，就奇迹般地收回了全部投资。

天津店的成功，为何永智夫妇开启了一扇新的大门：何不利用小天鹅的无形资产对小天鹅的品牌进行价值量化，然后以品牌为资本，同资金持有者合作经营?

思路是新的，经验是新的，何永智在豁然开朗的兴奋中总会遇到种种扑面而来的新的惊喜。到1998年底，小天鹅在全国各地以“天津模式”成功克隆出近50家连锁店，遍布中国四面八方。此时，小天鹅集团员工已近5 000人，资产总额达到16亿元，专家评估小天鹅品牌价值高达5亿元!

但是，就是这种为何永智带来“中国特许经营第一人”荣誉的连锁店模式，最终差一点葬送了整个小天鹅集团。

（三）生命都有自己的想念和祈祷

1995年，成都，小天鹅集团高层召开了一次具有历史意义的会议。这次会议的论争和决策，使小天鹅真正具备了强者的特质。会上，夫妻俩第一次产生了分歧。总裁何永智流着泪说，小天鹅如果做宾馆，不但要投入多年积攒的3 000多万元，还得借债400多万元。如果失败，连乞丐都不如。董事长廖长光却认为，小天鹅就是有100家、1 000家分店也仅仅是一个开火锅店的；只有做好了宾馆，才能真正提高小天鹅的品牌含金量，集团才有核心高度，才更有利于火锅店的全国扩张。

就像当年恋爱时一样，何永智终于没能摆脱廖长光的“纠缠”。此刻，一个相关多元化的产业群在何水智头脑中渐渐整合：小天鹅已经有了10多家直营店、30多家遍布全国的加盟店、10多个艺术团，有自己的服装厂、火锅底料厂、房地产公司等，如果将代表集团总部形象的小天鹅宾馆打造成功，一个完整的餐饮帝国将渐成雏形。它将是一个独立的生命母体，它的店可以像细胞一样不断地分裂扩张，它的整个内部系统将形成大循环，各个子系统将可以相互支撑和转化……

何永智用激情思考着小天鹅的发展战略，她开始不顾一切地朝这个方向努力。

1996年9月26日，重庆酒店业最为萧条的时候，四川首家私营星级宾馆——重庆小天鹅宾馆开业了。这是小天鹅倾其所有打造的产业升级项目。成功了，小天鹅从此脱胎换骨；失败了，小天鹅将就地折翅沉沙。

但是，小天鹅宾馆开业之初极不顺畅。

开业的第5天，何永智独自赴北京手术，取出左腿骨里的3根钢针。原来，在1994年夏天，何永智张罗北京店的开业，突遇车祸，左腿骨折，腿骨里安了3根钢针。廖长光心疼得哭了，何永智却保持了异常的乐观，她对丈夫说：“我们太顺了，婚姻美满，事业发达，女儿优秀，好事让我们全占了。这次车祸，是上帝让我的生命达到了一种平衡。”

何永智相信，一个人肉体的生命永远是脆弱的，只有事业的生命可以越来越强大。

3个月后，左腿骨因坏死已换成了不锈钢管的何永智，心急火燎地拄着双拐返回重庆，因为小天鹅宾馆陷入了重重危机，已是一片狼藉。

宾馆总经理雷云来自著名的国际酒店管理集团，事事要求规范化、标准化。而投入了血本的董事长廖长光，却没有耐心去经历那些漫长的管理过程，他要的是立竿见影的效益，这是他唯一的指望。于是在他眼里，雷云这也没做好，那也没做好。他开始越过雷云直接插手具体事务，很快成了“救火队长”，一会儿是客房部经理，一会儿是餐饮部经理，一会儿又是工程部经理。但他却没有酒店管理经验，事情反而抓得一塌糊涂。同时，宾馆高层也是一支杂牌军，家族的、国营的、外资的、私企的，还有劳苦功高的开国元勋，各色人等观念不一、思路不同，很难融合成一个强有力的整体。加之董事长都不顾职守，于是指令交叉，一片混乱；而真正懂宾馆经营的总经理雷云，却无所适从，心中备感苦恼，正准备辞职而去。

这是一场职业经理人和老板的艰难磨合：老板不放心职业经理人，职业经理人也深感严重缺乏信任。

就这样，小天鹅一不小心就到了生死存亡的危急关头。何永智必须去力挽狂澜。

她先找雷云交心，再同廖长光谈话，然后把双方请到一块，推心置腹，坦陈是非。何永智对雷云说："廖董作为出资人，他的心情你应该理解。"然后对廖长光说："花高薪请雷云来干什么？就是为了用他的国际酒店管理经验，就应该给他发挥能力的机会。我们不能越俎代庖，我们只需管一个人，那就是雷云。"

何永智信奉一条"永远的哲学原则"：站在他人的角度看问题，看别人的优点。她说："这能让自己情绪放松，避免偏执带来的风险。"经过何永智的调解，小天鹅宾馆高层的理念重新和谐统一。随后，雷云将这个三星级宾馆带出了四星级的管理水平。

科学的管理带来了巨大的商机。1997年，重庆升级为直辖市，国家将大量商务和政治活动移到重庆；27个国家的记者对直辖市进行报道时住在小天鹅，并对小天鹅本身进行了报道；告别三峡游，国内外旅游者蜂拥而至；国家改变对私营企业的认识，报道骤增；小天鹅参与各种环保和公益活动，知名度和美誉度在重庆私营宾馆中无人可比。小天鹅的聪明在于，把这一切都转化成了商机。

通常，经营宾馆都逃不出这样的规律：一年亏，二年平，三年才赢利。但小天鹅宾馆却创造了奇迹——开业第一年，就获得了极为可观的利润！

推开一扇门，何永智发现了一个巨大的利润区。小天鹅宾馆第一年所获利润，小天鹅火锅要用整整10年才能赚到！因此，何永智更加坚定了自己以宾馆业为制高点的餐饮帝国梦想，小天鹅在宾馆业谨慎而坚定地前行。1998年，小天鹅在万州港建成重庆小天鹅水上宾馆；同年12月，又在北京签下了北京重庆小天鹅宾馆的合同。2002年，他们已开始秘密运作重庆首家四星级酒店。小天鹅已经悄悄地向宾馆业进行更大的布局。

已经升任集团总经理的雷云说，如果没有何总和廖董的信任和支持，小天鹅宾馆业的成功几乎是不可能的。而这也是何永智夫妇最大的优点——承认不足，善于学习，直爽大度，知人善任。现在，小天鹅集团的高层领导，除了何永智夫妇，其他全是外聘。

何永智坦言，宾馆的成功成为小天鹅发展的第二个重大转折点。集团总部，包括廖长光和何永智的经营理念和管理水平也由此得到全面提升；更有意思的是，与宾馆的星级管理相比较，何永智看出了全国各地火锅加盟店管理的缺乏。而就在此时，她惊恐地看到了一个更加可怕的危机，正铺天盖地地向小天鹅逼来。

此时，小天鹅已经来不及准备。

（四）直面死亡，站着革命

热爱生活，所以梦想。

热爱生活，所以何永智有巨大的激情和勇气站着接受每一次生死考验，然后怀着超越的梦想，自我革命。

推翻自己，否定自己。当一个人站在自己之外审视自己，就会发现那是一个有着那么多错误的怪异自己。

何永智就这样，毫不留情地把自己“押上了审判台”。

1998年，小天鹅同很多行业的开创者一样，在最红火的时候，开始经历生死存亡的大考验。这一次，却不是何永智的协调能力可以解决的。

危机源于曾经给小天鹅带来辉煌的“中国特色的连锁加盟”模式。自天津景云汉之后，小天鹅在高峰期平均每月签出几家新店，但问题随之暴露：小天鹅每月哪来 70 人以上并且训练有素的员工派驻新店？人力一旦吃紧，素质就变得低下，种种问题开始出现。

当问题集中爆发之时，小天鹅已签出了 50 家店。而现在，50 家店中真正信守合同的，仅余南宁一家！

回忆起当初的景况，何永智至今心有余悸。

第一是制度缺陷。当地投资方不能拥有经营权，自己开店却不能形成本地化，必然心怀疑虑，处处提防，合作隔了一堵口是心非的墙。

第二是文化差异。派驻全国各地的重庆人三五年后总要返乡，他们不可能认真了解当地的风土人情和饮食口味，于是与当地文化格格不入，使生意做起来总是别扭。文化差异和思路不同使双方经理总是争吵不休，进而内部不睦。

第三是素质问题。这是一个更没出路的死胡同：加盟店开得越多，派出人员素质越低，经营也就每况愈下。尤其这种外派本身就是短期行为，必然使总经理在任期内浑水摸鱼。由于有 30% 的利润提成，他们纷纷将房租、折旧、欠款、贷款按下不付，统统计成利润以加大提成。店员们也采取种种手段谋取私利。

第四，歌舞伴餐成为重大障碍。歌舞一旦开演，中途就不会有客人再来；早来的客人一旦坐下，就会看到表演结束，人去楼空。没有翻台率，利润就成倍降低；而养一支歌舞团，每年就需 30 万元。

第五，不投广告。投资方认为应将广告计入当期经营成本，总经理却为了不影响利润总额而坚决反对，认为应计入投资，双方总是争执不下。投资方还认为自己花钱宣传的是“小天鹅”而不是自己的品牌，总是做了冤大头，于是谁也不愿做广告。

第六，底料口味不同，众口难调。

第七，装修要求太贵族化。

第八，总部没有建设，没有支持体系，家庭作坊式的经营难以支撑全国系统。

第九，一旦赚钱，投资方就心怀不满，“你小天鹅又没投资，凭什么分钱？”

层出不穷的问题，层出不穷的折磨。到 1998 年，市场日益疲软，竞争日益惨烈，平均利润大幅降低，全国 50 家店全部难以维持，成百上千的问题几乎同时爆发，何永智每月的手机通话费超过了 5 000 元！

此时，原本就不多的利润分成全部断绝，何永智还得按月支付所有外派员工的巨额工资。小天鹅再次面临灭顶之灾！

何永智成了真正的“救火队员”，每天疲于奔走。没有方向，没有理由，脚下无数企业危机像火山一样爆发，何永智在空中已找不到可以降落的地方……

终于，何永智也筋疲力尽了。她开始往下沉，她开始四处寻找，哪里还有救命的稻草？

凭直觉，何永智认为肯定是某个方面的机制出了问题，而且肯定出在总部。

后来，FDS（世界特许经营发展服务组织）中国特许经营顾问发展有限公司进入了小天鹅的视野。FDS 是当时世界最大、最成功的特许经营咨询投资服务机构。

FDS 立即对小天鹅进行了诊断，认为小天鹅最大的问题是：对未来没有明确的规划，具体表现为：

第一，小天鹅将要成为什么样的企业？不知道。这将使员工没有愿景，不知道工作的方向和为什么工作。这可是企业的头等大忌。

第二，未来的战略规划和赢利模式没有结合。这应解决“怎么做”的问题。何永智自创的加盟模式虽可赢利，但却有悖于小天鹅自身发展应有的战略路径，所以必败无疑。

第三，真正的特许经营本身的标准化和规范性尚待建立。这使小天鹅的加盟不伦不类。

“这无异于把自己押上了审判台。”说到这里，何永智的声音有点颤抖，“这意味着我亲手创立并苦苦经营的加盟扩张模式被全盘否定，近 10 年的生命就这样被判定为白白浪费！你可以想象当时我和廖董是多么痛苦。但是，我有一种把企业做大的激情和梦想！”何永智把手在桌子上一拍，“为此我不怕被审判，不怕被打击!”

FDS为小天鹅开出了两个最重要的药方，一是总部建设，二是特许经营。

对于总部建设的重要性，FDS举了一个例子来说明道理：民营企业通常以3 000万元、1亿元、5亿元、10亿元各为一个发展的坎儿。能够做3 000万元营业额的企业组织结构不可能支撑1个亿的企业，做1个亿的组织结构不可能支撑5个亿的企业。所以，当企业因自身的发展趋势要求上一个坎儿的时候，企业首先要做的是进行组织结构的重建，否则企业必败。“这就是小天鹅总是遭遇挫折的深层次原因之一。”

何永智恍然大悟。当许多高层不能接受FDS开出的高价培训费时，何永智如此辩证地说：“培训价高，不培训价更高。比如小天鹅巴渝食府，因为总经理素质问题，开业亏损8个月（后经雷云管理获稳定回报），每月30万元的利润目标仅仅实现几万元。这差额部分，难道不算集团为这位总经理开出的更为昂贵的培训费？而且是每月开出啊!”

员工们恍然大悟。于是，从企业理念、战略规划、赢利模式、特许经营模式、加盟管理体系，到CIS系统、人力资源绩效管理、采购等方面，FDS对小天鹅员工进行了彻底整顿。FDS说：“我们不能替代你，但我们能帮助你，引导你。”

FDS的理念，再一次让何永智豁然开朗。她发现深藏在心底的那个餐饮帝国梦想的实现，需要的就是这些现代企业理念和操作方式。

自此，小天鹅开始确立自己的现代企业理念和远景规划，建成了自己的各个管理系统和支持体系。何永智的理想，是要在3～5年内将小天鹅打造成“中国特色餐饮第一品牌”，为人们提供特色美食和健康快乐，倡导张扬的个性和热烈的亲情。

2000年1月26日，FDS同小天鹅达成协议，帮助小天鹅建立特许经营体系。

2000年4月22日，何永智带领参加当年年会的全体人员进行了庄严宣誓，组建小天鹅特许加盟管理中心。然后组织人员对小天鹅火锅的菜品、服务、配送、营销等各个环节进行规范化和标准化设计，最后拿出了成套完整的特许经营手册，建立了一个强有力的服务支持体系。

已经蛰伏许久的小天鹅，再次张开了飞翔的翅膀。

（五）特许经营：醒着的梦真美

小天鹅有一个最简单的名言："完美的演出来自充分的准备。"何永智是一个优秀的导演，她深谙此中道理，所以当小天鹅准备再次起飞的时候，它的羽翼已经丰满而强健了。

小天鹅更崇尚一句话："我思，故我飞翔。"所以何永智总是能走在行业的最前沿，不管她遭遇多大挫折。

2001 年，何永智当选重庆火锅协会会长。

"加盟小天鹅不等于加盟成功，加盟小天鹅不等于包赚钱。"进入 2001 年，在小天鹅总部，人们几乎每天都能听到特许加盟中心总经理仇一在忙着给全国各地纷至沓来的加盟商打这样的预防针，"加盟成功与否，除了取决于你的资金、你的投入程度，还取决于你的为人，你的社会关系和企业精神……"仇一已经忙得不可开交了。

他总是很累，也总是按捺不住心中的那份窃喜；他总是想挡回那些不合格的申请者，但总是挡不住人们汹涌而来的激情。因为来者多半已准确打听到小天鹅特许加盟的成功率高达 87%。这是一个让人惊叹的数字，也是一个容易让人产生自信的数字。

于是短短两年间，小天鹅火锅特许加盟店签到了 126 家，而这时的加盟成功率已接近 90%！对此，仇一的解释是"积累了更丰富的加盟经验"。

小天鹅的特许经营究竟是怎样做的？

第一，加盟商必须认同小天鹅的理念。

第二，在选址和开业支持上，必须调查商圈的半径和消费能力，以确定加盟店合适的店址和店面大小；并对店堂装修风格、色彩进行了严格的规定。

第三，以商圈为参考进行盈亏平衡分析，做出投资回报模型。确定回报周期，在确定每天的平均消费人数之后，再确定人均消费额，该店一天能做多少营业额，摊去开支之后，最后确定当日赢利区间。

2000年7月，小天鹅美食管理学校正式成立，成为加盟商培训员工的强大后盾。2002年，小天鹅又同重庆工商大学联合，培养小天鹅和加盟店更高一级的后续人才；在原有配送中心的基础上，理顺整个集团物流通道，形成了强大的物流体系；成立小天鹅后续支持“快速反应部队”，此举的重要意义在于，迅速为小天鹅的加盟店提供一切问题的解决方案，成为他们技术和管理支持的大后方。

与此同时，特许经营最重要的标准化，已被小天鹅精心打造而成。标准化，除了是特许经营的一个重要特征外，还提高了火锅行业的门槛，使火锅向高档化更进一步。尤其是口味的标准化，保证了全国小天鹅火锅最大的一致性。凭着小天鹅宾馆得天独厚的条件，选址、定位、模型设计、菜品、配送、营销等，小天鹅都引入宾馆管理的标准，制定出了小天鹅火锅的标准。

一个人静下来的时候，何永智总会想起那个深藏在心底的、关于餐饮帝国的梦想。她没有声张，但每时每刻她都在严格按照这个梦想来要求自己和小天鹅，要大气磅礴，要精益求精。

为了证实小天鹅加盟成功的真实性，记者采访了10多位跟随小天鹅品牌一起成长的加盟商，他们每一个人都同小天鹅有一段动人的故事。

2000年底，济南商人李延军决意加盟小天鹅，但他对小天鹅的单店赢利能力有着本能的怀疑。于是，他同几个伙伴走遍了全国每一个小天鹅加盟店，他要亲眼见见小天鹅的繁荣景象，他要亲口尝尝每个店的口味是否一样。当李延军花完6万元盘缠时，他来到了重庆，来到了仇一的办公室。

“晚加盟一天，就多一天的夜长梦多，我总是担心济南被别人捷足先登。”仅仅两天之后，李延军就签订了加盟合同。

2001年4月，济南小天鹅火锅大酒店开业，生意持续火爆，到11月，李延军就收回了全部投资。如今，他已在济南开出第 3 家小天鹅分店了。

人们对身边的成功总是趋之若骛。山东全省立即闻风而动，一年内，15 家加盟店相继开业。李延军顺理成章地成了他们的指导教师，随后李延军成为小天鹅加盟体系山东片区的总代理。

这样的故事还有很多：郑州的郭鹏、昆明的陈雄鹰、许昌的梁冰、蚌埠的周东方……

凭着特许经营的大面积成功，小天鹅开始全国布局，首先抢占省会和中心城市。何永智说："犹如下围棋，高明的棋手总是先在子力和辐射能力强的核心位置布局，再以点打面全面铺开。"何永智仍然是那份四溢的激情，"这叫用大境界做大企业。"

自 2000 年始，小天鹅就以每年 30 余家的速度在全国扩张。2001 年，小天鹅被评为"全国餐饮连锁十强"；12 月，小天鹅荣获"中华餐饮名店"称号；2002 年获"中国名火锅"称号，总资产达 3.8 亿元。

随着小天鹅连锁加盟的成功，整个重庆的品牌火锅连锁经营热潮立时跟随而起，形成席卷全国之势。

（六）一个餐饮帝国的梦想

采访何永智，我们清楚地看到了什么叫作时势造英雄，同时我们也看到了英雄又怎样改变时势。

就是这样一个人，用自己创造的历史改写着未来。

对何永智而言，一个人的生活就是一个人的梦想，一个人的梦想就是一个人生命的支撑点。她知道，现实中这个支撑点来得太不容易，近 20 年的坎坷跋涉才换来了小天鹅集团向现代企业制度的脱胎换骨。现在，这个支撑点已越来越让何永智的梦想成为现实。

她要重新构架她的帝国之梦，她的帝国之梦也越来越清晰。她将企业战略规划成五大利润中心：直营体系、连锁加盟体系、酒店管理体系、物业发展

（房地产）体系、食品加工及配送体系。

按照目前的扩张速度，5年内连锁店将达到300家，小天鹅从中收取的加盟金、保证金和每月营业额3%的权利金，将成为小天鹅巨大的利润增长点。小天鹅的最终理想是要将加盟店做成形态各异、大小不一，但理念、文化和标准化完全相同的餐饮企业。那时，加盟店将上千家。但是，这是一种双赢机制，它的前提是与他人进行利润共享，它更大的意义在于构成小天鹅帝国巨大的网络体系和强势影响力。

一张一弛谓之道。与加盟店的快速建立和共享机制相对应的是，小天鹅正循序渐进地在全国中心城市建成自己独占巨额利润的直营店。它的区位优势和示范能力将形成强大的辐射作用，并成为周边城市加盟店的员工培训基地。此时周边加盟店成为卫星店，而直营店则成为中心店。这就是小天鹅的"中心店战略"。

对直营店的店面选择，小天鹅注入了房地产概念。小天鹅总结教训时发现，自己全力以赴将租来的直营店做得十分火爆时，店主通常会大大提高租金，而店面最终会被收回，小天鹅多年努力形成的利润源将就此烟消云散。何永智为此哭过好几次。同时小天鹅发现，麦当劳表面上卖的是汉堡包、炸鸡，但它最大的利润源却是它的房地产。麦当劳将所有店面买断之后，火爆的生意必然使房产增值，然后在适当的时候将房产出售或出租，获取巨额利润，或者是自己永续经营，断无中途迁移之虑。

"从此，小天鹅打破原有的直营店经营模式，改租为买。我的餐饮帝国将形成自己稳固的王牌嫡系部队。这才是百年老店的做法。"何永智的霸气溢于言表。

小天鹅由此将火锅文化与房地产结合了起来。正在着手开发的重庆洪崖洞民俗文化风貌区，是一个"穿越时空，再现历史"的都市旅游项目。

距重庆市中心商业区仅3分钟车程的洪崖洞，将集房地产开发、巴渝文化、商业业态经营管理于一体。主要街道三横八纵，以巴渝传统民俗民居为建筑格调，小青瓦、吊脚楼、青石路、普陀寺、镇江寺、川东书院等在绿树掩映中再现，将使洪崖洞成为长江上游的"传统民居博物馆"。

在商业业态上，小天鹅将恢复已经消失了的重庆老字号、传统名小吃，以及各种街头杂耍、评书弹唱等；并着手打造“重庆火锅一条街”，重庆多家品牌火锅、重庆火锅文化博物馆、茶楼、梦幻大剧院、咖啡馆、高桥花灯、铜梁龙表演等将演绎出重庆文化的精髓。

届时，集重庆历史典故、地形地貌、风俗人情、餐饮文化、休闲旅游于一体的洪崖洞，将成为人们都市一日游的重要去处。这种以人文文化为卖点的项目必然具有不可替代性，不仅会长久地从营业及管理收入中获取利润，更重要的是，随着洪崖洞地产的增值，小天鹅集团的整个资产将急剧膨胀。

小天鹅底料厂向全国加盟店和直营店配送标准化物料，将有着巨大的利润空间。

酒店管理体系一如既往地拥有美好前景，如前所述，小天鹅将接管更多的星级宾馆。

随着与美国一咖啡集团合资注册的咖啡连锁店在国内开业，小天鹅还将在未来10年内利用现成的火锅连锁店网络，做成3—5种品牌的连锁店。那时的小天鹅，将成为庞大的网络帝国，网络上的每个点，都将成为小天鹅的利润源，而新的物配体系、新的商机又将由此派生出来。

“大道无形，行者无疆”，小天鹅一如创立之时，将从一个新的高度起步。那时，整个集团的组织结构又将相应调整，集团总部将成为控股投资（集团）公司，只进行宏观决策，对子公司进行资产投资和审计监控。小天鹅将由此迈上资本运作的平台，进一步进入金融市场。

扑面而来的，将又是一片新的风景。

何永智的餐饮帝国，将成长为更加强健的生命体。

就这样，何永智不断地超越自己。对她而言，每一天都是一个新的开始，只要她还有飞翔的激情和梦想。就这样，虽然小天鹅还不够强大，虽然还可能面临更多的危机，但何永智已把自己置身于波峰浪尖之上，已做好了下一次起飞的准备。

蒋锡培：华人经济领袖

1990年，对于蒋锡培来说有着特别的意义。在积累了3年销售电线电缆的经验后，一家由他控股、注册资金180万元的家族作坊式企业“范道电工塑料厂”成立。他要从卖电缆，转到做电缆。范道电工塑料厂就是如今远东集团的前身。这个主要生产照明用电线的小作坊，成立当年即实现销售收入462万元，第二年达到1 800多万元，1992年，销售额惊人地做到了5 000万元。一家中型企业规模渐显。

（一）“生子当如孙仲谋”

1981年夏天的一个早上，太湖之滨。

雾气在潮湿的空气中悄无声息地扩散，偌大的太湖被罩得严严实实，只有依稀可辨的几株荷叶偶尔被掠水而过的水鸟撞得“簌簌”作响。然后，一切又归于长久的沉静。

没有风，整个世界仿佛停止了转动，一切显得那么宁静而富有情致。然而，此时的蒋锡培却无心欣赏。在他心中，满是失败的痛苦和对前途茫茫的惶恐。他已经在这里坐了很久，头发和衣服早已被露水浸透，但他毫无察觉，只是喃喃地重复着一句话：“我该怎么办？我该怎么办？”

在这一年的高考中，一向成绩出众的蒋锡培意外落榜了。在那个年代，没有任何背景的农村娃要想改变面朝黄土背朝天的命运，考上大学几乎是唯一的出路。而现在，这条路被残酷地堵死了。想到祖祖辈辈日出而作、日落而息的生活，想到村子里三十好几的小伙子因为家里穷而娶不上媳妇的情景，蒋锡培不由自主地打了一个寒战：难道这就是自己今后的生活？

不！决不能就这样过一辈子。

他决定离开自己的家乡，去杭州。那曾经是他梦想着去求学的地方，而现在，他只能以一种流浪的姿势向它靠近。多年以后，蒋锡培意识到当初他的这一决定，让他无意中挣脱了对土地的依附，从而迈开了通向成功可贵的第一步。但在当时，蒋锡培并没有认识到这一点，他只是在希望幻灭之后，本能地反抗着命运的不公。

在杭州，蒋锡培学会了钟表修理。他一次又一次为大家精准地校正时间，一次又一次感受着财富和梦想的冲击。杭州的生活休闲而舒适，但为了生活，蒋锡培不得不日复一日地忙碌着。他对自己说，这一辈子一定要挣够 5 万元，一定要做个堂堂正正的男子汉。

然而，命运之神却轻轻拨开了他的请求。

1985 年，在当时大环境的影响下，蒋锡培自筹资金，办起了自己的仪表仪器厂，专门为一些大型的钟表厂提供零配件。由于对钟表行业十分熟悉，加上遇上了好时机，开始的一段时间，工厂产品供不应求，他赚了不少钱。

在那个短缺经济的年代，似乎遍地都是机会，做什么都能赚钱。在经历了十几年上下求索终于登上事业高峰之后，蒋锡培感慨地说："如果没有当时初生牛犊不怕虎的闯劲儿和永不言退的勇气，也许至今我还在乡下务农。"

然而，要想在商海乘风破浪，仅仅只有勇气和胆识是远远不够的。为此，蒋锡培不但亏进去辛辛苦苦赚来的 30 万元钱，还差点连命都赔了进去。

即使是真正的强者，在开始的时候，往往也不会有什么野心和超乎常人的抱负。然而，当他积极投身于时代的洪流并不断被商业世界的风雨锤打得耳聪目明，内心的激情和燃烧的渴望就会推动他一次又一次地去奔跑、呐喊、征服，让他一次又一次地亮出自己。

"当时做仪表生意很赚钱，我们把货卖给一些大的企业，好的时候一次可以赚好几万。"回忆起第一次做生意的情景，蒋锡培脸上露出一丝微笑，"但风险也很大，弄不好，什么都没了。"

1987年，年轻的蒋锡培遭遇了一次重大挫折：由于管理跟不上，上游供应的原料质量不合格，造成工厂产品质量低劣，大批产品被退回。没了信誉，蒋锡培的钟表配件再也卖不出去。无奈之下，蒋锡培将原料供应商告上了法庭。然而，在那个民营经济还刚刚浮出水面的年代，无论是官方还是民间，都不会把同情和道义交给蒋锡培。挑战背靠政府、拥有大量财富和关系资源的国有企业，蒋锡培不得不面对败诉的结局，30万元血本无归。

蒋锡培像一粒在夹缝中艰难发芽的种子，当他把全部希望寄托在法律的公正和人心的真实的时候，现实却给了他一个残酷的教训。在极度伤心和失望之余，蒋锡培边想办法还清债务，边收拾起受伤的心情，开始对自身和他所面临的市场与时代环境进行一场痛苦的反思。最后，他决定离开这个市场终端大多数是国有企业的行业而另寻出路。

1988年初，正在苦苦寻找市场机会的蒋锡培，从他大哥那里得到一个信息：电缆行业有很大的利润空间。凭着商人天生的敏感，蒋锡培觉得这里面很可能蕴藏着令人兴奋的商机。为了得到更确切的资料，蒋锡培立即着手对江苏、浙江、上海等地的市场进行调查，结果发现电缆市场有着巨大的需求缺口。

“当时江浙一带建筑项目特别多，对电缆的需求很大，而生产厂家则多集中在浙江。那个时候信息还不发达，各个地方之间的市场价格有很大的差异，我们就利用这一点，用时间和空间换利润。”回忆起自己和电缆市场的结缘，尽管事情已经过去多年，蒋锡培还是露出了开心的微笑。

做电缆生意是一件很辛苦的事，把货从浙江运到上海、江苏，一路上不但要翻过很多崇山峻岭，随时都有车毁人亡的危险，而且还要时时担心货被各地设立的关卡罚没。然而，蒋锡培已经没有退路。为了还清官司败诉欠下的债务，为了男子汉堂堂正正做人的尊严，他只有憋足了一口气，一路勇敢地闯过去。

皇天不负有心人，在一次次披星戴月、栉风沐雨之后，蒋锡培终于杀出了一片天地。到1990年，他不但还清了债务，而且还赚了100多万元。手里有了钱，蒋锡培的心开始活泛起来：电缆生产工艺相对简单，进入门槛低，而整个市场处于饥饿状态，只要有产品，就不愁卖不出去。那么，能不能自己也办个厂？

而正在这个时候，政府第一次向蒋锡培这个个体户伸出了诱人的橄榄枝。

（二）从老板到打工仔

不崇拜利润的商人不是好商人，只懂得崇拜利润的商人也不是好商人。在市场、前途、利润和社会责任感之间，具有大智慧的商人总能从容不迫地兼顾和游刃有余地经营。

蒋锡培所在的范道乡（现范道镇），20 世纪 90 年代是远近闻名的穷地方，一句“有女不嫁范道汉”让乡里很多男丁到了 30 多岁还是光棍一条。蒋锡培准备办厂的消息传出去以后，引起了范道乡党委书记的高度重视，专程找到蒋锡培，希望他能够带领乡亲们共同致富。

当时的电缆行业，基本上是国有企业的天下，它们从原料的购进到产品的销售都占据着绝对的主动权。蒋锡培清楚地知道，自己家当少、背景浅，要想从“老虎”嘴里夺食，必须在质量、价格和服务方面狠下功夫。

电缆行业的技术要求相对较低，控制质量的关键是原料要好，蒋锡培就不惜高价买来最好的原辅材料；大企业往往只重视大客户，对小客户则不屑一顾，蒋锡培就紧紧抓住这一部分小客户，努力为他们服务，哪怕对方只买一圈电线，他也会及时送货上门；大企业摊子大、负担重，致使产品价格居高不下，蒋锡培就利用企业船小好掉头的优势，大打价格牌，把实惠让给消费者；大企业老爷作风严重，往往等着客户上门提货，蒋锡培就因地制宜地采取“设点经营”的战略，把销售部门放到了市场的最前沿。

发展的时代总是给那些有头脑的人最充分的表演机会。蒋锡培带领着 28 条好汉，一路左冲右突，终于在国有大企业织成的铺天网络中撕开一道裂缝。他的“万能达”牌民用电线迅速在市场上蹿红，投产当年，销售额便达到 168 万元，1991 年更是一举突破 560 万元。而随着市场的步步告捷，蒋锡培心中渐渐有了更加雄伟的蓝图：要做中国最优秀的电缆、电线供货商。

但是，在当时的环境下，民营企业根本无法获得企业发展所必需的资金和政策支持。一个大好的市场眼看着就要被别人一勺一勺地瓜分，蒋锡培不由心急如焚。

一天晚上，蒋锡培做完当天的工作回到家里，推开门，却见乡党委书记在家里坐着。党委书记是专程来找他的，问他愿不愿意将企业变成集体企业。一直以来为如何迅速扩大产品市场占有率而苦苦焦虑的蒋锡培脑子中不由电光一闪：对呀，为什么不走集体企业这条路？但如此一来，自己就会白白丢掉好不容易积累起来的500多万元的家当，从老板变成一个打工仔。这值得吗？

大凡在事业上有所成就者，必有其过人之处，他们往往会做出一些惊人之举。然而正是这些惊人的举动，让他们能够从普通大众中脱颖而出，成为时代的佼佼者。蒋锡培便是如此。为了让企业得到更好的发展，在所有亲戚朋友的一片反对声中，他毅然决然地把企业从私人所有变成了集体企业。

蒋锡培的这一举动，让他个人损失了500多万元，但却为企业赢得了发展的绝好机会：企业急需的银行贷款来了，新厂房建立起来了，新设备购回来了，新产品开发出来了。1992年改制当年，企业的销售额便突破了5 000万元，到1994年底，销售额更是一举超过了1.5亿元，而企业的总资产达到改制前的10倍。

更重要的是，通过改制，蒋锡培为企业引进了以上海电缆研究所高级工程师虞正明为首的一批优秀人才。优秀人才的加盟，为远东公司今后的发展奠定了重要的基础。

（三）变革“苏南模式”

世界上没有一成不变的优势，也没有永远先进的制度。企业如果不能随着市场环境的变化和时代条件的发展而做出相应调整，就不可能始终保持活力，始终走在别人的前面。

——蒋锡培

对一只鸡而言，飞上10米的高墙已经是它的极致；对雄鹰来说，天空才是它向往的目标。“戴了红帽子”的远东以惹人眼红的速度向前发展着，但在企业急速壮大的过程中，蒋锡培敏锐地发现了潜伏在水面下的那些令人担忧的问题：产权不明晰导致所有者缺位，企业发展目标和员工的利益不能有效结合，企业很难具备持续发展的动力。

天下熙熙，皆为利来；天下攘攘，皆为利往。老百姓的想法非常朴实，只要有一点利，他就会有积极性，就愿意多动脑筋多出力。蒋锡培很清楚，一个企业如果不能从体制上将企业利益和员工利益结合起来，很难有大的发展。于是他一面带领大家在市场上冲锋陷阵，一面思考着企业的股份制改造问题。他多次派人南下广东、北上山东，学习当地企业股份制改造的经验，同时着手对企业资产进行全面审计、评估和确认。

1994 年，蒋锡培和宜兴市领导一起到国外考察。在这期间，他看到国外的大企业权责明晰，呈现出勃勃生机，受到很大的启发，同时也坚定了改革的信心。在回国的途中，市领导对蒋锡培的想法给予了充分肯定，鼓励他放手去做。

20 世纪 90 年代，正是“苏南模式”在中国大地轰轰烈烈推行的时候，作为其代表的远东，要反其道而行之，首先就要冒意识和舆论的风险，但更大的阻力还是来自员工的不理解。当时远东规定，公司高级管理人员出资不少于 50 万元，中层干部不少于 5 万元，一般员工不少于 1 万元。几年来远东发展得好，员工收入增加了，很多人开始张罗着结婚修房子，而现在要他们把钱拿出来，其困难可想而知。员工想不通，蒋锡培就向大家做工作，告诉大家把钱投到企业里，自己就是企业的主人，到年终的时候可以分红。光动嘴皮不行，蒋锡培就亲自带头买了公司 600 万元的股份。好说歹说，公司最后募集到 1 350 万元的内部职工股和 100 万元的集体股。

到了年底，分红方案出来了，当年的回报率高达 130%，整个远东沸腾了。出了钱参股的员工欢天喜地，没有买公司股票的人则后悔不已。最后员工参股热情空前高涨，1996 年公司内部员工股猛增到 4 500 万元。远东从此成功迈进了股份制企业的行列。

“商人求利天经地义，但一定要让和你一起奋斗的人都能有一份合理的回报，不能把所有的好处自己一个人全占了。”蒋锡培说。在他看来，风雨同舟、利润共享不仅是一种理想的人生境界，更是一种现实的处世方式。正因为如此，他才能够一次又一次地带领他的远东团队在市场上披荆斩棘、无往不利；也正因为如此，当几年以后“苏南模式”的弊端渐渐显露，众多企业为产权问题和政府闹得不可开交之时，他才能超然置身事外，而不必为体制的问题伤透脑筋。

股份制改造完成，蒋锡培成功将员工和企业的利益捆绑在一起，极大地激发了员工的积极性，并从根本上解决了企业长远发展的动力问题。在此之后，远东再次爆发出空前活力，市场推进一路凯歌高奏，销售额年年攀升。

然而，此时在蒋锡培的心中，一个更宏伟的目标开始诞生——他要用5年的时间把远东打造成中国电缆业第一品牌，用10年的时间让远东发展为在国际上有影响的电缆供应商。而当时远东每年的销售额只有4亿元左右，要真正把企业做大做强，蒋锡培必须采取更有力的举措。于是，一个更大胆的计划在蒋锡培心中渐渐成形。

（四）用垄断打败垄断

一项发明可能来自灵感的瞬间一闪，企业的成功则必须经过多年的不断积累。偶然被有心人重复千遍之后，就会成为一种必然和命定，而那些看起来铁板一块的森严壁垒，一旦你注入了足够的诚意，它就会变得不堪一击。

党的十四大以后，中国经济体制改革开始向纵深发展，各种各样的经济形式空前活跃，民营经济开始逐渐从幕后走向前台。面对历史赋予的大好机会，蒋锡培内心充满了创业的激情和梦想。而这些年的磨炼，让蒋锡培的眼光更加独到，思维愈见缜密，既善于在大海中游泳，又擅长在针尖上跳舞。

在销售业绩节节攀升、市场占有率不断扩大的繁荣景象中，蒋锡培看到了远东潜在的危机。随着竞争的加剧，电缆行业由于门槛低，进入壁垒松动，后来者纷纷涌入，整个行业利润大幅下滑。远东要固守住这块阵地，必须靠上规模要效益。

1996 年夏的一天，蒋锡培从一份行业报上看到一则消息，中国以前电力建设投资很大，电网建设则相对落后，这一矛盾正越来越严重地影响着城镇和农村的进一步发展。这则消息被放在一个很不起眼的角落，但它对蒋锡培的冲击却无异于一枚重磅炸弹。他敏感地意识到，电网建设将成为国家下一个关注重点，这必将为电缆产业带来千古难逢的发展机遇。

于是，蒋锡培果断调整公司战略，把远东的市场定位进行一次大提升，从单一的民用建筑小项目转移到电力、交通、通信、石化、城建等大工程上，并在科研和生产能力方面做好充分准备。到 1998 年，等国家正式宣布投资 2 500 亿元对电网进行改造，众多电缆生产厂家纷纷醒悟过来时，蒋锡培早已跃马扬鞭、进入市场份额的直接争夺中了。

然而，电网建设在很大程度上被国有企业垄断着，远东要从中分一杯羹，谈何容易？于是，蒋锡培抛开思维惯性，向另一个方向求解——打败垄断者的最好办法就是让自己也成为垄断者。为此，蒋锡培先后 14 次北上京城，他要在国家电力系统的重点企业中寻求合作伙伴。

机遇总是垂青那些有准备的头脑。经过一番不懈努力，蒋锡培终于和中国华能集团、中国华电电装设备（集团）总公司、中国电网建设公司、江苏电力公司的老总坐在了一起。这位头脑灵活、满脸诚意的江苏小伙子给他们留下了深刻的印象，同时他们对蒋锡培提出的合作方案也十分感兴趣。但问题是：一、在电力系统内搞混合所有制，在当时还没有先例，这样做会不会有政策上的风险？二、作为重量级的大企业，远东有什么资格与自己合作？

面对大家的疑虑，蒋锡培从容不迫，侃侃而谈：既然外国资金都能够与国有企业合作，都是黄皮肤、黑头发的中国人为什么反而不能？至于远东的优势，这几年它从无到有、从小到大的发展轨迹就是一个最好的证明。远东欢迎大家用任何形式对公司资产状况进行审计和评估，一切让事实说话。

蒋锡培的率直和自信赢得了各位老总的好感，而由四家公司派出的审查机构对远东资产的审计结果，也大大超出了大家的预期。

于是，在无数次谈判之后，合作之门终于向蒋锡培打开，但对方的前提条件是，远东必须放弃控股。这意味着蒋锡培将再次丧失对远东的终极话语权。

“当时我们也想控股。但对方在这一点上十分坚持，为了企业的发展，我们只有牺牲一部分利益。”蒋锡培轻描淡写地说。他所说的一部分利益，是远东68%的股份，而在当年，公司一年的销售额已经超过4亿元。

1997年4月，将锡培半年多的努力终于有了结果，江苏新远东电缆有限公司正式成立，华能一位司局级干部成为公司的董事长，蒋锡培则担任新远东的副董事长兼总经理。混合所有制的实现让蒋锡培从行业的挑战者成为垄断者，新远东的销售更是连创历史新高，连续保持了35%的增长速度。即使在中国电缆市场出现普遍低迷、价格下浮近1/3的1998年，新远东仍然实现了稳步增长，这不能不说是个奇迹。

（五）再造远东

有人说企业间的合作，分久必合，合久必分。其实分分合合之间，并没有定数，只要是为了企业的发展，分也好，合也罢，都是正确的、应该的。

——蒋锡培

改革为企业带来了更长远的发展，但也带来阵痛和不安。当在历次变革中屡得好风相助的蒋锡培带领他的红色舰队一路乘风破浪，以雄鹰的姿势俯冲进21世纪的时候，一次更大的机遇展现在他的面前。

2001年，由于国家宏观经济形势的变化，新远东的四大国企股东将按照国家电力公司的要求进行改革，他们希望将主导产业和综合产业分开。与此同时，蒋锡培非常看好的生物制药、新材料等领域，却因为自己所持股份的限制而无法获得董事会的支持。

“在过去的5年里，我们合作得非常愉快，现在出现了分歧，大家都在理智地寻求解决办法。”同华能等企业的合作，蒋锡培给予了充分的肯定，“后来出于多方面的考虑，我们觉得分开会更有利于大家的发展，于是就坐下来心平气和地谈判。”

企业间的合作和分开在本质上都是一种利益的分割，在此前提下的谈判，无论双方怎样克制，都不可能一片和风细雨。很快，蒋锡培就感受到了这种压力，双方的谈判一度陷入僵局。那一段时间，蒋锡培常常通宵难眠。为了企业的发展，他必须坚持原则，但多年合作建立起来的感情，又岂是一朝一夕就能割舍的？

正在蒋锡培左右为难之际，命运再次为他打开了光明之门。这时，国家新的电力改革方案出台，要求电、网分开，电力公司只能做电力项目。这意味着由蒋锡培提前发动的“新远东分离运动”，在实际上正契合了国家电力改革的精神。顺应时代潮流并在潮流到来之前提前动身，让蒋锡培再一次掌握了谈判的主动权。最后双方友好分手，远东从华能等四家公司手中购回 68% 的股份，而四家公司除拿回投入的 7 000 多万元本金后，还得到了 7 000 多万元的回报。

企业的话语权重回自己手中，蒋锡培趁热打铁，进一步明晰了公司的产权制度，健全了董事会、监事会，并组建了江苏远东集团有限公司。在蒋锡培的运作下，一个更雄伟的远东企业战略版图迅速成形：他先后投入 1 亿多元拿下上市公司青海三普药业 53.25% 的股权，一举进军制药领域；出资 5 000 多万元盘下上海宝来投资管理公司，高姿态、高起点地界入证券咨询业；与美国一家公司谈判，引进新型高科技复合材料生产专利，同时面向世界销售产品，远东国际化道路轰然启动。

2002 年，远东集团销售额超过 23 亿元，其旗下的“远东”“万能达”品牌成为行业内的著名商标，而蒋锡培也因其突出贡献被评为全国劳动模范，并光荣地成为党的十六大代表。经过蒋锡培十几年呕心沥血地运作，远东集团从一个占地 3 亩、员工 28 人的小作坊奇迹般地发展成注册资金 3 亿元、总资产 15 亿元的巨型企业。

而这一年，蒋锡培刚刚 39 岁。

（六）得人心者得天下

岁月的流逝可以让一个人的容颜苍老，却无法令他的思想褪色。经历了无数次风雨的洗礼，蒋锡培坚持地固守着他的人际哲学：用人用所长，留人留其心。

1991 年公司刚刚创办的时候，做贸易出身的蒋锡培急切地需要技术指导。他找到时任上海电缆研究所高级工程师的虞正明，希望虞老能为公司指点迷津。蒋锡培一次次乘车从范道去上海向老工程师请教，用自己的诚心和热情同专家交流。虞老被小伙子的谦虚和诚心打动，终于答应到范道镇做公司的总工程师。

1998 年 9 月 26 日，远东召开全体职工大会。年届 67 岁的总工虞正明身着深蓝色西服坐在主席台上，显得精神矍铄而又风度翩翩。当蒋锡培当众宣布虞正明获得公司杰出贡献终身奖，每年将获得 5 万元奖金的时候，全场响起一阵雷鸣般的掌声。

望着一张张熟悉的面孔，老人的眼睛湿润了。

蒋锡培说："没有虞老，就没有远东的今天，这些都是他应得的。"在蒋锡培这个重情重义的江南汉子眼里，所有为远东发展做出贡献的人，他都不会忘记。而正是由于他对知识的尊重，对员工深及心灵的关怀，才让他身边积聚了一大批高素质的人才，让远东在一次次裂变中不断发展、壮大。

蒋锡培的重人、识人在企业界颇有口碑。在他的全力打造下，远东人才济济，大将云集：清华大学毕业的卞华舵，5 年前在大学当老师，一个偶然的机会遇到蒋锡培，两人一见如故，于是加盟远东，成为公司的行政总监；海归学子陈亚洲，知识渊博、视野开阔，为人务实，善于创新，于是也被蒋锡培收入旗下，挂印三普药业常务副总，主持公司大局；南京大学 MBA 毕业生胡圣海、管理学硕士朱生根等一大批高学历的精英人才，都在商海闯荡多年，也冲着蒋锡培的名头投奔而来。

作为农民的儿子，蒋锡培一直保持着简朴的生活习惯。平时在公司上班，如果没有业务应酬，他都到食堂和员工一起吃盒饭。但对员工，他却常常一掷千金，从不吝啬。为了提高大家的生活待遇，蒋锡培在工资福利、住房、家属工作、子女入学、养老保险等方面都做了周到的安排，他要让每个在远东工作的人没有后顾之忧。自 1995 年以来，远东在这方面的硬件投入已经超过 5 000 万元。

在对员工的培训上，蒋锡培更是不遗余力。一次，他请香港的经济学家来公司讲学，对方一天的讲课费是 2 万元，蒋锡培眉头都不皱一下。如今，远东每年花在员工培训上的费用超过 300 万元，堪称大手笔。在蒋锡培的带领下，远东员工学习成风，在公司的高层中，就有 6 位在攻读 MBA 学位。

“未来的竞争说到底是人才的竞争，我们有这个优势，有条件在任何情况下同任何对手同台竞技。”依然是江南人特有的低声细语，依然是那样平平和和、波澜不惊，但在蒋锡培的眉宇间，记者分明感到了一种睥睨天下的豪气。

（七）远东明天：光荣与梦想

在宇宙演化的亿万光年中，人类不过是短得不能再短的一个瞬间。然而，有的人终其一生却一事无成，白白浪费了大好光阴；有的人轰轰烈烈一世，到头来仍然寂寞潦倒。当生命的坚固被岁月轻而易举击得粉碎时，还有什么可以让心灵永恒？

只有光荣和梦想。

每天早上，蒋锡培总会早早地来到厂区，这里走走，那里转转，和早到的员工随便打个招呼。如果偶尔看到哪里有丢弃的纸屑或烟头，他都会俯身拾起，顺手扔进旁边的垃圾桶。厂里的一草一木，蒋锡培都了如指掌；很多员工的工作情况、家庭情况，他都能准确无误地说出来。

他太熟悉远东了。这棵倾注了他全部心血长成的大树，就是他的皮肤、他的呼吸、他的心跳，是他全部的生命和最大的价值。远东长大了，已经经得起风雨的吹打，但它还不是参天巨树，它还必须努力往上生长，一直到云里，到高高的天空。

电缆业在中国有非常广阔的市场，仅2001年就达到1 200亿元，而这个数字还在以每年10%的速度递增。世界上最大的电缆企业，一年的销售额是40亿美元，而远东一年的销售额仅有20多亿元人民币，要和国际巨头抗衡，远东还有一段很长的路要走。

生物制药是一个代表着未来医药发展方向的新领域，其扩展空间不可限量。目前三普药业已在囊中，但远东从来没有经营医药企业的经验，下一步该如何走，必须进行更深入的思考，做更周密的部署。

2002年，蒋锡培与美国一家高科技公司合资合作开发生产新型复合材料，市场潜力巨大。如何抓住时机，在国内和国际市场进行更大规模的运作，也是他将投入大量精力的事情。

还有企业发展战略的制定、资本市场的运作、新产品的开发，等等，一切的一切，都让蒋锡培一刻都停不下来。

蒋锡培一直在忙碌着，一直在用自己的辛勤和智慧书写着生命的华章。多年前高考失败的创痛早已渐渐平复，但那种茫然失措的感觉却时时刻刻地提醒他要努力。生活不会同情弱者，现实也不相信眼泪，他必须以一种强者的姿态去面对今后的所有挑战。

带着荣耀上路，带着梦想出发，在未来的日子里，远东少帅蒋锡培将以更大的胆识和更出众的表现，给所有关心他的人一个更大的惊喜。

第二章 进退维谷 | “计划经济”还是“市场经济”

经历 10 多年的改革，有些问题到了不能回避而必须面对的时候了。那就是，中国的改革，下一步该走向何处?

为了控制物价飞涨，政府出台了一系列对策。物价的确下去了，但待售货品却堆积如山。北京、上海、天津等工业城市里，停产的工厂每天都在增加。在北京，每天有 40 个人“下岗”；而在重工业基地沈阳，100 万工人中，已经有 30 万人无事可做。

同年，苏联局势急转直下，世界上第一个社会主义国家解体……

这一切不得不引起中国人的关注和思考。

1991 年 10 月 17 日至 12 月 14 日，时任中共中央总书记江泽民召开中央各部门包括中国社会科学院研究员的座谈会，集中讨论 3 个问题：

1. 用马克思主义观点看战后资本主义经济的发展和现状。

2. 苏联、东欧剧变的根本教训是什么?

3. 怎样建设有中国特色的社会主义?

经过前后 10 次会议的讨论，与会学者专家基本上达成了共识，认为中国经济体制和机制应走“市场取向”的路子。此次会议为中国经济体制改革的走向和路径提供了理论参考。

许连捷：中国最大的卫生巾企业

1985 年，许连捷创办恒安公司，1992 年成立恒安集团公司。恒安的发展势不可挡。当年，10 条生产线满负荷运转，产品仍然供不应求。1991 年，《中国名牌》商品评价中心发表公告，卫生巾项目测评表明，“安乐”卫生巾在全国妇女卫生巾的市场占有率高达 40.11%，稳居行业产销量第一。同年，恒安被评为“中国 300 家最大规模外商投资企业”之一。

（一）“这个行当，伸手不见五指哎”

1984 年 11 月底，福建晋江安海镇通用机器厂的技术人员杨荣春手持一份来自香港的卫生巾生产设备说明书，抱着一腔发财梦，在安海镇挨门逐户地搞推销。

他敲开了一家名叫“天利”的服装公司，已是当地鼎鼎大名的公司老板许连捷出面接待了他。杨荣春精神抖擞，将自己所推销的设备和项目说得天上有地下无，前景无比之好。

杨荣春的一通吹嘘，让许连捷对这个项目有了深刻记忆。

这一年，许连捷刚满 30 岁，却在这方土地上念了整整 15 年的“生意经”。自古闽南重商善贾，民不畏险，即便是全中国大割“资本主义尾巴”的年头，贩商文化于此仍然流风犹存。许连捷小学毕业后便开始他“行船走马三分命，东川无银走西山”的生涯，当时他已创办了一个汽车运输队和一个合资的天利服装厂，拥有资产近 50 万元。在当时的安海镇，这是一笔了不得的财富。

不过像许连捷这样的“成功人士”，要想令他放弃固有的成功经验，另起炉灶二次创业，毕竟不是一件容易的事情。15 年后，许连捷坐在自己新落成的星级办公大厦，向记者笑谈着他的“幸运史”：“当时正值改革开放初期，政府号召人们搞‘三闲起步’，即利用闲资金、闲劳力、闲房产搞家庭加工业，后来又号召大家‘三来开路’，也就是后来人们讲的‘三来一补’，安海镇不少家庭都因此富了起来。但在今天来看，这些‘先富起来’的人大多数只能躲进小楼颐养天年，没有什么再发展。我的幸运就在于，当年的杨技术员无意间给我送来一个机会，而我又无意间抓住了它。”

1985年初，天利服装公司的合作者、港商施文博回家乡过年，听说许连捷正在思考转产卫生巾的事，于是从香港带回了一大包样品。许连捷拿着这些洁白如雪、用完即弃的卫生巾，满街去找试用者，不是被人翻白眼就是被骂神经病。“这个行当，看来伸手不见五指哎！”许连捷有些灰心丧气。施文博也有同感：“在大陆这样经济落后的社会，妇女的卫生护理革命想必短期内不会到来。”

然而几个星期之内，卫生巾的影子仍在许连捷眼前飘来飘去。

这时，完全依靠海外订单的服装和拉链加工业在福建省内进入了高速发展阶段，家家户户开工，人人奋勇进入，利润越摊越薄。在这种形势下，许连捷决定把主要精力放在汽车运输队这边。碰巧运输队要到上海去修车，他也顺便跟着去“考察考察”。临上车时，又急匆匆跑回家拎了一袋卫生巾样品。

20世纪80年代中期的大上海，繁华落尽，风光不再，几天下来，许连捷一无所获。临到返乡的前夜，修车师傅请许连捷一行人吃饭，推杯换盏、酒酣耳热之际，许连捷便向众人谈起了自己念念不忘的卫生巾。不料修车师傅的太太接过了话头：“老许，你可不能搞这个东西，会害人的。”许连捷吓了一跳，问：“怎么害人？”对方答：“用了之后又不用，非常不舒服。”原来几个月前修车师傅去广东帮人维修汽车，正巧碰上一次卫生巾展销，便买了10包带给太太。然而10包用完之后就再也买不到了，于是这位太太感觉非常痛苦，很不自在。许连捷兴奋起来：“假如长期供应，你用不用呢？”“那当然要用。”

许连捷得出一个结论：原来这门生意的客户和抽烟的人没什么两样，只要进入就难以回头。

正所谓“人不远行业不昌”。从上海回到安海，许连捷与施文博立即上下奔走、左右串联，说服了杨荣春及燎原服装行的洪青山聚资136万元，联合注册了福建恒安实业公司，四位“创业股东”几乎押上了各自所有的资产。

“恒安”从香港购进了一条二手生产线，招聘了100名工人。出任总经理的许连捷将自己的产品命名为“安乐”，寓意为“千百万妇女的安全和快乐”。

然而一开始，“千百万妇女们”似乎并不领这个情。

“当时生产卫生巾风险很大。一方面国内找不到配套材料，全部需要进口，成本很高；另一方面由于消费观念问题，20世纪70年代就在国外相当普及的卫生巾，在中国内地推销时只能暗箱操作。那时无论多高的薪水也找不到愿在公共场所推荐妇女用品的女推销员，只好请男推销员出马。男推销员的水平也不能低，首先要能够突破自己的心理障碍，其次还要懂得如何消除女性客户的心理障碍——这在今天看起来算不得什么，但在当时却称得上是一门艺术。”

回想起并不太遥远的1985年，许连捷有种往事如烟的感觉。也许这样的经历对今天的许连捷抑或恒安，可能都再也不会有了。

一门艺术，当然不是朝夕之功能够学成。恒安首批出厂的卫生巾，被业务员们带向了福建、广东的各个地方，但一包也没有卖出去。于是只好改变销售策略，依靠熟人口碑，“传帮带”来一些零星生意。二手生产线一天的产量，一个月才能销完。

这样下去当然不行。还好经济形势越来越活跃，贸易公司遍地都是，于是董事会决定请几家贸易公司代销、寄售。不料到下半年，国内开始整顿贸易公司，恒安的货款大部分来不及收回，贸易公司就人间蒸发，无影无踪了。沉重的打击给了许连捷一个代价不小的教训：在中国做企业，不掌握政策环境实在太危险。

年底清盘，恒安全年总产值65万元，而回笼货款只有10余万元。

人心惶惶，前景暗淡。许连捷从朋友处高息借款发了工资，在年终总结会上，他给股东和员工们打气：“我们今天的情况是‘打井十丈，离泉一尺’，大家都要挺一挺。”众人七嘴八舌指出，唯一的出路就是做广告。

但是哪还有钱做广告呢?

1986 年，随着中国经济的发展和国人消费能力的提高，认知的窗口仿佛一夜之间打开。没有料到的是，中国女性的觉醒速度竟然比世界上任何民族都来得快，卫生巾市场立即火爆，供不应求。

同年 3 月初，许连捷接到了投产以来第一个要货电话；下半年，商家们已经是开着车、提着现金来安海排队等货。1987 年，恒安赚回了全部创业投资，许连捷签字打款，又购进两条生产线。

形势发功，恒安井喷。借助外来的火焰，恒安像一只热腾腾的大面包越烤越胀。而这只“面包”膨胀的速度实在太快，以至于这一年年底当“安乐”牌卫生巾获得全国名优产品奖时，许连捷才来得及把一批产品亲自押进上海，并赶到那里穿上了自己第一套簇新的西装。

（二）企业的实质就是要搏未来

恒安借东风起飞，既没有大笔的广告开支，也没有跨国公司巨额的先期投入和后期运作成本，而是一心一意抓质量、促产量，成长竟然奇迹般地迅速。1987 年年底，恒安三条生产线每天一班的产量已经无法满足市场的需求，于是许连捷下令每天两班倒。1988—1989 年由于宏观调控导致国内市场萎缩，别的企业都在限量生产，恒安却增产至 10 条生产线满负荷运转。1991 年，《中国名牌》商品评价中心发表公告，在“卫生巾”这一项目上的测定表明，“安乐”卫生巾在全国妇女卫生巾的市场占有率达到 40.11%，稳居行业产销量第一。同年，恒安被评为“中国 300 家最大规模外商投资（三资）企业”之一。

形势的发展几乎让许连捷也犯糊涂了，怀疑是在做梦：一个乡镇上的农民带领几百个农民，在并不先进的生产线上，居然打败了来自卫生巾发源地的若干强大对手？就连国内媒体也开始大声称赞这是“毛泽东小米加步枪战略在 90 年代的奇迹翻版”。

然而在另一个问题上，许连捷却并不糊涂。他发现，随着20世纪90年代以来妇女卫生巾市场总量的放量扩张，“恒安”的市场占有率正一个百分点一个百分点地往下滑。一方面更多新的竞争对手挤了进来，另一方面从前老的竞争对手正在日益熟悉中国的市场环境。利之所在，天下趋之。如果说前几年恒安称得上是在波澜不兴的海滩划船的话，那么进入1992年，许连捷突然发现，自己已经是身在鲨鱼丛生的水域试水。

幸运女神和奇迹天使当然不可能永远停留在许连捷的肩头。

这一年许连捷所遇到的，正是几年后几乎所有民营企业家都开始直面的关口，当然也正是所有成功的民营企业家所必须跨越的沟坎——是敲锣打鼓回家过年，还是去参与这场可能将永不落幕的竞争？是仍然抱持“今天种苗，明天吃菜”的心态，还是下定一个做百年老字号的决心？

对“安乐”的解释究竟应该是个人创业成功后的安居乐业，还是让更多的人在企业更大的创造中平安喜乐？

面对这些一想起来就头疼的问题，小学毕业、农民出身的许连捷感到自己有些底气不足。

有一段时间，许连捷半个月没在公司露面。他去了香港，希望在这个曾经给了自己第一块跳板的城市里安静下来，找到灵感。

接受采访的许连捷对这一段时间的记忆非常深刻：“香港真是一个催人上进的好城市。在这里你会发现，正是那些经常坐下来思考的企业家创造了这个熙熙攘攘的大市场。如果你永远安静不下来，那么你在这里注定一辈子只是一位推销员，最多是一位受人尊敬的老资格推销员。但你不是企业家，哪怕你已经挂起了企业家的牌子。”

在香港的许连捷还得知，原来李嘉诚、王永庆、包玉刚这些赫赫有名的华人企业家，也都曾经是农民出身。三四十年前，他们当然也并没有今天叱咤风云的气魄和洞见万里的才智，但他们成功了！是不是农民更没有瞻前顾后的羁绊？是不是农民更有着一往无前搏未来的勇气？

在这座举世闻名的商业大都市，白天车水马龙，入夜灯红酒绿。许连捷常常独自拿着一瓶矿泉水，往返于港九之间，观摩市场。大品牌卫生巾的代理商、营销专家成了他的良师益友，富有代表意义的大小超市留下了他的足迹。在这里他发现，那些来自发达工业文明的企业，或是那些善于学习发达工业文明的企业，在市场上将会有着一天比一天强大的竞争优势。

13 岁开始就每夜夹着草席在许家祠堂睡觉，8 年时间夜夜与尚贾善贸的祖宗们共济一堂的许连捷，20 年后终于在香港形成了自己一个朴素的理念：做事不成功，无颜见祖宗。

从香港回来，许连捷率领考察团又马不停蹄地去了日本。按照原来的计划，此行的目的是去购买一些中档生产设备以提升生产档次。然而一行人刚到东京，就听说这里一家原来在卫生巾行业盛名卓著的大企业宣布破产。许连捷大吃一惊，开始潜下心来研究日本市场的发展规律。研究发现，这里不仅护翼卫生巾早已取代直条型，而且日本卫生用品市场由低档向中档、由中档向高档的变化速度非常之快。

许连捷向来相信，在消费市场上，老外的今天就是我们的明天。然而这个“明天”究竟何时到来却大有考究。很多企业就因为算不准这个明天，要么过早进入市场而难以启动，企业成为“革命先驱”；要么迟迟不动，最后企业面临被封杀的危险。

许连捷也算不准，但形势要求他必须几天之内做出决策。这一进一出几千万上亿的资金差，令他内心的天平晃晃悠悠，始终落不到实处。

加大投资奋力上马，一旦失误，将会给企业造成沉重负担；如果不上，企业难以提高产品的质量和档次，无法与即将到来的跨国公司相抗衡。经过几天深思熟虑，许连捷果断拍板，决定从日本引进具有 20 世纪 90 年代国际最先进水平的成套设备，开发生产护翼、热风无纺布、流延薄膜等高精尖卫生巾产品。

“两害相权取其轻”，许连捷代表恒安真真正正地下了注。尽管中档设备和高档设备的价格相差 5 倍，达 1 亿元之多，但许连捷只用一句话说服了股东们：

“历史证明，这是我们在不久的将来摆脱低水平竞争的唯一方法。”

一年多之后，国内市场高档护翼卫生巾突然热销，恒安生产的“安尔乐”高档护翼卫生巾迅速摆上了大江南北大中城市的商场柜台。三年后，“安尔乐”护翼卫生巾成为恒安集团利润的主要增长点。“安乐尔”商标被国家工商总局认定为中国驰名商标，成为当时中国 87 个“驰名商标”中的一员。

（三）整合艺术

经此一役，许连捷开始渐渐有了清晰而坚定的目标感：做大自己的企业。

做大一个企业当然并非靠一城一池的抢占、一次两次的决策就能解决问题。在大框架的背后，一些艰苦而细致的整合工作引起了许连捷很深的思考：譬如品牌如何延伸，质量如何提升；又譬如销售如何畅通，成本怎样控制，等等。

许连捷明白，这些问题处理得得当与否，很大程度上决定了恒安人和恒安产品在市场上的形象是乌泱泱的一群圈钱者，还是一支整齐划一的正规军。

品牌延伸对许连捷而言或许相对轻车熟路一点，它涉及两个环节：引进及研发。然而对于“恒安”这种完全以自有资金拓展品牌空间的企业来说，“更新找死，不更新等死”的悖论始终都如影随形，在这个过程中的每一个错误都可能令企业元气大伤。

“每一次新产品的出笼，从最初决定上马，到这个产品进入市场，到最后通过生存检验这一关，敝人的脸上一般都要多添一道两道皱纹。”说这话时，许连捷的脸瘦而黑，皱纹如刀刻，看上去比实际年龄要大得多。

1999 年 5 月底，当记者来到晋江安海采访，恒安的品牌延伸战略已经初现规模：直条卫生巾以“安乐”为核心品牌生产和销售，分标准型、保健型和圆弧型；护翼卫生巾以“安尔乐”为核心品牌生产和销售，分标准护翼型、立体护翼型及超薄护翼型；新开发的护垫同样以“安尔乐”品牌形象推出；婴儿纸尿裤则以“安儿乐”品牌经营……在恒安管理层，这份业绩被称为“品牌的横向整合”。

1993 年岁末，许连捷又批准实施了一项“品牌垂直整合工程”，其基本思路是，以一个核心产品、一项核心技术、一个核心品牌为中心，向卫生巾产业链的上游和下游延伸企业的可控范围。

首先，在原材料上游，对于企业不能自己生产的原材料，恒安实行总部集中采购制以统一品质，减少风险；而对企业能够生产的无纺布、热融黏胶、包装带、透气薄膜，以及必须生产的部分特殊材料，采取总部统一生产配送制度，以保证质量，降低成本，拓展利润空间。

其次，根据卫生巾产品体积大、重量轻、运输半径有限的特点，许连捷开始大刀阔斧地实施企业异地化生产战略，共在全国 14 个省市设立了 17 家生产基地。在总公司对各基地实行控股，并在派驻品质管控人员和财务负责人的前提下，许连捷大胆地将管理权交给了当地经理人，实行独立核算，让经理人自己做老板。此举有效地化解了当时国内经济学家忧心忡忡的如恒安这类企业的“异地化陷阱”问题。

在促使企业产品直接在市场上实现“最惊险一跳”的营销部门，许连捷提出：恒安的营销分公司既要比外资同行政策更灵活，网络毛细血管更密集，又要比国内同行更有组织，整体调控能力更强。并逐步在经营中提炼了一套有恒安特色的分销模式——多渠道分销制，即产品分销管道。既有社会多级批发渠道，也有自己的快速直销通道。

几年磨合下来，恒安的营销体系终于成为国内同行中分布最广、效率最高，却又最易控制的“黄金通道”。

许连捷的过人之处在于，他或许比任何人都更知道，在发展的前提下，恒安该如何向同行学习，如何向市场学习。“恒安国际”的总裁助理童廉章告诉记者，许连捷从不在办公室做出决策，而往往是他在国内外考察的时候，在他于商场柜台的流连中，以及他买来酒菜与一线推销员的闲聊中，一个想法渐渐萌生，然后让下属形成文字、形成框架、形成体系。所以许连捷的“二传手”们个个具有深厚的文化修养和理论功底。

企业整合工作大约经过了两年时间。到 1995 年，恒安基本上形成了市场价格统一、质量标准统一、生产工艺统一、资源分配统一的联合舰队态势，企业边际利润率由6.6%提升为22%。从这年开始，恒安度过了它的创业危险期，实现了年平均42%的增长率，并持续稳居国内卫生巾市场占有率第一的“王座”。

（四）最古老的钥匙与最复杂的锁

广东省改革元老任仲夷说过一句名言：“发展是硬道理，但比发展更硬的道理是客观规律。”

有一段时间，许连捷便拿着这“客观规律”四个字去游说自己的员工。

他说：“随着企业的发展，不单是产品要更新换代，而且管理结构也需要不断地补充新鲜血液，不断地形成人才循环，这是客观规律。”不料这个说法捅了马蜂窝：换换产品也罢了，动辄要换换人，昨天的贡献怎么计算？20年的汗马功劳怎么折价？40年的故人情分如何对待？老兄弟们闹开情绪，于是工作也便懒心无常。

然而客观规律又实实在在地摆在许连捷面前：恒安从一个一条生产线、100人起家的农民企业，发展到今天的上百条生产线、上万名员工，体积膨胀了，目标变化了，人才素质和结构却几乎没有变化。一个像恒安这样的大企业，面对日益复杂的竞争环境，管理者的经验固然重要，然而不懂得大企业运作的专业知识，不尊重企业的成长周期及管理者的“生命周期”，显然就是必死无疑。

“那段日子，企业的人才少得连一个秘书都不敢配，稍微比较顺眼的人都只好放到第一线去。这反而养成了习惯，到今天我也没配一个秘书。”回过头来，许连捷还认识到：“有人说‘堡垒最容易从内部攻破’，其实在我看来，任何企业内部人自己都不愿意搞垮自己，而是在于其不懂，瞎搞。”

找懂的人来，找能干的人来，找专业的人来，这是许连捷恪守的原则。

1996年，横亘在许连捷前面的是一个问题的两个方面：其一，怎样才能实现公司管理人员的新旧交替、平稳过渡，让能人进入管理岗位？其二，能人上台之后，怎样才能保证他们一心一意、全力以赴地维护企业的利益？

一项公司制度的执行情况给了许连捷很深的触动。按照规定，公司内部的任何人都不配备专车，无论谁要用车，只要是私事，都得按每公里两元钱计费。然而许连捷发现，除了他和几位股东"严格遵守纪律"以外，其余中层干部大多在办公事的时候，顺便把私事也办了。原因当然不言自明：自己的能省就省，公家节约与否和我无关。

他想起20年前农村的一个奇特景象：生产队敲钟开工，农民们便扛着锄头、草铲到田间睡觉；下午收工后，各家各户在自留地里才开始了一天真正的忙碌。

如何让所有的管理者都意识到无论节约的成本还是创造的价值都有自己的一份呢？假如恒安集团实行内部股份化，一切问题不就迎刃而解了吗？

人是自利的动物，这是一把最古老的"钥匙"。许连捷准备用它来打开现代企业最复杂的"锁"——如何调动人的积极性。

内部股份化方案其实唯一需要过的就是许连捷等几位早期股东的心理关口。恒安董事会最后通过了这个方案，这不禁令人联想到经济学界的一个命题：企业的成功不仅仅取决于企业家的能力，同时还取决于企业家对自我欲望的约束。

大多数民营企业的股份制改造通常是"雷声大，雨点小"，而且动作迟缓。许连捷却是说干就干。1997年初，恒安集团内部股份化工作推行开来，数百名打工仔一夜之间变成了股东。

创业阶段的"功臣"想通了：股东不一定参与经营，请人来帮自己经营，帮自己赚钱，何乐而不为？后来的能人高手们兴奋了，有多大能力、用多少努力就能为自己创造多少资本增值，这份价值实现感令所有人倾情投入。这让许连捷第一次在企业里感受到了"从个人英雄主义到集体英雄主义"的氛围，而恒安集团人事部的电话也第一次忙过了销售部。

在这个春天，恒安董事会为企业的长远发展留下了一笔宝贵财富：

1. 一批优秀的"二传手"；

2. 一个相互妥协、共同致富的股权方案；

3. 一个牵动全社会目光的监督机制。

这其中的第三点，是在1998年的年末岁尾才最终得以实现的。

（五）什么样的企业才能长治久安

一般人认为，企业要想立于不败之地，需要两个基本条件：一是经营不断创新，活力足，后劲大；二是有充沛的流动资金，手中有粮，心中不慌。在这两方面，恒安已经远远将国内同行抛在了身后。

然而，许连捷却始终感到有些地方做得还不够。

1997年底，他突然在董事会上提出：能否考虑恒安在香港上市的问题。“同志们”闻言大惊：眼下企业利润丰厚，负债率极低，一旦上市，就必须拿出利润来分给股民，无所求而有所付出，许连捷是不是疯了？

董事会开得十分热烈，其中尤以许连捷嗓门最大，用语最书面，理由最堂皇：“其一，香港股市是世界范围内的成熟市场，法制健全，在香港上市能够推动企业内部改进管理，规范运作。其二，海外股民投资，大都是委托各种基金会来操作，像美林、摩根这样的大基金会，定期都要对上市公司做经营状况分析报告，几乎等于是在为企业做免费的财务咨询，这些报告对恒安的经营非常重要，如果请专门的财务咨询公司得花多少钱？其三，恒安面对日益强盛的跨国集团挑战者，要想长久保持销量第一，必须尽快与国际接轨，从本质上实行开放式经营。上市的代价可能是几千万港币的支出，但国际化的冲击也会尽快使我们脱离‘一亩田三分地’的小农经营意识。”

这样的董事会一开再开，许连捷甚至请来各路专家，借各种可行性论证向股东们说明利弊。股东们渐渐心动，上市工作也就进入筹备阶段，香港地区的会计师、律师的大队人马开始进驻恒安，各项工作按部就班地展开了。

筹备上市过程中发生了一些令人手忙脚乱的故事。

例如，恒安全国各地经营部的办公室很多都是租的民房，与房东签份合同便进场办公，没有租赁许可证。在准备上市文件时，香港地区的律师说这样不行，因为内地有法规，租赁房屋必须办理租赁许可证。恒安当即通知各地经营部连夜补办。因此，恒安的许多租赁许可证都是各经营部所在地的第一份，因为之前从来没人办过。又如，在财务上，香港地区的审计师告诉恒安：未到账的应收款不能计入利润，且超过 6 个月，必须从利润里拨坏账准备金；公司的账务要全部透明化，不允许有阴暗角落；董事会新增 3 名独立非执行董事，不持有股份，担任监事工作；财务总监必须是香港地区的注册会计师。

这些都是内地的企业闻所未闻的“多余麻烦”，许连捷接连发号施令：“一切按国际惯例办事。”

万事俱备，只欠东风。1998 年年底，上市工作进入倒计时，但关键时刻却节外生出枝蔓来：主承销商突然打来电话，要求降低发行价格，否则退出合作。按香港联交所规定，所有申请在港上市的公司，必须与承销商预先商定一个发行价，而承销商以这个价格悉数包销上市股票。适值国际金融大鳄与香港特别行政区政府的 8 月激战刚刚结束，人们惊魂未定，资本市场大市低迷，股市面临动摇。如果在恒安上市的 12 月香港股市突然下滑，主承销商的风险不言而喻。减少风险的唯一办法，就是牺牲上市公司的利益，降低股票发行价格。

最后关头冒出这档事，许连捷急怒攻心，一夜间几乎急白了头。如果同意降价，企业价值尚未上市就已经贬值。

许连捷亲赴香港，聘请全球最优秀的金融专家分析预测 1998 年 12 月的港股走向，得出了大势向好的判断。许连捷向外界发出信息：宁换承销商，不降发行价。恒安临阵易帅，震惊香港地区的媒体。

重新崛起的 BNP（百富勤）在关键时刻找上门来，在与恒安紧急磋商后，接过“接力棒”，担纲新承销商。1998 年 12 月 8 日，“恒安国际”正式挂牌，以 9.03 倍的市盈率顺利入市，同时创下了这一年港股上市最高市盈率和最高认购倍数的奇迹。

许连捷圆满完成了他与国际接轨的夙愿。

傅军："多栖发展"的企业家

1990年10月，傅军弃政从商，由1 000美元起家，创立新华联集团，自此担任董事局主席兼总裁，同时兼任全国工商联副主席、全国政协委员、中国外商投资企业协会常务理事、湖南省工商联副主席、北京湖南企业商会会长、湖南省外商投资企业协会常务副会长等职。

（一）与往事干杯

童年，一根木棍，一盏马灯，七八岁的傅军和父亲常常这样走在湖南乡下清冷的夜风中，一大一小两个背影。父亲是湖南省模范村党支部书记，每次村里开会，他都带着傅军同去。父亲的讲话总是让村民群情激昂，一旁的傅军耳濡目染，幼小的心灵也在轻轻地跃动着。

至今，谈到父亲，动情之处，傅军眼里就会溢满骄傲和疼痛。父亲是共产党基层干部，是傅军心中的英雄，在组织村民修枝柳铁路时染病去世。那时傅军已是醴陵五中团委副书记了，他潜移默化地秉承了父亲的所有优点。

19岁，傅军当上了公社党委副书记；21岁，任党委书记。一个乳臭未干的小青年，一步入社会就迈上了乡村政治舞台的制高点，并取得了成功。傅军说，他学会了三件制胜法宝。

一是激发理想。"自古无湘不成军"，耿介爽直的湖南人都是拼命三郎，尤其是血性青年，更愿为理想而战。傅军高屋建瓴，以当年父亲宣传鼓动家的口才激发起每个人心中的希望。二是善用干部。他重点抓各村党支部书记、村长的工作，天天与他们在一起，谋划工作，造福一方。三是出点子。他没日没夜地为治下10多家乡镇企业运作市场，并鼓励乡民们在企业里热火朝天地大干工作。

“少年壮志不言愁”。就这样，这个痴狂年轻人站在了思想的风口，宣传鼓动和体贴民众使他能号令四方，抓经济使他熟悉了企业的细胞肌体。

1984年，26岁的傅军调任醴陵市外贸局局长，自此醴陵外贸出口额连续4年全省第一；1988年，傅军调任湖南省外经委工艺品进出口集团公司副总经理，自此湖南特色产品出口被全国瞩目。

后来，他决定辞职，辞去正处级干部职务，然后“下海”。

促使他“下海”的直接原因是：在走遍湖南山山水水组织出口货源的同时，他看到了太多面朝黄土背朝天的农民的痛苦，他在同妻子交心时流下泪来：“我见不得乡亲们哭，我见不得他们迷茫无助的眼神……”

这时，一位老领导送给傅军一句话：“男人要远走，才能高飞。”

于是傅军决心“豁出去了”，自己成立贸易公司，将湖南产品卖到国外去。他的光荣与梦想，他对湖南农民的那份感情，支撑着他勇往直前。

（二）原始森林，理想，第一桶金

> 如果你爱着，就在心里写下祝福，让距离保持灵魂的高尚；
> 如果你是战士，就在硝烟中远赴战场，用理想保持心灵的坚强。
>
> ——苏格兰民歌

这是一个英雄辈出的时代。

在吉隆坡华侨商人曾钦泉的帮助下，傅军用1 000美元注册成立了马来西亚华联贸易有限公司。他设想的生意链条是：依靠与国内各贸易公司结下的商业关系和积累的经营之道，借助曾钦泉在马来西亚的基础，迅速打造国内外客户网络；然后从湖南采购罐头、乳猪、乳鸽、莲子等土特产品销往马来西亚，再把马来西亚的纸张、橡胶、木材、木浆等工业原材料销回国内。

董事长兼总经理兼员工傅军开始奔波在一条荆棘丛生的阳光大道上。

西方人做生意讲法理，中国人做生意喜讲义理、情理，这是中国特色，更是儒家文化所及之处的特色。这赋予了傅军“做生意就是做人，交朋友就是交心”的生存理念。

热情加诚信，成为傅军孤身闯南洋的立身之本。

1991年，傅军从湖南收购莲子，不料突发洪水使收购价飞涨，超过了马来西亚商人开出的购买价格。此时，他完全可以以人力不可抗拒的理由撕毁合同。但他思虑再三，坚持做完生意，结果亏损七八万元。对方得知消息后深受感动，说:“你生意刚起步，尚能一诺千金。仅此一点，我们就可以长期合作!”随即追加了一单生意，让傅军赚了20多万元。

这就是生意的辩证法。“所以交朋友一定要有精神境界，做生意一定不要患得患失，而要舍得!”一脸和善、朴实、坚毅的傅军，总给人一种安全感。这样的人难道还不值得信赖吗？这种“能舍才能得”的辩证思想，正是中国传统哲学的精髓所在。

1991年，湖南人造板厂投巨资，拟进军家具三合板市场，但苦于得不到优质表背板，正在四处求购。得到此消息，傅军如获至宝：马来西亚不但木材丰富、加工业发达，而且还是自己的创业大本营。

机不可失，马不停蹄。傅军东奔西走寻找合作伙伴，然而事与愿违，众多马来西亚表背板厂家异口同声回答“不”！这些厂家完全可以自己将表背板压成三合板卖到中国，凭什么要让外人从中横插一杠?

索罗斯曾说:“对我而言，冒险是清楚思考的根本原因。”这句话同样适用于傅军。正是这单生意的“不可能”，激发了他骨子里那份湖南人的血性。他决心棋出险招，剑走偏锋。

半年里，他又找了数十家企业，一次次遭遇冰冷的闭门羹，傅军不气馁、不后退，最终，他锁定了西马原始森林中的中国台湾公司长荣木业。那里路途遥远崎岖，森林中巨蚊奇毒无比，傅军乘飞机，坐吉普，爬山路，忍叮咬，一次失败来两次，两次失败来三次。第三次，傅军改变了谈判策略："表背板和三合板我都要。"终于达成协议。

成交条件并不复杂：傅军每月买 1 000 立方米表背板，但必须同时买 2 000 立方米成品三合板。傅军将三合板就地平价处理，然后将表背板销回国内。第一单做下来，傅军发挥他的"朋友外交"攻势，成功地将两种板材的进货比例调整成了 2∶3，随后傅军的砝码越加越高，长荣木业在他迅猛的销售势头前不得不步步退让。

这场无声的战斗最终以傅军获胜而结束，他战胜了对手，也战胜了自己。生意持续做了 3 年，每年销售额 1 亿元以上，加上纸张、木浆等生意，傅军的华联贸易公司年利润也做到了 1 000 万元人民币。

生命付出，终得报偿。傅军提着他的第一桶沉甸甸的金子，想回国了。

（三）像章鱼一样拥抱长沙

狂妄的人自称命运的主人，谦卑的人甘为命运的奴隶。此外还有一种人照看命运，不强求、不畏怯。走运时他揶揄自己的好运，倒运时他调侃自己的厄运；他无视命运，又与命运结伴而行。傅军说："命运就是你对待命运的态度，是你不断努力的那个过程。"

中国大量的成功企业曾经属于"机会驱动型"企业，靠时代背景获得免费午餐而一夜成名。那时，好像企业不需要战略，只需要勇敢。

1992 年，在国外经风闯浪的傅军回到国内，像狼一样搜猎着更大的资金出路。他发现，广西北海的房地产正掀起一阵阵热浪。"我们原是做贸易的，对于如何做大做强并不清楚，但相信流行南洋的一句口头禅：不搞贸易不活，不搞实业不稳，不搞房地产不发。"

傅军决意挥师北海。

当时北海的房地产以旅游景点银滩为开发中心，具有讽刺意味的是，整个开发热潮也正如建立在沙滩上的大厦，根基下是浮土，是流沙，最终遭遇了一个噩梦般的坍塌之夜。傅军正准备放手一搏，却发现北海城市人口仅仅三四十万，却盖了七八十万人住的房子，这不是泡沫是什么！他当机立断，在别人依然利令智昏之时，他以每平方米低于市价 200—300 元的价格将手里的 3 个项目全部转让，抽身而退。

“这是一次不折不扣的胜利大逃亡。”最终 2 000 多家房地产公司因国家重拳整顿而损失惨重，别人捶胸顿足、呼天抢地之时，傅军却已怀着庆幸在长沙总结教训了。

长沙是傅军的家，在从官场到商海的奋斗历程中，他在这里织下了密如蛛网的关系网络。他知道，这是真正的人力资本。

在管理学里，有一个术语叫作“社会资本的结构性空洞”，大意是说我们每个人都有些难以进入的圈子，从而使一些能横跨不同圈子的人形成了竞争的比较优势。他们织就的网络空洞越小，势力范围就越大。傅军也许不懂这个概念，但却最大可能地发挥了他的这一核心竞争力。

依托这种“关系资源”，傅军在生他养他的故乡如鱼得水。他以外商身份迅速成立了湖南新华联投资实业有限公司，总部设在老干部局。之后制定了两条腿走路的发展战略：一是房地产，二是制造业。傅军在追求专业化的同时，绝不排除多元化，因为专业化企业在出现内部管理失误或行业不景气时，一篮子鸡蛋会被全部打碎。

于是他在大力投入房地产的同时，大刀阔斧地对陶瓷、塑胶、合金、汽车、高科技、特种材料、餐饮等产业进行了全资、控股和参股等多种形式的投入，四面出击，处处开花。

1994 年，长沙商业圈表面一片宁静，但深水处却开始不平静了。

章鱼是海洋中最聪明的动物之一。它总是在水底潜行，两只不停转动的眼睛对光线和移动的物体极为敏感，八只长长的触手力量强大，是它最好的武器。任何时候，它只需要三只触手就能支撑身体迅速移动，向猎物发动最迅猛的攻击。傅军就像一只章鱼，成为一位商海深处优秀的掠食者。加之国家正在倡导产业结构重组，新华联瞄准大势乘风而上，一个稳健的多元化产业框架很快形成。

1994 年，曾饮誉全球的“醴陵陶瓷”因国际形势变化出现销售下滑，傅军慧眼识商机，认为“愈冷愈热”，成功控股醴陵市嘉树乡陶瓷厂。随着体制和经营方式的大换血，华联陶瓷产品以创新满足国际市场，一跃成为湖南瓷业领头羊，年出口额高达 1.3 亿元。

1996 年，傅军投资山东淄博东岳化工公司，以 34.7% 的股份成为最大股东。他大胆授权，将董事长之位让给了原公司总经理，再次发挥当年“善用干部”的经验，知人善任。2002 年，制冷剂 F22 产销量达 7 万吨，高居亚洲榜首。

1996 年，傅军在湖南省政府的支持下参股湖南长丰汽车厂，与日本三菱合作生产“猎豹”越野车。2002 年，“猎豹”市场全线飘红，销售 157 万辆，居国内越野车第一。

新华联纵横天下，向各个方向伸出它强健的触手。到 2002 年，傅军的新华联集团全资和控股企业达 22 家，参股企业 10 家，一个庞大的产业帝国渐渐浮出水面。

建立这个庞大的产业帝国，傅军只用了一条最简单的法则：所有投资都与人合作。在他看来，项目再好，如果它的经营者不是技术和经营的行家里手，与你的理念性情不相融，那么，你最好离这个项目远一些。

由此，新华联集团走出了一条“以小博大，滚动发展”的经营之路，集团各企业成功与否的标准变成了赚钱多少。以此为标准，傅军最感自豪的是他在中国白酒行业投下的一颗重磅炸弹——金六福。

（四）明天意味着重大事件

一个企业的持续发展，可以用四个问题来说明：一是凭什么凝聚人心；二是凭什么安排今天（核心业务）、明天（增长业务）和后天（未来业务）的三层产业链；三是凭什么获得比较竞争优势；四是凭什么获得持续竞争优势。

中国企业多以第三点而获成功，但它们往往也止步于此。而傅军成功地培育了自己的持续竞争优势，一夜间成为酒业枭雄。

每每提到金六福，傅军总是面露骄傲之色。

一年销售6万吨，进入酒业前五强。这是金六福在竞争残酷的中国白酒市场上，在众目睽睽之下演出的令各路诸侯目瞪口呆的精彩大剧。品牌从无到有、到睥睨天下大赚钞票，仅用4年时间，而且至今运行稳健。

令人惊叹的业绩让金六福成了一个谜，人们纷纷打探，幕后的经营高手究竟是谁?

谁都没料到，是与白酒业风马牛不相及的房地产商傅军!

这就是变化的魅力：一切都可以匪夷所思，可以阴差阳错。

1997年，傅军让最得力的助手吴向东领衔代理了四川白酒“川酒王”，当年销量为湖南酒类之冠。正当傅军准备在白酒经销领域跑马圈地之时，却遭遇了“川酒王”商标注册未获通过的窘况。“川酒王”不能卖了，庞大的营销网络嗷嗷待哺。

透过激烈的白酒商战，傅军和吴向东敏锐地领悟到，全国庞大的饮酒大军和深厚的酒文化，已经撑起了一个长盛不衰的白酒大市场。他暗暗走访市场，发现白酒虽然品类繁多，但真正为人称道的品牌屈指可数。于是他乐观地认定：只要在群雄割据的白酒混战中谋得一席之地，回报就会很丰厚。

傅军决定自创一个白酒品牌，因为自己多年来开着六福鱼翅酒家，那就把这个白酒品牌叫“金六福”吧。

傅军知道，自己对白酒酿造不在行，建厂房办企业更是吃力不讨好的事，那么，怎样才能实现低成本运作？傅军和吴向东一致认为，必须寻求合作伙伴，强强联合，优势互补。著名的耐克鞋可以靠OEM行销天下，新华联为何不能寻求国内最优品质的白酒厂家贴牌生产金六福酒?

恰巧四川宜宾五粮液酒厂有10万吨生产规模的生产线闲置，正急于寻找加工出路。双方一拍即合，你生产，我销售，各得其所。

轰轰烈烈的市场大戏就此拉开帷幕，中国白酒行业史就此改写。

今天，随着电视广告、“福”文化和体育赛事的完美结合，金六福已是家喻户晓。有业内人士撰文指出：“马来西亚的外来资本、外来企业家痛快淋漓地把壁垒森严的中国白酒市场‘玩’了一把，狠狠地掘得个盆满钵满。”

面对“凶悍”的金六福，白酒业的集体悲怆与无奈，于此可见一斑。

其实，金六福卖的不是酒。金六福卖的是以白酒为载体的一个美好愿望和祝福，一个吉祥预期。它先后有广告：“金六福，中国人的福酒”；好运相伴的米卢穿着唐装，笑嘻嘻地在央视上拿腔拿调：“喝金六福酒，运气就是这么好”；婚庆广告更是诱人：“金六福，好日子离不开它”；2002 年底的广告更给了消费者一个心灵熨贴的预期：“喝了金六福，明年更有福”等。不难发现，所有广告都把美好祝福作为诉求点，而根本不提产品的功能，因为已经有五粮液的优质形象作支撑。更通俗地讲，金六福卖的是一个美好的“彩头”，即使明知这些许愿是虚幻的，可是谁会拒绝别人的祝福呢？

这就是傅军和吴向东提出的“以实售虚”技巧。高明的是，他们知道普通白酒大同小异，成千上万的厂家都可生产，关键是打造出巨大的差异化的附加值，这才是营销制胜之道。

大约八九年前，一位美国商人推出了“拥有一片美国土地”的营销活动，将法律手续完备的成千上万块 20 平方厘米的美国国土，以每块 8 000 元人民币的价格卖给中国人，引得国人趋之若鹜。显而易见，这仅仅是一个概念，卖的却是人们对美国强大和富裕的向往心态！还有，德国的柏林墙拆除后，精明的商人把墙砖砸碎，用小袋子装上零卖，购者踊跃。其实顾客购买的并非砖石，而是几十年来日耳曼民族因为残酷的战争被分裂的难忘记忆，那是一种刻骨铭心的情感。

中国传统文化中有“五福临门”一说，即寿、富、康宁、好德、善终，傅军为其加上一个“孝”字，故称六福，且以吉祥的“金”字包装，如此发掘演绎，把一个“福”字打理得立体丰满、金碧辉煌，加之媒体广告营造了浓郁的欢乐喜庆氛围，让人深受感染而心动。

同样道理，傅军和吴向东给金六福添加了中华民族喜庆文化的附加值，于是获得了成功。是的，当某种产品能深刻唤醒人们心中沉淀的集体意识，那么这种产品就可能被归类于民族文化的代表而长盛不衰。

在此基础上，金六福借助赞助中国申奥成功和中国足球首次在世界杯足球赛中小组出线这两大顶尖体育盛事，声名鹊起，短期内战胜了诸多竞争对手。它不但请出米卢倾情表演，还先后取得了“2001—2004年中国奥委会合作伙伴”和“2004年雅典奥运会中国代表团庆功酒”等多个体育庆功酒称号，并被中国足协授权发行9 999瓶出线庆功珍藏酒。

有了如此耀眼的、引人瞩目的顶级平台作支撑，金六福在当下强手如林的白酒商战中脱颖而出，牢牢吸引了亿万眼球！

按理，酒类单一品牌不能将不同层次的消费者锁定为目标市场，但金六福能。傅军和吴向东再次发挥其卓越的创新思维，在金六福包装上标明一星、二星直到五星，价格从十几元到数百元不等，因而下起三教九流农民百姓，上到达官显贵富豪商贾，都能因同一个广告而买到自己喜欢的金六福。

做到如此深度，已是营销的极致。但是且慢，好戏还在后头。

市场窜货是营销难题，而将诚信视为至上人格的傅军，在代理商的合同上承诺窜货赔款绝不含糊。傅军曾一次赔给江苏总代理450万元，但他此后从江苏获得的利润大大超出此数。怎样才能杜绝窜货？傅军和吴向东再次想出了好办法：在销往不同省市的酒瓶上分别印上“金六福为湖南干杯”“金六福为安徽干杯”等字样。此招一出，窜货将无所遁形。

如此一来，金六福畅行天下而秩序井然。

2001年底，傅军斥资3 100万元，收购了云南香格里拉酒业55.97%的股份，成为著名的香格里拉·藏秘青稞干酒新的主人。5年内，傅军准备抢占干酒市场10%的份额。

“我有一句名言，明天意味着重大事件。”傅军一脸神秘地凑近记者，“你就等着看我们的手段吧!”

(五)生命就是“在路上”

“兵贵神速,未闻巧之久也。”这是《孙子兵法》中对“速度”的经典判语。超常规的运作手法还须与正面的昂首挺进相结合。傅军总是出人意料,甚至很少有人知道他是北京最早、最成功的房地产开发商之一。

傅军从未放弃过他的房地产业。早年在广西北海松软的沙滩上惊险一跃,他品尝到了历经危局而获成功的喜悦。北上湖南之后,他决心在长沙开辟新的战场。房地产,是傅军生命中最好的练兵场。

1993 年以后,房地产市场极度疲软,但这并没挫伤傅军的锐气。相反,辩证法告诉他,沉默往往蕴蓄着爆发的能量。他透过沉寂的面纱看到了市场的燎原之火。于是他逆势而走,几年来一鼓作气开发了长沙九家湾华侨公寓、兰景花园、华联花园、新华联家园等 10 余个房地产项目,结果炮炮打响,个个赢利。当别人清醒过来之时,他已成为长沙房地产市场的“巨无霸”!

但是,并非一切一帆风顺。1994 年,傅军决定在长沙最繁华的市中心开发标志性的 26 层华联大厦。消息传出,众人摇头,“这是房地产最萧条的时期”。傅军却坚持认为,一旦开发成功,新华联将创造房地产低谷中的奇迹,并将跃上一个前所未有的高度。傅军决定孤注一掷。

此时,北京某股份公司有意合作,条件是该公司与新华联合资成立华联商厦公司,傅军占 20%,对方 80%,以下面 5 层为商厦经营场地,该公司以此为名在股市上募集资金,再从中拿出 6 700 万元用于商厦项目。傅军按协议投入巨资,对大厦做了商场建造、设计和设施安装。孰料该公司 1998 年上市后,原计划从股市获得 2.4 亿元的募集资金,结果只有 1.4 亿元,因此该公司不得不违约放弃这个项目。

新华联顿时面临灭顶之灾!

数倍于当初的风险必须由新华联独担,而先期投入的 4 000 万元银行贷款马上就要到期。怎么办？傅军心急如焚，一面状告该公司，一面四处奔走，寻找救命资金。

那是傅军一生中最大的一次险关，过之则活，不过则死。“那时，真的是千钧一发。”在记者面前，傅军仍面露后怕之色，“在这生死攸关的紧要关头，如果是一般的企业肯定就完蛋了，刚刚启动的金六福项目也必将全军覆没。我四处求援，而希望渺茫。”

就在傅军开始绝望时，当年做贸易结识的朋友们向他伸出了救命稻草：马来西亚的曾钦泉借给他700万元，当年在江苏做纸浆生意结识的王先生借给他1 000万元，更多的真心朋友拿来了数额不等的资金。

一次次输入血液之后，新华联终于缓过气来。

今天，谈到这些朋友，傅军的自豪溢于言表：“新华联最大的财富不是资产，而是一批实实在在的朋友。”

人生如此，当无怨无悔了。

同样是1994年，傅军又剑指北京，试探性地小规模参股别的企业以积累经验，只待时机成熟一举而入 。

随着长沙房地产项目的成功，随着金六福在市场上掀起狂澜，随着化工、陶瓷和汽车等项目的利润滚滚而来，2000年，傅军正式大规模进军北京房地产市场，这一年，通州新华联家园开工；2001年，新华联锦园和北京青年城项目同时开工。在傅军带领的湘军团队的运作下，新华联渐渐挺立在庞大的北京城。

傅军开始令北京的房地产大佬们侧目。

2001年9月16日，一个晴朗的日子，新华联总部迁至北京。

进军北京，是历史的必然。傅军打了个有趣的比方来阐述缘由：“一个人在农村发了财，他一定会到集镇买个门脸，因为闭塞的农村不能让他实现抱负；当他在集镇上发了财，就一定会转向县城，最后这个人只要不失败，只要有向往，他一定会朝着更大的发展空间迁徙。我喜欢这种‘在路上’的感觉，新华联也是这样，也要服从于企业发展的规律，也要不断地从醴陵到吉隆坡，到北海、长沙，再到北京，抢占更高的制高点来不断实现成长的抱负。”

在北京，傅军和他的团队发现，当前正在实施的房改政策使北京释放出巨大的购房能量，数百万计的普通市民成为中低价位房产的追捧者。基于这样的市场背景，新华联一如既往地恪守两个原则：在项目开发上力求“速度制胜”，在销售上力求“给客户创造升值空间”，这叫作“用时间换取获利空间”。

就这样，一向坚忍不拔的傅军，这个强悍的湖南小个子，以凌厉的手法打理着自己的30多家企业，不知疲倦地在空中飞行，年复一年地收获多个行业的硕果。匆匆接受完记者采访，傅军还得马上飞马来西亚。就在傅军起身准备离去时，记者问了最后一个问题：“你怎么凝聚员工？”

傅军站住，回转身，略做思索：“员工的凝聚力和工作激情来自激励。我们有一个积分奖励俱乐部，每年评定10多种奖项，比如有员工获得了创业功勋奖或杰出贡献奖，将获得5～10分的奖励，当积分累计达到一个分值时，你就能成为百万富翁。对了，这就是我们已经启动3年的百万富翁工程。现在，不少人已经实现了这个目标。”

说完，傅军离开了自己的办公室。

傅军已经很久没回长沙的家了，那里有当年他下南洋时与妻儿在机场的留影；傅军也很久没回湖南乡下了，那里还有他魂牵梦萦的父老乡亲，一个更大的家。

不过他已把这句话深深铭刻在了心里：“每一次出门，都是为了更好地回家。”

车建新：红星美凯龙的崛起

1991年，车建新投资100多万元创办常州市及周边地区的第一家大型家具专营商场——红星家具城。不到两年后，他在常州又创办了5家红星家具城，走上了连锁化经营的道路。从1992年12月到1996年，他在南京、无锡、苏州、南通、扬州、镇江等地创办了近20家红星家具城，并于1994年8月成立了江苏省第一家家具企业集团——常州红星美凯龙家居集团。

(一)从木匠到生意人

从前，有A、B、C三个木匠，A木匠想，我反正一辈子就是同刨子锯子打交道了，混混日子吧；B木匠想，我这辈子要成为好木匠，多赚点钱；C木匠想，我现在虽然是个木匠，但完全可以成为最优秀的艺术家。于是，当他们分别碰上一块带结疤的木料时，A不管好坏，就凑合用上去了；B随手扔掉，换别的木料；而C则把好料截下来用在家具的正面，把结疤精心雕刻成附在家具上的装饰品。16年后，前两个木匠仍然还是木匠，只是手艺高低不同；而曾经致力于成为艺术家的C木匠则已经成就了一件非凡的艺术品——中国顶级的家具集团。车建新说："这是人的理想和态度问题。"

车建新在学校时不是一个传统意义上的好孩子。成绩不好，初中没毕业就吵着嚷着要赚钱。17岁就背着父母到常州市打短工，给别人烧菜做饭。父母拿他没辙。

不上学倒也罢了，为了混口饭吃，总得学门手艺吧。车建新的父亲是当地的建筑工头，觉着儿子成天在市里晃来晃去不是个事儿，就把他领到自己的工地上，让他拜了包工队里一个木匠为师，学木工。

车建新那股机灵劲儿和极强的动手能力，让师傅满心欢喜地倾囊相授。对划线、选料、配料等重要工序，他都很轻松地掌握了要领。可没过多久，他“不专心”的毛病又开始发作，还没满师的他居然就大大咧咧收起徒弟来。他对师傅说：“我虽然连一块木头都不能刨得很平整，但您功夫好啊，可以帮我带徒弟。我出去揽活回来，负责划线、选料、配料，您和徒孙们就做。总不能学了手艺饿了肚皮吧。”颇为喜剧的是，在他年满20岁、已经带了五六个徒弟时，他才真正出师。车建新似乎天生就具有一般木匠不具备的天赋，从朴素的市场实践中，他悟出了资源配置学的真谛。

当时，车建新骑一辆自行车，背个小包，走街串户去揽活。起初是针对城市家庭，转悠了一个多月无功而返。一个好心的大爷劝他：“这木工活，没有十年八年的功力是做不出什么好活的。你在这里说得再好也没人相信，你还是去家具商场碰碰运气吧。”20世纪80年代初，我国绝大多数商场都是国营的，进货渠道十分严格，闭门羹吃了一回又一回。终于，常州西新桥综合市场的老板给了他一张家具图纸，并丢下一句话：“只要能照图纸保质保量做出来，我就可以试着寄售你的家具。”

活是千辛万苦找来了，能不能做出来又是一回事。首先是资金问题，车建新软磨硬缠，把姨夫准备盖房的600元钱借了来，又找师傅、师兄们赊了些材料；再者是技术问题，这种组合家具以前没做过，车建新就装成买主，到家具商店去看样式，琢磨工艺，回来照着做。半个月后，他们的家具如期交货。老板很满意，放到市场里，不到10天就以1 700元的价格卖出，除去成本，还赚了200多元。综合市场的老板开始对他另眼相看，愿意同他长期合作。

第一笔生意的成功让车建新找到了赚钱的途径。1986年，车建新和徒弟们成立了手工作坊式的青龙木器厂，专门为各大商场加工家具。

渐渐地，在与商场的交易中，车建新越来越觉得商场太“黑”：得看他们的脸色行事，稍微不遂他们的愿就会让你滚蛋；货款拖一两个月是常事；而产品大部分的利润却让他们赚了去。车建新心有不甘，1988年5月，他在市文化宫附近开设了自己的第一个流通业实体——大成家具门市部。

他在门市部里摆放了两套自产的做工考究、款式流行的组合家具，并专门搜集了全国各地流行的各种家具款式，装订成册，以供顾客挑选。车建新的家具质量过硬，又碰上了供不应求的好时期，仅半年，这个区区20多平方米的小门面就接下了近400套家具订单，订金超过40万元。

1990年初，他租下了市区一个空置的简易大棚，因陋就简，用红蓝相间的蛇皮编织袋把四周一围，再把凹凸不平的水泥地面平整好后，用油漆一刷，顿时场地焕然一新。为了增加市场的品位和内涵，他把祖师爷鲁班的雕塑也请来放在门口，把"顾客至上，鲁班作证"的牌匾悬挂在大棚中央。开业不久，顾客都是天天爆棚。

这样做了3年，车建新的手头已经有了200多万元的积蓄。

（二）随理想飞奔

车建新说："对'远大理想'这个词，我有不同的看法。理想太远大就变得缥缈而难以把握，人们能够规划出自己20年甚至50年以后的未来吗？多数人是不行的。总是实现不了自己的理想，人的自信就会失去。因此还是得一步一步来。我当木工学徒时，理想是3年后当师傅；当上师傅后，理想是两年后有一家自己的家具厂；有了家具厂，理想是两年后有自己的家具店。我之所以成功，正是因为我的每一个理想都与现实离得不远。"

3年的创业之苦，使车建新明白了一个道理：在市场经济下，商品最大的利润空间还是在流通环节上。豪情满怀的车建新又有了自己的下一个理想——拥有一家像常州市百货大楼一样的家具大卖场。

经过精心筹划，1991年1月，车建新投资100多万元、营业面积1 000多平方米的红星家具城正式营业。这是常州市第一家家具专营商场，打破了一直以来当地家具商店从属于大型百货公司的格局。媒体的积极介入也使得红星的人气迅速攀升。

最初的红星家具城以自产自销为主。为了丰富商场里家具的花色品种，车建新也销售一些其他的品牌家具，一来使家具城有了更大的利润空间，二来知名品牌的进店也大大提高了红星家具城的知名度。就这样，他吸取百货大楼的经营模式，开始走“家具百货商场”的经营之路。

由于家具城生意日渐红火，“光明”“华丰”等许多国内品牌家具厂商“求”上门来。车建新逐渐抓住了一批业界有影响力的企业，编织成稳定可靠的供应网络。在常州红星家具城持续大幅赢利的情况下，车建新又迈出了扩张的步伐。

1992 年底，无锡红星家具城和南京红星家具城相继开业。车建新考虑，无锡是江南经济重镇，南京是江苏省的政治经济中心，两地家具城的成功开办，将与常州总部形成铁三角之势，红星的影响力必能辐射整个江苏省乃至周边省份。

可以说，这种推广模式在最初几年是相当成功的。车建新对商场的选址也确有独到之处，原本被视作“垃圾”的物业，红星总能化腐朽为神奇。

在南京选址时，车建新看中了中国人民解放军某厂厂房的二楼，这让旁边的谋士们直摇头。原来，厂房离街还有上百米的距离，是缩在后面的，更何况还是二楼，大家都认为这里的门面只能做办公区或仓库，根本就无法搞经营。

车建新却有自己的一套想法：此地是火车站至市中心的必经之地，地段不错，租金也便宜。至于其他的问题在他看来都是可以弥补的。

于是，他将马路与门面之间 100 多米的空地变成了广场，既可增添商场的气派，又给顾客提供停车的方便；设计两个宽大的外楼梯，直接架到二楼，把二楼的门面一下就变成了一楼的效果；在广场上架起一个巨大的广告牌，上面写着“结婚、乔迁之喜的朋友，请更上一层楼”，吉祥的话语很能打动人心，把二楼的不利变成有利；更为精妙的是，从闹市区开始的马路两边设置灯箱，一共 3 000 多米的距离，一直延续到南京红星家具城大门口，每个灯箱上写着“距红星家具城还有××米”的字样。原来不存在的门面，一下子变成了3 000米的临街门面。家具城一开张，销售形势就十分火爆，最高日销售额达到了创纪录的276万元，还引发了南京本土家具业一次“狼来了”的大论战。

扬州红星家具城的所在地是扬州商城的二楼。当初市政府为扬州商城招商就花了好几百万元，开业后由于经营不善，每年还要亏损400多万元，无奈之下找到车建新。红星进场后，不仅每年自身赢利200多万元，发展成为苏北最大的家具市场，而且还带动了一楼装饰建材的配套经营。扬州商城也随之成功扭亏，每年赢利800多万元。

此后短短的5年时间，豪气冲天的车建新陆续在江苏省内开办了24家家具连锁专营店；企业销售额从1991年的600万元飙升至1995年的1.5亿元；原青龙木器厂经几番扩建，也变更为常州红星家具总厂；1994年8月，常州红星家具集团正式成立；1996年又升格为中国红星家具集团，车建新迎来了创业以来的第一个高峰。

但在企业超速成长的背后，大量的问题也时隐时现。

企业扩张速度太快，人才培养和管理能力明显跟不上节奏，有的人能力不能胜任或是经验不足，却不得已早早地被推向领导岗位，以至在具体操作中出现了一些不必要的失误，使企业遭受了不少损失。

由于流通的各个环节都由自己完成，占用资金很大，红星的每个家具城都难以做出规模效应，大都只有2000～3000平方米。20世纪90年代中期以后，人们个性化消费的趋势日益明显，小规模难以实现品种的多样化，已经不能适应新的形势。众多经营者迅速发现家具这一有利可图的行业，而且小规模家具城门槛低，各种规模的家具城一窝蜂地开办，家具行业的利润率大大降低。

1995年底，这些矛盾开始集中爆发出来，24家连锁店中竟有14家出现不同程度的亏损，令车建新大吃一惊。他陷入了深深的反思中——是自己走得太急，还是这种经营模式本身就有先天不足之处？

（三）红星革命

早年在做木工学徒时，一天干十几个小时只赚 8 毛钱，车建新也总是乐呵呵的。他说：“快乐时人脑就会分泌一种‘脑内吗啡’使人兴奋，充满快乐就能产生创造力。人在悲观的时候是最脆弱的，困难也最容易到来，而且变得难逾越。在企业不利的时候，我很乐意给企业开处方，我也很乐意向‘洋医生’学习，为自己的企业找到一剂中西医结合的良方。”

车建新手里拿着手术刀，心中的手术方案还没有完全成型。1995 年，思索良久却没有找到答案的车建新，随江苏省企业家考察团去了国外。

在考察了沃尔玛、麦德龙及欧洲最大的建材市场欧倍德（OBI）三大市场之后，他第一次感受到现代商业物流的便捷和震撼力，也量出了彼此的差距。当了解到这些庞然大物们正在谋划着进军中国时，他想：“依这架势，用不了两个回合，自己就得趴下。”

车建新终于明白，再沿用小规模连锁的老路，红星的发展空间必将越来越小，企业上档次才是当务之急。

回国以后，车建新开始着手改造红星。事实上，这是一次让车建新痛彻心扉又重获新生的革命。

首先，为了收缩战线，集中优势兵力打硬仗，他决定只保留营业面积在 2 万平方米以上的商场，其余“散兵游勇”迅速地停、并、转。到 1997 年底，原有的 24 家家具城已只剩下 5 家。车建新把聚集的资金全部投入到这 5 家商场的改扩建工程上。到 1997 年，常州、南京的家具城扩建至 5 万平方米，扬州、无锡的家具城扩建至 3 万平方米。

其次，车建新对企业的方方面面进行了改头换面式的手术。

在经营范围上，有了规模的保证，红星就有了更大限度满足消费者购买需求、创造综合优势的基础。车建新大胆打破只卖家具的传统，引入“家居”概念，从而形成了家具、装饰、建材、家电等多位一体的综合性大卖场。

在赢利模式上，由于资金的相对充裕，车建新变租赁场地为买断或自建商城，变获取产品价差（批发价和零售价之间的差额）为提供经营场地和服务而收取租金。

在管理模式上，红星不再负责经营中的物流进出货，各个卖点由入驻厂家自主管理经营。以“名品进名店”为原则，要想进入红星，务必是质量、服务都过硬的知名品牌。

由家具向家居的战略转移，车建新借鉴了近年兴起于西方零售业的“MALL（大型购物中心）”的“一站式”经营理念。这恰恰顺应了当今快节奏的生活方式，消费者在有限的消费时间内急需一条龙、集成化的服务，同时又要兼顾个性化特征，超大规模的卖场恰恰满足了这种需求。

从全面自主经营向筑巢引凤式的租赁经营的转变，则是借鉴了国内批发市场的运作经验。此举既解决了人才不足的瓶颈问题，又大大降低了经营成本与风险，集团资金流变得畅通起来。由于让入驻厂家自主经营，其积极性被极大地调动起来，而众多国内外名牌厂家的入场形成了综合品牌效应，红星在业界顿时声名鹊起。

两年的卧薪尝胆，车建新欣喜地看到，涅槃后的红星焕然一新，商场恢宏明亮、群星荟萃，商品门类齐全，服务深入人心。1997 年，集团规模销售额达到 9.5 亿元，比 1996 年的 2.2 亿元翻了两番；1998 年又突破了 10 亿元。

（四）虚拟商业的游戏规则

车建新把企业运作比作打牌，“沃尔玛、麦德龙这样的商业巨头，起步早，实力雄厚，手里抓的都是好牌，轮到我们的只是些小牌。要想与他们竞争，就必须打破原有的游戏规则，重新洗牌”。

车建新把自己的这一套东西称为“虚拟商业模式”。与自己建店、自己销售、自己控制物流的传统商业不同，红星集团只是向各个生产厂家提供一个商务平台，用服务的方式，与入驻的生产厂家和代理商进行合作。

车建新曾经对国内原有市场的资源进行分析，发现在 20 世纪 80 年代起步的国内市场存在着品牌、杂牌与伪劣商品并存的现象，但其厂家直销、地区总代理的职能，又具有省去中间环节的优势。为把这种优势发挥出来，车建新在家居行业中率先开始了存品牌、去杂牌、杜绝伪劣商品的“名牌捆绑工程”，把国内“牌子过硬、质量过硬、服务过硬”的著名品牌生产商联合起来。除此之外，还对一些质量过硬、服务过硬但尚不为消费者熟知的生产企业进行同样的“捆绑”，扶助并引导它们在红星的大卖场内做强、做大，成为国内知名品牌。目前，至少有 2 000 个国内知名厂家的知名品牌紧密团结在红星的周围，其中在中央电视台上榜的品牌就达 500 多个。这样一来，2 000 多个生产品牌与“红星美凯龙”这一商业名牌捆绑在一起，就获得了“1+2000>2001”的品牌倍增效应。

在红星的卖场中，红星与入驻厂家没有直接的隶属关系，不可能过多地干涉厂家的经营，但如果放任不管，统一的服务品牌就无从谈起。对此，车建新的思路是通过将心比心的服务措施引导厂家变管理为沟通服务。比如，各厂家的营业员在进驻红星之前，都要接受红星比别的商场更严格深入的统一培训，让他们首先认同红星的文化和做法，然后才能上岗。

红星采用房地产的开发手法，实行高起点自建物业和市场化经营、商场化管理的模式，大大降低了进驻厂家的经营成本，使厂商能给消费者更大的让利空间。其后，红星集团在南京、常州、扬州、无锡等城市全面推出“比价退差”活动。红星承诺：顾客在红星家具城购物一周内，若发现能在全江苏省的其他市场购买到低于红星价格（同品牌、同型号）的家居商品，红星将给予差价一倍的奖励。

“比价退差”推出当天，各地的红星家具城人潮如织，销售额大幅攀升。仅常州红星家具城就销售套房家具 191 套、沙发 305 套、餐桌椅 299 套，当日的人流量达到了近 6 000 人，成交额高达 395 万元。

在服务上，很多商场提出“售后服务既可以找厂家，也可以找商场”，而实际上因为责任不到位，导致相互推诿，最终受苦的还是消费者。红星则“一律负责到底”，既提高了入驻厂家的经营效率，又使消费者得到了满意的服务。

在硬件设施的建设上，红星也提出了人性化的要求。比如，在卖场里专门辟出消费者休息的空间；将卖场扶梯设计成直线，满足消费者自由选择楼层浏览的需求。车建新认为，只有为消费者提供了更多的便利，才能吸引更多的消费者前来消费。

正是如此，红星赢得了同行业厂商的青睐。当时，常州红星家具城还在扩建之中，招商不到一个月，5万平方米的场地就已经被预订出95%。车建新没有做过一分钱招商广告，但全中国乃至海外的同行就全知道了，有的厂家甚至说："谁没有在红星占到一席之地，谁就会后悔一辈子。"

在经营模式日臻成熟之后，车建新再次走上了扩张之路，这次的扩张与几年前相比，他显得更加老练且势不可当。1999年8月，他的第六家大卖场、营业面积2万平方米的连云港红星家具城开业；同年12月，南京红星国际家具装饰城8万平方米改扩建工程完工。

1999年，红星集团的销售额突破了20亿元。

（五）对决上海滩

车建新说："中国的足球水平与巴西的差距是很明显的，但只有两队在世界杯赛场上真刀真枪地干一仗，才能知道两者的具体差距在哪儿，才能学到别人先进的东西。我在上海开店，店址就要选在麦德龙和欧倍德的对面，和它们对了脚之后，我的感觉只有两个字——过瘾。"

如果说成功进驻南京是红星整个江苏战役的关键一步，那么，扎根上海就成了华东"战役"乃至全国"战事"的决定性战局。车建新对上海市场窥视良久，只是苦于外有欧洲建材老大欧倍德等"强敌"先期安营扎寨，内有上海华联等"地头蛇"盘踞多年，门槛甚高。

到了2000年，红星羽翼渐丰，再次敲响了进军上海的鼓点。

上海市民新潮海派的生活风格引起了车建新的注意。他的红星品牌似乎过于传统，缺少时代气息，市民能够接受吗？但红星已经有了相当的品牌积淀，放弃是肯定不妥的。车建新思来想去，就在“红星”的后面加上一个“洋后缀”——美凯龙，这样听起来就有点国际大品牌的味道了。

在选址上，车建新走了一条捷径。在沪宁高速公路的上海入口处，麦德龙和欧倍德的巨型卖场毗邻而立。这两家跨国公司进入中国之前，市场调查就用了半年之久，单是选址就花费上百万元，他们同时选中此地必有道理。车建新以1 000万元定金的代价拿到了麦德龙对面的地块。置身于国际化的商圈，与麦德龙、欧倍德等国际知名企业同台竞争，共享顾客资源，车建新感觉底气更足了。

车建新用从未有过的大手笔来应对这次稍纵即逝的机会。他与上海长征集团合作投资1.35亿元来建设这座中国当时规模最大、档次最高的现代化家具卖场。他借鉴麦德龙的建筑外形，把自己的卖场设计成大气、别致的大四方体，而蓝黄相间的外墙主色调简洁明快，与麦德龙的暗色调形成强烈的反差，吸引了更多消费者的眼球。

2000年10月28日，首期营业面积12万平方米的上海红星·美凯龙家具装饰城隆重开业。无论建筑外形，还是内部布局、灯光设置、“三菱”自动扶梯和货梯、全场中央空调等，都是国内同类市场中档次最高的。工程尚未竣工时，场地就已被天坛、柏丽雅、现代、皮尔·卡丹、斯米克等500多个国内外知名家具、装饰建材厂家抢租一空。光明家具集团上海分公司总经理王尤珍女士赞道：“给广大生产厂家提供了一个优良的经营场所，给上海市民的家居生活带来一片新天地。”

上海红星·美凯龙的开业标志着红星由“华东最大”升级为“中国最大”的家具集团之一，为红星集团争创“中国家居市场第一品牌”打下了坚实基础。

正式营业后，不等对手发难，车建新就率先以攻为守，发动了一波又一波冲击力极强的促销攻势。

2000年11月，上海红星联合《上海楼市周刊》及当地众多房地产开发商，推出“你买新房，我送家具装饰材料”的活动：2001年1月至12月期间，凡在上海市区购买商品房的顾客凭购买合同正本及身份证，即可到上海红星·美凯龙家具装饰城领取房款总价2%～3%的补贴券，冲抵在红星·美凯龙的购物款。此番异业联盟使红星·美凯龙在上海市民心中形成了超乎想象的口碑效应。上海红星一战成名，迅速在跨国巨头的眼皮底下扎下根来。

之后，上海红星又与麦德龙、欧倍德共同承办了由上海市政府、上海电视台举办的“绿色消费行动——提高生活质量”系列活动。红星·美凯龙的名字与麦德龙、欧倍德两大巨头的名字同时频繁见诸报端，以致很多消费者还在纷纷猜测“美凯龙”是哪个国家的零售巨头。

此后，车建新以上海店为标版，向全国复制。2001年3月，首期10万平方米的无锡红星·美凯龙国际家具装饰批发大市场建成营业。至此，红星集团完成了从南京沿沪宁线至上海的“红星走廊”战略大布局。2001年，集团规模销售额达到36亿元。

（六）自身短板突破法

车建新办公室的书架上放满了《哈佛大学MBA案例》之类的书，这不是摆设，他天天都在看，从他的随笔中能够感受出来。他还与专家合著了一本企业管理学著作《人力资源开发与管理MBA参考读本》，这对于一个初中文化的人来说实属不易。难能可贵的是，他能把深奥的经济学原理完全通俗化。他治理企业的一套文化通俗得近乎直白，但又隐含着很深刻的哲理。

十几年的风风雨雨下来，车建新说：“当老总累，当大企业的老总更累。我初中没有毕业就一脚踏进了商途，本身的底子就薄，只有边学边做，不仅要自己学，还要带动员工们一起学，水涨才能船高。”

当年，车建新做第一套家具时，就到常州木器一厂去学习样式和做工；开家具门市部和做商场时，就到常州百货大楼和新时代家具店去“偷师学艺”；后来做大卖场，就向房地产商学习物业管理，向小商品市场学习租赁经营模式，向沃尔玛和麦德龙学习外观设计、商品布展、市场调研、顾客研究等。可以说，他每成功走出的一步，都是长期学习的结果。

作为今天"中国家居市场第一品牌"的当家人，车建新更愿意结交比自己强的朋友。在交谈中，不管自己的观点是否成熟，他总要大胆发表自己的见解。对方驳斥他的时候，他觉得这是一种享受，他又学到了一些新的东西。学习对车建新而言，就是站在巨人的肩膀上，这成了他生命中不可或缺的一部分。

通过学习和多年来经商的感悟，车建新有了自己的一整套管理理论。这些理论都很浅显，员工能在很短的时间内接受并贯穿到自己的工作中去。比如"企业好比树，枝要往上长，根要土里扎"，这讲的是基础管理与对外扩张的问题；比如"企业兴隆，我有前途"，这讲的是企业价值与员工个人价值和谐统一的问题……

车建新也在努力把这种理念带给每位员工，使企业成功向学习型企业转变。他每年拿出100多万元对员工进行集中培训，邀请各个领域著名的学者来企业授课，还与河海大学签署"产学共建单位协议"，定期代培企业员工。

在红星，车建新提出"8小时外管理"，这是一种倡导式的管理，不是一种强制性的管理。主要提倡员工们在8小时以外，多与高素质的人交往，不交对自己毫无长进的朋友；提倡多种学习方法，反对虚度业余时间；提倡在健康的娱乐中吸取有益的东西，禁止赌博等不良恶习。

（七）红星的追求

围棋的最高境界是行云流水，写作的最高境界是行云流水，人生的最高境界也是行云流水。车建新的这盘棋开局不错，中盘发力，他下得越来越得心应手，他也正在追求着这种行云流水的境界。

在2001年前后，常州红星·美凯龙国际家电电脑装饰城和徐州红星·美凯龙家具批发大市场相继落成开业，北京红星·美凯龙家具装饰城也正在建设之中。华北地区的产业布局宣告完成，车建新把视线投向了更广阔的空间。青岛、武汉、天津等重要经济城市已在他的近期规划之内。他的下一个目标是：到2006年，集团实现规模销售额200亿元；到2008年，在全国开设40家连锁大卖场，并逐步打入国外市场。

车建新分析：由于城市化迅速发展、城乡居民生活水平不断提高，我国家居装饰业呈加速发展趋势，蕴含巨大消费潜力：1999年，我国家装市场产值达1 200亿元，“十五”期末年产值将达3 000亿元左右。我们应该抓住这一黄金时期扩大市场份额。

一个国家如果商业不发达，工业将永远被人牵着鼻子走，生产企业也将逐渐沦为西方的加工厂。要振兴民族工业，首先必须振兴民族的商业。如果中国有百万商业大军在国外，中国的品牌必将林立于世界。

这是车建新的呼声，也是他的理想。

第三章 峰回路转|邓小平视察南方谈话

1992年1月18日至2月21日，邓小平先后到武昌、深圳、珠海、上海等地视察，并发表了一系列重要讲话。他的讲话针对人们思想中普遍存在的疑虑，重申了深化改革、加速发展的必要性和重要性，并从中国实际出发，站在时代的高度，深刻地总结了10多年改革开放的经验教训，在一系列重大的理论和实践问题上，提出了新观点，讲出了新思路，开创了新视野，有了重大新突破，将建设有中国特色的社会主义理论与实践，大大地向前推进了一步。

这一系列重要讲话，不仅标志着继毛泽东思想之后，马克思主义与中国实际相结合的第二次伟大历史性飞跃的思想结晶——邓小平理论的最终成熟和形成，也标志着中国改革开放第二次浪潮的掀起。邓小平的南方谈话，对中国20世纪90年代的经济改革与社会进步起到了关键性的推动作用。

焦家良:“排毒养颜”第一人

1994 年，焦家良博士白手起家从经营三棵树餐厅开始，后成立了盘龙云海药业有限公司，进行中药产品的开发。仅用 4 年时间，焦家良便把开发出来的排毒养颜胶囊卖得风风火火，并创下了年销售额超过 10 亿元的业绩，在中国缔造了排毒产业，书写了中国中医药产业奇迹。盘龙云海药业迅速跻身中国民营企业的前列。

(一)借大气，造大势

1997 年 10 月 15 日。德国摩塞河畔的特利尔城。

两个黄皮肤、黑头发、黑眼睛的中国青年，怀着朝圣般的虔诚与崇敬，伴随着晨曦，一起来到这座诞生过改变世界历史伟人的小城。清晨的特利尔城有着那种欧洲小城镇特有的清新与宁静，井然有序而又干净爽洁的街道上，两个行色匆匆的中国青年第一次真正体会到日耳曼民族的严谨和秩序。他们不是观光客，没有沉醉在温馨且富有浪漫色彩的古老建筑中流连忘返，他们有他们的目标。对于这两个诞生在社会主义旗帜下，坚信辩证唯物主义是至高无上、颠扑不破真理的年轻人来说，真正吸引他们的是辩证唯物主义创始人马克思的故居!

这两个中国青年，一个叫焦家良，另一个叫曾立品。焦家良，中国盘龙云海实业公司总经理，这个在中国商界正崭露头角的年轻企业家带着他的助手“接气”来了。对于特利尔，对于德国，甚至对于整个欧洲，“接气”这个词是陌生的。其实，陌生的又岂止是欧洲、德国、特利尔，就是在亚洲，在中国，又有多少人能明白一个跑到欧洲去“接气”的中国人。

而他确实“接”上了，而且“接”上的是“大气”，是“磅礴之气”！

踏进卡尔·马克思的故居，焦家良顿觉整个身体骤然激荡在一种磅礴之势中，一股巨大的气流环绕着他，在他四周形成了一个强大的气场，这气是祥和的，但又是超祥和的；这气好似中国民间传说的那种仙气，但又比那种气更博大、更强烈——这是伟人之气，一种对其瞻仰者来说不会消散的伟人之气，强烈地冲击着焦家良的心灵。就是在这里，在马克思头像面前，焦家良，这个搏击于中国商海的企业家，终于为自己从实践中创立的那套正在日趋完善的“管道理论”找到了哲学基石。

所谓“管道理论”，其实是焦家良和他的盘龙云海人通过实践，从原初打通生命管道的医学范畴，逾越而成为架接市场管道的经济学范畴的理论。这种理论，既是医学的，也是经济的，更是社会的。它认为，世界是由管道和通道组成的，一旦哪个管道和通道不通畅，就会出现故障，甚至战争。焦家良从生产排毒养颜胶囊打通人体管道，使人获得生命和身体的健康出发，将其延伸到整个人类和宇宙间的万事万物：从政治国，需要政令畅通；一个和睦家庭需要互相沟通；国际交往需要沟通和了解；世界和平需要国际管道通畅。而这一切，最终归为辩证唯物主义。“不管人类社会如何发展，发展到什么地步，伟大的马克思从人性、人类历史、文明、文化、进化中总结出的辩证唯物主义是至今为止可以完全诠释事物的多重性、立体性并阐明其中辩证或统一关系的清晰尺度。它小可以用于人生每一件细微之事，大可以观照整个人类进程发展，是真正影响人类历史、推动历史车轮滚滚向前的博大理论，其兼容性可放之四海而皆准。”焦家良心中涌起无限感慨。他觉得自己浑身通泰，伟人之气紧紧地包裹着他。

“气”接上了，焦家良带着他的助手东归。伟人感化了他，他要感化他的企业。

他要将“大气”变大势，将“磅礴之气”变磅礴之势。他要用智慧、毅力、自信和能力在地球上大大地书写这几个字：中国，盘龙云海！

（二）成长的印迹

1963年11月26日，一个男孩以嘹亮的哭声打破了云南省陆良县一个偏僻而穷困小山村的宁静，宣告了一个新生命的诞生，憨厚而朴实的父母脸上绽出了灿然的笑容。这户焦姓人家怀揣着美好的期望，将儿子取名为“家良”。他们真诚地希望自己的儿子行端坐正，做一个能给家里带来光荣和骄傲的好人。

大字不识一箩筐的父母，却希望焦家良能知书达礼，不做睁眼瞎。小小的焦家良也不辜负父母的愿望，在学堂里功课出类拔萃。更可喜的是，他不仅成绩好，品质也好。这一切，很大程度上是受他那位在村里德高望重的爷爷焦老太爷的影响。村里修桥补路，打井挖水，都有焦老太爷的身影。他对焦家良说，这些都是积德的好事，好人有好报应。这种中国农民朴实的做人真理，在童年焦家良的心中刻上了深深的印记。

初中毕业，焦家良成为全村唯一考上高中的人。在村口，母亲从包了又包、裹了又裹的布袋中，拿出一把捏皱了的角票，不知积攒多少时日的几元钱，悄悄地塞到儿子手中，希望他肚子饿的时候能买点东西果腹。单薄瘦小的家良，淌着泪水推回母亲的手，转身走了。看着儿子远去的背影，母亲成串的泪洒在干涸的红土地上。焦家良知道，9分钱一斤的白盐，能够让全家人吃上一个月，那几元钱，对于贫寒之家，是多么大的一笔财富！为了交学费，他挑起柿子，走40多里，到县城去卖。在家奶奶帮他数得清清楚楚的300个柿子，一个城里人买完后硬说只有200个，每个3分，只给6元钱。小小年纪的焦家良觉得被欺诈、不公平，但也只好咬咬牙回家了。

1982年夏天，焦家良高中毕业，考上了楚雄卫校。消息传到村子里，全村的父老乡亲都为他高兴，说他是从“农门”跳到了“龙门”，从糠箩箩跳进了米箩箩。只有焦家良自己高兴不起来，“穷，有一个凉凉的鼻尖”，他面对故乡黄叶翻飞的山岗，脑海里想起这句诗来，心中涌过一阵又一阵苍凉。穷——这个字像匕首一样扎得他心痛。因为穷，他不敢报考大学。因为穷，他读懂了一个词，这个词叫自卑。

在焦家良的生命历程中，“轻狂”“自大”这些词好像从未伴他一起上路，有的却是谦虚、谨慎和诚实。在卫校读书，焦家良从代理组长一直做到学生会主席，可谓一帆风顺。三年的中专，他仅看过两场电影，课余时间都用在许国璋《英语》和安徽大学青年作家函授班等学习上。为了弥补农村教育基础的薄弱，焦家良花时间读字典。字典是枯燥的，焦家良乐此不疲，靠的是毅力。他还练毛笔字，练就了过硬的基本功。同学们对他们这位“学生官”有一句实打实的评价：焦家良这个人，让人服气！

1985 年，焦家良中专毕业，被分配到云南省卫生厅，后又由卫生厅分配到昆明的重点医院红会医院工作。一个农家子弟，进了省城，能在省城数得上的大医院工作，焦家良体会到了人生的幸运。这种幸运似乎一直伴随着他，有人甚至说他天生是个有福之人。但焦家良自己最清楚，幸运从来就不是天生的。

在红会医院，焦家良总是做别人不愿做的事，值别人不愿值的班。从点滴做起，从小事做起，这是焦家良恪守的办事信条。正是这种扎实的工作作风和朴素的品格，让他得到了组织的信任，加入了中国共产党。1987 年初，他被卫生厅人事处看中，从一个普通的药剂师一跃而成掌管每年学生分配、干部调配的实权“人物”。面对“闪着光环的位置”，他没有得意，没有沾沾自喜。后来他才知道，组织上在此之前已考察了他一年。1990 年，幸运之神又一次垂青焦家良，26 岁的他，做了卫生厅的团委书记，成了卫生厅最年轻的处级干部。可以说，卫生厅人事处，这个特殊的部门对焦家良的成长起了重要作用。这个部门的特殊性使他培养了良好的政治意识、组织意识和保密意识，这一切对后来搏击商海的焦家良来说是一笔宝贵的财富。在这段时间，焦家良还悟出了一套人际交往的“大树理论”：跟比自己强大的人在一起，在竞争中生长，像大树下的小树追求阳光和水分，必须快速长高来追求卓越；天天跟自己阅历差不多的人在一起，是不可能成为参天大树的。

焦家良这样来注解幸运：幸运就是不知不觉间的真诚和勤奋，从点点滴滴小事做起，然后得到回报。

（三）重组的人生

焦家良有种跟其他商人不同的气质，那是一种诗人气质，这使他显得超然而飘逸。20世纪80年代初，那是诗情如云的年代，才子佳人，一时之盛，本性真诚随心的特质使焦家良亮出了青春的歌喉。在文学创作上，焦家良可谓硕果累累。中国修辞学会常务理事、当代著名语言学家骆小所在其《语言美学论稿》中，曾引用过焦家良的作品达40多处，如《清晰的往事》《甘河》等文句："临行前的晚上，妈妈在灯下为我一针一针缝补袖口，缝进了她一字不识的辛酸，缝进了父母的慈爱和希冀"；"掬一捧山泉，还是那么透明，是奶奶忧郁的故事沉淀了你的沙粒，是妈妈梦中的希冀过滤了你的杂质，是姐妹们银铃的笑声净化了你的圣洁"。正是因为这种雄浑如大山、朴实似土地的家庭背景与人生经历，影响了焦家良做人做事的价值观念："只有真诚才有感人的力量"。对于焦家良来说，文学梦已醒，但那颗深受文学艺术熏陶过的心，依旧有一种文化人的品质。

任卫生厅团委书记期间，他的一位朋友过生日，出差在外的他猛然间产生个愿望：要是此时有一位礼仪小姐能代我给远方的朋友送一束鲜花，该有多好。他把这个想法跟其他旅人一说，竟然引起了共鸣——在生活中，有多少人有着类似的需求呀。出差回来不久，一个偶尔的机会，一张旧报纸上的一则消息让他眼睛一亮：中国是一个重礼仪的国度，每年的人情消费超过300亿元。

300亿！这个数字震惊了焦家良。云南是一个花的世界。花，是礼仪中高贵美好的象征，我能不能在花上面做点文章呢？焦家良思考着。

思考马上转化成了行动。他以卫生厅团委的名义在昆明市国防路租了一个店，成立了"云南异国花卉公司礼宾服务部"，并和今天已是"盘龙云海"副总的曾立品一道，亲自为首位顾客送去了第一束鲜花。

很快，昆明市民们接纳了这种礼仪的方式，服务部开始红火起来。开一个花店，这不是“志当存高远，心事当拿云”的焦家良的目标。他把电话拨到了北京，拨给《中国青年报》，请他们合作，共同搞花店全国联网。对方一听就为这思路叫好，激动得跳了起来，马上就成立了“中国青年报礼宾服务部”。仅3个月时间，礼宾服务部的网点就铺满全国各主要城市，不到半年时间，就与30多个国家和地区联了网。理论上说，假如你的亲人朋友在这些地方的任何一处，只要愿意，你的鲜花就可以在数小时内送进他们的房间。焦家良陶醉在自己构建的蓝图之中。在云南建立种花基地，成本7分钱一支的康乃馨空运至北京，卖1.8元。天呐，这利润比做任何生意都高！焦家良此时像诗人般豪情万丈。但鲜花怎样运出去？构想怎样成为现实？空运问题不能解决，焦家良的花卉梦破灭了。焦家良初尝了商海的残酷，这也使他明白了，海里只有水手，没有诗人；海里只有风浪，没有梦！

挑战和冒险诱惑着他，焦家良终于找到了“下海”的机会。邓小平南方谈话后，1993年，云南省委出台了《鼓励党政机关干部投身经济建设第一线》的15号文件。焦家良第一个向卫生厅报了名，请求停薪留职。焦家良的决定在熟人和朋友之间引起了不小震动。在政界混得一帆风顺的他，一个风华正茂的处级干部，居然要放弃这一切“下海”，他是不是被经商风吹昏了头？

就在大家百思不得其解时，他已经真刀真枪干起来了。他注册了一家贸易公司，定名为“盘龙云海”，总经理加员工3人。这3人，清一色是原卫生系统的团干部，年轻气盛，心高气傲。他们一致赞成焦家良不做卫生系统产品，不凭卫生系统关系发财的“号召”。

焦家良翻来覆去地想，究竟做什么好。

思来想去，他想起故乡陆良的“宝贝”来：萝卜丝、瓜子、姜片，家家户户有，价格低廉。焦家良翻开电话簿，找到一家土产公司，亲自提着萝卜丝上门去推销。焦家良自我感觉良好地敲开了公司的门，将萝卜丝放在接待者的眼前。对方只是不经意地看了两眼，极内行地发话了："你这萝卜丝是陆良县的，含糖量高，日本人不喜欢，韩国人倒是喜欢，但不容易成交。"

他边对焦家良说着话边挑起一根萝卜丝，问道："你的货是哪一种型号？"焦家良张口结舌，满脸通红，赶紧提着萝卜丝走人。正是这个连名片都没来得及跟焦家良交换的人，给焦家良上了生意场的第一课——任何事情都是一门专业。

在后来的日子里，焦家良一直没有停止过学习。跟市场学，跟社会学，也进学校学。短短几年时间里，焦家良读完大学本科，继而考取了研究生，所学专业均为经济管理。经销萝卜丝不成，焦家良在后来的日子里卖过刨花板，搞过小餐厅，做过广告代理人……生意做得磕磕绊绊，万分艰难，有时候穷得借钱给员工发工资。折腾了一年多，"盘龙云海"这条龙，依旧卧着。两位创业者不得不回原单位工作，焦家良成了名副其实的"光杆司令"。

磨难和挫折是人生最好的老师。那种少年得志的自信，那种心浮气躁的举动，到了烟消云散的时候了。焦家良把躁动的心冷却下来，他需要思索。在思索中，他明白了"不熟不做"这一生意法则所含的道理。他终于回过头来，重新关注医药行业，并果敢涉足其中，注册了药品批发站和广告公司。正在这时，曾与焦家良一道做过花卉生意的曾立品投身焦家良门下。他送给焦家良一副对联：今日赔明日赚苦乐同在，甲品盈乙品亏喜忧并存。横批：人在阵地在。

"人在阵地在"，这对坚守盘龙云海的焦家良来说，多么珍贵！

曾立品应邀成为盘龙云海的副总。

（四）大任降于天

孟子说："天将降大任于斯人也，必先苦其心志，劳其筋骨，饿其体肤，空乏其身，行拂乱其所为。"焦家良在投入商海后，对孟子的这句话，可以说深有体会。

靠做金王花粉云南总代理和其他贸易积蓄了一点资金，焦家良蓄势待发。他经常将"盘龙云海"这几个字，一遍一遍地写。将公司定为这个名称，焦家良是费心考虑的。“盘”代表力量的积蓄，“龙”是中华民族的图腾象征，“云海”是龙的故乡，也是龙展宏图的地方。这样一个大气磅礴的名字，如果被自己做成个三流贸易公司，那是自己的无能。

焦家良紧紧地盯住脚下的这片红土高原。就像云海是龙的故乡一样，故乡红土高原是焦家良施展才华的所在。云南——这块中国西南部神奇的土地，是植物的王国，也是药的王国。在这里，医药史上有过《滇南本草》，有过“云南白药”的辉煌。重振这种辉煌，在新的历史时期开发云南药材，这个想法激动着焦家良年轻的心。他把自己的想法告诉了曾立品，两人竟一拍即合。

小焦家良 3 岁的曾立品，本身就是学医药的，焦家良有意搞药品开发，正合了他的胃口，他的激情被点燃了。在云南搞药品开发，有资源优势。但光有一方面的优势不行，还得有人才优势，而这，刚好是云南所匮乏的。毕业于北京中医药大学的曾立品知道，中国最优秀的人才在北京。他想到了自己的老师姜良铎博士，那可是一个有“绝活”的人。他把这个想法跟焦家良一说，马上得到焦家良的响应。焦家良迅速求贤进京。

姜良铎博士，50 多岁，正是出科研成果的好年华。他师从中国中医学泰斗董建华教授。原以为，姜博士的家，会是门庭冷落鞍马稀的落寞的知识分子之家的景象，待焦家良到北京才知道，姜博士的家热闹得很，不仅高朋满座，而且“洋朋满座”，海内外商家正在那里上演着一出大戏——配方争夺战。大家所争所夺的，便是姜博士用 30 年光阴的研究所得——排毒养颜配方。

所有的商家都清楚，那是个好东西，谁能争到手，谁的前途将无可限量。有人开价已过千万元。对于当时的焦家良来说，“千万”可是天文数字，他是一个仅有 20 万元资产的小老板。在别人看来，他根本不具备竞争力，充其量不过是这场配方争夺战的一个旁观者。但焦家良相信，姜博士不是那种看重金钱的人。

姜博士果然温文尔雅地拒绝了所有报价，把信赖的目光投向来自红土高原的小个子男人焦家良。姜博士在见焦家良时，轻描淡写地讲出相中他的缘由。

"一、贵公司名叫'盘龙云海'，而我是陕西米脂县盘龙山人，幼时曾在盘龙小学读书；二、你来自云南，云南人朴实，而且我30年研究的正是云南的彝药；三、你最年轻，年轻是最大的财富。"姜博士说完，开心一笑。

焦家良也笑了，惊喜中，他感受到了一种伟大的品格，一种中国知识分子特有的魅力。当姜博士将配方放在他手心，他铭心刻骨地明白了什么是信任，什么是责任。

是的，在这场争夺战中，他是最年轻的一位。年轻是最大的财富，姜博士说得真好！年轻才有活力，年轻代表着希望。姜博士握住焦家良的手，分明也握着了自己的研究成果催生的民族医药事业蒸蒸日上的希望。

这岂止是一种缘分，这分明是两颗心灵的共振！

（五）巧用"借鸡生蛋"法

在商言商；在商不言商。二者都是通往成功的途径。

聪明的经营者应该明白，什么时候用前者，什么时候用后者。焦家良巧妙地将看似矛盾的两方面都用了起来，而且收到了奇效。

在"排毒养颜配方"的争夺战中，焦家良"不言商"即取得了姜博士的信赖。但是怎样将配方变成产品，却必须大大地"言商"，"商"者，不上则伤也。

捏着姜博士的配方，焦家良感到肩上的担子沉甸甸的。迎面扑来的都是棘手的问题：资金不足，经验不足，人才不足，时间不足……经验不足，可以请专家指导，可以逐渐摸索；人才不足，可以八方网罗；时间不够，可以加班加点。但"巧妇难为无米之炊"，焦家良此时手上的资金，不仅不能建厂房，就是买一台生产设备也不够。焦家良体会到了"实力"意味着什么。实力就是资金，有了资金，你才可以做你想做的事。

可他没有资金。他只能启动智慧的大脑："借鸡生蛋"！用别人的厂房设备，生产自己的产品。

主意好是好，真正行动起来却困难重重。细心观察下来，资源闲置的背后，是技术的粗糙和管理的松散。选一只什么样的“鸡”来生“蛋”，还要生优质的“蛋”，一时间成了焦家良的难题。

第一个上门的药厂是沿海发达地区的一家大企业，有着生产资料的优势，更有着技术人员的优势。焦家良本可以放心地把这样一只优质“鸡”借过来，但他没有这样做。厂家左一个我们沿海发达地区、右一个沿海发达地区，深深刺痛了焦家良那颗高原人的心。他不信在云南就找不到“一只能下好蛋的鸡”。他对厂家说，我的药厂只在云南选。厂家不明白焦家良的“云南情结”，不解地摇摇头，沮丧离去。

中医中药的根在云南，焦家良怎能离开，去做无根浮萍？何况他从事民族医药事业，本身就有一种使命——要人们一提起中药，就会情不自禁地想起云南。焦家良几乎把云南的所有制药厂巡视了一遍，最后，他注意到楚雄药厂。这些年，楚雄州委、州政府加大改革开放的力度，大力鼓励招商引资，使焦家良对这片土地颇有好感；加上楚雄制药厂刚盖了制剂大楼，硬件设施不错，技术力量在省里也出类拔萃；再加焦家良曾在楚雄卫校学药 3 年，楚雄跟焦家良有着不解之缘。

“鸡”选好了，焦家良并没有忙着“产蛋”。鸡生蛋仅是一个生产过程，而排毒养颜胶囊还得面对市场，包装、设计和定位必须科学，必须适应市场竞争的需要。朴实的焦家良采用了朴实的做法，那就是货真价实。一盒里装 60 粒胶囊，足够普通人一个月的服用量。商海的风浪捶打了焦家良，他找到苏州一家国内唯一有双色定位胶囊印字设备的厂家合作，在胶囊上印制了“排毒养颜”四个字和注册商标。这意味着，谁要仿冒这个产品，首先就得投入高额资金购买一套进口的设备。成本太高，仿冒毫无意义。焦家良在产品还未诞生之前，已经为保护自己的产品不受侵犯做了部分前期工作。

1996 年 2 月，靠“借鸡生蛋法”，第一盒排毒养颜胶囊走下了生产线，它方方正正摆在了焦家良面前，这其中包含了他多少的心血。他凝视着产品，又锁紧了眉头。市场的竞争在等着他，如何在拥挤的保健品销售中杀出一条血路？

新的挑战已经来临……

（六）朋友，你有毒！

姜良铎博士在将配方交到焦家良的手上时，没有谈钱，他只是告诉焦家良，这份倾其一生的心血的研究所得，是一种“道德成果”。他唯一的期望就是这个药能原汁原味生产出来，不至被人指着脊梁骂他骗人。

“原汁原味”，这是对药品的基本要求。在市场竞争日益激烈的今天，泥沙俱下，鱼目混珠，这是姜博士不愿看到的。“道德成果”这四个字，至今仍镌刻在焦家良的心上。姜博士没有选错人，这在后来得到了证明。

现在，让我们来认识一下姜博士的排毒解毒理论。

中医理论认为，“毒”是造成人体疾病及衰老的重要原因。那么，“毒”是什么呢?

“毒”就是对人体生理功能有不良影响的物质，包括外来之毒，指外在环境的有害物质进入人体；内生之毒，指人体新陈代谢过程中产生的多种废物堆积所滋生的毒；还有内外因素相互影响产生的毒。目前国内市场上的保健药品从产品内涵上大致可分成三类：补益类、美容减肥类和通便类。就其功效来说，或强调纯补，或偏于纯泻，或片面强调健身，都难免忽略了生命的基本特征——新陈代谢，与机体自然状态平衡的要求相去甚远。

而现代医学认为，凡身体所不需要的物质，以及改变了生理部位的物质，对机体都将产生危害；在代谢过程中所产生的物质，必须要经过机体的正常代谢排出体外，若留存于体内，也将对机体造成危害；堆积的毒物，反过来又影响机体的正常新陈代谢，最终导致疾病与衰老。因此，保持健康、益寿延年的关键就在于要及时排出体内毒素，保持各种代谢管道的畅通无阻，从而保持人体新陈代谢的平衡。

生命的清洁是最根本的清洁，生命内环境的污染是最可怕的污染——这是排毒解毒理论的立足点。

"通则不痛，痛则不通"，是中医最基本的原理之一。主要是经络和血脉的"通"与"不通"。引申其义，不仅是针对疼痛，也不仅是对经络和血脉而言，而是对人体所有的生物管的"通"与"不通"而言，对人体全部生理和病理而言，通是生理的，不通是病理的。在此基础上，姜良铎博士提出了"通则不病，病则不通"的学术观点，而在养生保健上，则认为"通则寿，畅则康，通畅则寿而康，不通不畅欠健康"。因此，任何致病因素都要经过"毒存体内"的过程，都是在"管道不通"或"管道欠通"的状态下实现的，即毒存体内的前提是管道欠通。所以，"打通生物管道，排除体内毒素"就成了排毒养颜胶囊通过排毒解毒打通管道最终实现保健的目的。

朋友，你有毒！这是"盘龙云海"对顾客的忠告，不是耸人听闻，是一个有着科学依据的事实。

焦家良从事的正是这清洁生命、打通管道的工作。

（七）"滇军"初征

在云南历史上，滇军可谓闻名遐迩。护国战争时期，蔡锷领导滇军最早举起护国大旗，威震西南，名动中原。抗日战争时期，滇军为民族存亡主动出山，台儿庄一战，打出了铁血男儿的刚勇，打出了"铁军"的威名。滇军一直是云南人心中光荣的记忆。

商业社会，市场就是没硝烟的战场！

云南商人在这没有硝烟的战场上真可谓溃不成军。但焦家良却雄心勃勃，决心要在商界创一支"滇军"，让云南人重新找回光荣和骄傲。焦家良决心从盘龙云海做起，将排毒养颜胶囊作为他的基本武器，将盘龙云海的总部作为他的"北校场"。

盘龙云海以开发民族医药、振兴民族药业为宗旨，从诞生之日起，就注重理论体系的建立，注重走一条文化与经济合力发展的路子。在市场这块没有硝烟的战场上，它有一套独特的经营哲学，这就是"五颗星"精神：第一颗星：

用辩证唯物主义指导一切经营活动；第二颗星：创办一个企业，就是开创一项事业；第三颗星：开发一种产品，就是开发一种思想；第四颗星：营销一种产品，就是营销一套理论，营销一种文化，营销一种服务；第五颗星：每一次成功都要达到一个新的境界。这互相辉映的五颗星，映照出盘龙云海人的理想与追求，他们要用“五星”精神，创建一支滇军。

焦家良主动出击，目标是大都市北京。坚决打开北京市场，与北京市场共存亡，这是焦家良营销中的誓言。把目标定在北京，焦家良有自己的打算：

1. 北京市场大；2. 有“挟天子令诸侯”的效应；3. 皇城脚下的人是不容易骗的，有真功夫的药，才敢到玩真功夫的地方。

北京在焦家良眼里，不仅仅是一个普通市场，还是一个战略市场。

1996年3月，焦家良和曾立品随着空运的胶囊飞抵北京。曾立品的手提箱里仅装着6万元广告费，而按照行家预测，一个保健药品要在北京蹚打出一片天地，少了3 000万元的广告投入不行。

这是令无数人想起都会泄气的落差。

谁也想不到，3月初空运到北京的排毒养颜胶囊，会与一个北京少女的命运连在一起。少女叫周莲，不幸发生车祸。在事故中，她的肝、胆、肺、肾均严重损伤，医生全力抢救，总算保住了她的性命，但她仍然高烧不退，病体衰弱。束手无策的外科医生情急之中只好请求姜良铎博士的支援。

姜良铎先生开出一个处方并带去了一批刚问世的排毒养颜胶囊。周莲服用了不长的一段时间，高烧退了，病体逐渐康复，奇迹般地挣脱了死神的怀抱，并完全恢复了健康。姜良铎博士开心地笑了，排毒养颜胶囊，他的“道德成果”战胜了死神，还有什么比这更让他欣慰的呢？

“排毒养颜胶囊”，还没等曾立品从手提箱里拿出一分钱的广告费，就伴随着周莲的起死回生在北京的各大医院传开了。

在这些医院，“盘龙云海”成了最受尊敬的黄金名片。

“滇军”初战告捷，他们为自己的产品在北京站住脚而高兴，更为花季少女周莲的生还而高兴。

以此为契机，焦家良组织了以姜博士为首的“博士演讲团”，到各部委、干休所去演讲，介绍排毒解毒的中医理论和排毒养颜胶囊的功用，并免费试用。同时在北京市电台开辟了一个《盘龙云海健康之声》栏目，紧紧围绕排毒理论讲述健康新概念。

前后花费不到 3 万元，就获得了广泛的赞誉。短短一个月，北京市场上的排毒养颜胶囊一售而空。第二个月，排毒养颜胶囊跃居北京市场的保健品销量榜首，一个保健品销售史上的奇迹，终于在以焦家良为首的盘龙云海人的努力下创造了出来。

1996 年 6 月，排毒养颜胶囊凯旋，回师昆明。运用成功的销售策略，到 1996 年底，仅用半年的时间就实现单一城市销售回款 1 000 万元。

在成功面前，焦家良没有沾沾自喜。

这仅是“万里长征第一步”，焦家良明白，驰骋纵横的风光还在未来。他与其助手、副总经理久久地面对中国地图、世界地图，潜心构织他的“市场蛛网”。

一幅绚丽的图画，跃入焦家良的脑海：首先，在战略上，以北京、昆明、上海三个城市形成牢固稳定的“大三角”，以昆明、重庆、西安、郑州、北京、哈尔滨为一条轴线，向左辐射至新疆乌鲁木齐，向右辐射至福建、广东沿海，形成“点、轴、网”状的销售结构。

其次，在战术上采取“挖小煤窑”的方式。根据排毒养颜胶囊的形势特点，哪个地方地表浅，“容易生矿”，对排毒解毒理论接受快，就迅速去做。形式上则以自己建市场部为主，以代理、经销为辅。不久后，盘龙云海还取得了出口经销权。公司看准机会，雷厉风行地在香港建立了市场部，排毒养颜胶囊登上了更广阔的大舞台。

后来的事实证明，焦家良精心设计的营销手段是极富攻击力的，它不仅辐射面广，且能赢得消费者的信赖。到今天，盘龙云海发愁的不是产品能否销出去的问题，而是生产能力能否跟上销售形势的问题。

（八）创造无穷大

云南省政府提出“18生物工程”思路，并进行探索，其实质就是“企业+农户+基地”的产业链延长。这种“公司+农户”的经营形式，有利于形成产业规模，实现规模效益，逐步将农业发展成为收益比较高的致富产业。这有利于解决千家万户的农民与市场对接的问题，引导农业从自然经济加速向商品经济、市场经济过渡。同时可以把公司作为科学技术传播推广的载体，有利于提高劳动者素质和科技成果产业化，形成科技推动农业发展的有效运行机制。

盘龙云海龙头产品排毒养颜胶囊通过市场检阅，覆盖全国，出口海内外，企业品牌形象深得市场认可。盘龙云海人创造了民族医药“无穷大”——基地无穷大、市场无穷大和理论无穷大。

基地无穷大，包括生产基地无穷大和种植基地无穷大。主要通过企业的产业链，将农户的原料基地建设作为企业第一车间，强化农村基本单元的造血功能而非输血功能。排毒养颜胶囊上市一年多以来，它的原料供给部分来自盘龙云海自己的种植基地。

生产基地无穷大，盘龙云海药业有限公司于1997年在楚雄经济技术开发区征地，投资2 000多万元新建符合国际GMP标准的现代化设备和管理生产基地。

同年，又投巨资在昆明高新开发区建成了生产基地二部，解决了产品畅销市场而货源短缺难题，为盘龙云海市场无穷大的网络组建起到了积极的推动作用。

市场无穷大，无穷大是一个平“8”字，字是由两个0组成，没有市场的0，基地的0只能是0，而要形成无穷大，必须把这两个0连接起来，而起到这个连接功能的，是盘龙云海的管理层，是营销策略。

“1997年10月，北京告急：断货；广东告急：断货；大连告急：断货……全国市场部告急：断货！”信息传真到盘龙云海总部，焦家良当即下令：坚决不能断货，组织生产基地三班倒生产小分队，做到速度、质量两手抓，产量在原有基础上翻了两倍，缓解了市场货源短缺问题。

理论无穷大，盘龙云海的理论无穷大涵盖两个主体：一是排毒解毒的医药理论，二是经营管理的管道理论。

正在创造“无穷大”的盘龙云海，对于资金的渴求，似乎比其他企业更加迫切。高瞻远瞩的焦家良抢先一步将注意力投向了“18 生物工程”，并成功地捷足先登。

通过各路专家厚达上千页的评估论证后，盘龙云海终于凭着蓬勃向上的企业活力和未来广阔的前景而获得专家认可，顺利入选“18 生物工程”项目。资金政策上也跟着给予配套。焦家良似乎在一夜之间找到了“1921 年的感觉”——一个企业的兴衰，居然包含了能否实现“企业救国”的主题。盘龙云海争取不仅仅是给农民输血，更要让农民的造血机能建立起来。正当商家为讨百彩，崇尚“8”为时尚的今天，焦家良却敢于将“8”字放倒，变成“∞”这个数理上的“无穷大”，预示了盘龙云海海阔天高的未来。

有人说排毒养颜胶囊是一种富贵药，医的是富贵病。但焦家良却让它跟农民的脱贫致富连在了一起。这是他为消除贫富差别做的一种努力，这里面包括了他美好的愿望——让所有人都生活得幸福！

高德康：穿过扬威与落马的“史诗”

1976年，高德康以8台缝纫机起家，他是伴随改革开放成长起来的农民企业家。从事服装生产和经营几十年，他以对服装市场的敏锐洞察力和永不满足的进取精神，使其创立的波司登成长为亚洲规模最大、技术最先进的品牌羽绒服装制造商，成为国内消费品领域唯一统揽“中国世界名牌产品”“全国质量奖”“中国工业大奖”的企业。

（一）财富是怎样积累的

1966年，江苏省常熟市白茆镇三泾村村民高龙生的儿子高德康初中毕业。秀才回村，村民们欢欢喜喜地选他当了毛泽东思想宣传队队员。

常熟市在历史上有两大“出名”：一是因“年年丰收田常熟”，一人曾经养活十个中国人；二是革命样板戏中的“沙家浜”和阿庆嫂，就出在这块湖浜遍布的土地上。

高家是三代相传的裁缝手艺人家，19岁的高德康开始跟着父亲学裁缝手艺，决心“先立业，再结婚”。

高德康很快成了与父亲齐名的缝纫高手。他开始从书本上学习缝纫知识，结合自己的实践，琢磨缝纫技术。年轻人越来越喜欢请他做衣服，他的客户越来越多，父亲却显得越来越闲。1976年，三泾村成立缝纫组，高德康顺理成章地当了组长。

三泾村缝纫组称得上是中国最早的乡镇企业之一。左邻右舍盯着高德康的眼光就如同盯着一条“资本主义的尾巴”，随时准备割而后快。他为了证明自己是在“为人民服务”而收取很低的加工费，很低的加工费又大部分交了村里的房租。辛辛苦苦一年到头，缝纫组挣不了几个钱。

两年后，高德康在缝纫组的基础上组建了三泾服装厂。尽管是“新瓶装旧酒”，但总算是有了块好听的牌子，高德康开始到苏州、常熟等地接一些订单。时值十一届三中全会召开，常熟县一夜之间冒出了 28 家服装厂，三泾服装厂是规模最小的。

最小的服装厂却请了一个最认真的财务。厂长高德康拿了上万元的订单回厂，到财务室报差旅费，财务板着脸说这个不行、那个不报。高德康哭笑不得，只好乖乖地重新填写。20 年后，中国羽绒服头号生产企业的总裁高德康说起此人犹存感慨：“我到今天还在感谢他，是他使我没养成暴发户的习惯。”

20 世纪 80 年代初，高德康将目光转移到上海。大上海离三泾村只有 70 公里，但在村民们的概念里，那里是一个神话般的世界。听说那里的加工费比苏州、常熟高很多，于是高德康骑着服装厂唯一的自行车，冒冒失失地闯了进去。

“神话世界”的人们果然与众不同，个个神情骄傲，着装考究。他们中的很多人穿着一种盘花纽扣、中西式结合的棉袄罩衣。一位老乡告诉他：“这是上海本地产的当今中国最流行的款式。”

流行就等于价高，价高就等于利厚，然而利厚，是否意味着上门请求联营的企业太多呢？高德康沿路问询而去，到了厂里，才知道这个拥有“圣诞老人”服装品牌的企业因为产品供不应求，正满世界寻找联营单位——在那个年代，敢于像高德康一样愣头愣脑闯到大上海找机会的中国人其实并不太多。

“圣诞老人”给了他 80 件服装的订单试试。一个星期后，高德康的样品返回，居然比本厂做得还有板有眼。1982 年，三泾服装厂正式成为“圣诞老人”牌服装的联营单位。

20 世纪 80 年代是上海货风靡全中国的黄金时段，任何产品只要贴上“上海造”的标签，都无一例外地成为抢手货。高德康在自己的破厂房里每天生产出数十件“圣诞老人”牌棉袄罩衣，每件挣加工费6元钱。他发现自己幸运搭上了一条致富的快船，服装厂的规模如同吃了“催肥剂”。

可产品的运输成了问题。“公共汽车上不去，每天包一个车到上海，成本又算不过来，只好用自行车搞运输，不管春夏秋冬，每天一个来回，苦得不得了。1984年，厂里花钱买了一辆摩托车，从此我就每年开烂一辆摩托车。产量越做越大，每天往来上海最多时达五次。‘圣诞老人’牌服装被我们这群亡命的苏南农民推向了它历史的顶峰，我们也因此赚了不少钱。”高德康说。

从来没见过这么多钱的穷兄弟们发现，自己的认真与勤奋也是有回报的：“我们的产品，件件是样品。”

联营厂的服装越做越好，主厂的服装越来越离不开“三泾”的支撑。1986年，联营厂的产量超过了主厂。第二年，高德康买了一辆法国进口小汽车——标致。与此同时，又投资30万元修建了一幢真正属于自己企业的厂房。

枝干超过了树干，1987年，主厂决心剪除这根长得太大的枝。于是，高德康某一天送来的货还没有来得及打收条，就平地蒸发，无影无踪了。

高德康也很生猛。他第二天就将标致车开到了一家叫“天工”的羽绒服厂门前，带上厂长去“三泾”考察考察。

天工厂生产一种叫“秀士登”的羽绒服，款式很好，却因为管理和质量上不去，所以日子很艰难。有如此雄厚实力的企业上门联营，正所谓喜从天降。而三泾服装厂所求的，仅仅是一个“上海造”的牌子。高德康平生第一次有了与他人平等谈判的机会。他签下了第一份漂亮的合同：每年向“秀士登”上缴25万元的品牌使用费，并按照“秀士登”提供的样品组织生产，至于生产多少，销售多少，如何推广，主厂一概不再过问。

两年后，“圣诞老人”牌从市场上销声匿迹，而“秀士登”却红遍了中国的大江南北。

1990年，高德康净赚700万元；1991年，1 100万元；1992年，1 400万元。到1993年，高德康全年赚了2 500万元。

（二）天才是怎样造就的

1982年盛夏，高德康背着那80件衣服样品赶到上海。因为不熟悉路况，只好换乘公共汽车去交货。

100多斤的加工袋压得高德康喘不过气来，他拼命地想挤上公共汽车，灰扑扑的大包抵在了爱干净的上海人身上，有人伸手把他推出了车门：“一身臭汗，挤上来干什么?”然而无论如何也得上去，耽误了交货时间，厂家就会因为你没有信誉而拒绝给你机会。

怎么也得上，这就是毅力。这份毅力在日后一个又一个的盛夏和严冬里，在从常熟到上海一趟又一趟单调重复的搬运中，得到了强化和升华：“你必须熬下去，你没办法去找一个地方坐一坐，因为坐下来就可能起不来，也不可能有谁帮你分担。就如同今天我遇到任何困难时都不会想到去找一个靠山来帮忙解决，只能靠自己，靠自己的毅力把困难熬过去。”

然而仅仅是毅力，高德康一定不会像今天这样成功，更重要的原因是什么呢?

20世纪80年代末90年代初，三泾服装厂和天工羽绒服制品厂之间出现了一种奇特的“倒挂”现象：各地代理商首先是到三泾厂来要货，供不应求时，才转向主厂，于是天工厂也因此被带动得红红火火。高德康很快发现了其中的秘诀所在：第一是自己对商家讲信誉，言而有信；第二是服务环节从来不省，产品销到哪里，服务就跟到哪里；第三是生产上宁肯少赚，也首先保证质量。

发现了这一点，苦恼也就随之而来。犹如自己亲手打开了阿里巴巴的山洞，却只能眼睁睁把财宝搬到别人的家里，去打造别人的品牌。更重要的是，随着20世纪90年代以来上海货在全国市场声誉的下降，“上海造”的贴牌加工已经渐渐失去了昔日的魅力。

为什么不能注册一个自己的牌子? 1990年，当高德康拥有了一定的资金时，自己创品牌的念头就像野火一样燃烧着，再也压不下去。他注册了一个叫“波司登”的品牌——与那个遥远的美国城市谐音。他投资2 000万元在白茆开发区修建了厂房和办公大楼，将企业更名为康博集团，请政府官员和各地代理商前来剪彩。他在剪彩仪式上告诉自己的父亲："你的儿子快要为村里做出一个世界名牌了！"

直到1993年底，康博才彻底与"秀士登"脱钩，开始在市场上全力以赴地推广自己的品牌——波司登。然而从联营企业向品牌企业的角色转换，并非想象中那么简单。高德康这用力过猛的一推，差点将自己推下了悬崖。

1993年的高德康面临着几个困扰：一是面料的潮流如何把握？三泾村得不到更好的信息；二是设计的款式怎样才被接受？没有自己的设计人员，只好请人帮忙，翻来覆去，别人不耐烦了，只好草草定夺；三是完全的"江苏造"在市场上名声如何，怎样推广？高德康心中无底。

然而时间就是金钱，高德康果断决策拍板，投入大量资金，买来自己认为好看的面料和原材料，根据自己认为好看的款式投入生产，然后将样品发给了昔日的代理商。

信息很快反馈回来：面料太超前，款式已过时。代理商们纹丝不动。

高德康立即命令手下连夜加班修改款式，做好后寄出去。但这一次干脆没了下文。

在高德康一个又一个电话的请求下，一些"昔日的老朋友"总算同意"发点货试销一下"。然而杯水难救车薪，2 000多万元的家当眼看着变成了一仓库一仓库的积压羽绒服，眼看着就要一次性亏光！

高德康真真正正地一夜白了头。5年之后，他指着自己一头乌黑的头发告诉记者："这是全染过的。"

"这一年真是苦得没法说。我这个人要面子，倒不是说谁来压你，这个从无到有起来的企业倒闭了就倒闭了，但是面子却逼得我差点跳楼。晚上要么睡不着，要不就是睡着了又醒过来，一身大汗，再弄下去，人要出毛病了。我想到了'世界名牌'的初衷，1994年夏天，我决定把服装带到美国去碰碰运气。"

"死马当活马医"。但是在中国市场都显得落后的羽绒服，又怎会被美国人相中呢？高德康一到美国就发现自己又走了一步臭棋。

绝望之下，高德康差点在美国跳楼，但想到死也得死在家门口。本来预计15天的旅程，夏威夷不去了，第10天就赶回了国。高德康一回国就碰上了王府井百货大楼打来的电话，对方说："我们准备搞一个羽绒服夏季大甩卖，你们要不要参加？"

参加！岂有不参加的道理！他还马上来了灵感：何不将仓库里所有的"波司登"羽绒服在全国轰轰烈烈地"甩卖"出去？

"甩卖"获得巨大的成功。2 000多万元的货一经"甩卖"，回笼了800万元资金。尽管"播下龙种收获跳蚤"，但高德康很快恢复了"大将风度"。

1994年底，高德康喘过一口气来。他在集团的教训总结会上做了一次检讨式的发言，摘要如下：

1.今年为什么这么难？原因是多方面的，最根本的原因是决策错误，这是我应该做的检讨。在决策上，首先是面料和款式不好，尤其是我们的大市场东北地区难以接受；其次，从"秀士登"到"波司登"，从海货到苏货，代理商和消费者不够熟悉，我们的宣传做得不够；再次，有一些潜在的原因要引起我们特别的注意，一是天气转暖，一是经济降温，中国几乎所有的羽绒服生产企业都面临了从别人上门到自己走出去的问题。

2.我们为什么脱困？说表面一点是运气好，说本质一点就是体制的原因。如果我们是国有企业，有哪位领导人出国考察时，不去夏威夷而提前回国？又有哪位领导敢拍板，一甩卖就从账面上亏损1 000多万元呢？

3.今后怎么办？第一，销售上放弃代理制，以自己到当地建"波司登贸易公司"为主；第二，要大量引进专业性人才，尤其是设计人才、管理人才、销售人才、宣传人才等，要花大的本钱。

几年之后，当高德康扬威国内市场，开始被很多媒体誉为“经营天才”时，他常常想起这令他一生难忘的一年。

天才不凡在何处？爱因斯坦曾说过，一般人在草堆里找针，往往只找自己丢失的那一根。但是天才自有不同之处。他会把草堆翻个遍，把所有可能丢失在那里的针都找出来。

（三）品牌是怎样打响的

1994 年对高德康来说是一场难熬的“冬眠”，他咀嚼和反思了从缝纫组以来近 20 年所有的困难和问题。在老部下的眼里，这场来源于挫折的反思，使他有了一些脱胎换骨的变化，这是一种理性的变化。

譬如脾气。高德康是个急性子，有话喜欢直说。在康博集团从老厂搬迁到新址之前，他发现哪个工人有质量问题，总要发很大的脾气并当面开除他。但是 1994 年之后，再也不曾出现过这种事情，他再也不直接与工人谈质量，也不与中层干部谈，他只批评负责生产的副总经理。高德康变得沉得住气了。

另外，高德康再也不像以前那样事必躬亲了，他开始学会了抓全局，抓关键，抓“将”，而让“将”去替他一层层地抓“兵”；他在慢慢地使自己成为一个“将将之人”。

“将将之人”不再像以前那么忙碌。他翻翻书，打打电话，或者走出去找人聊天。多年前在寒冷的冬天骑着摩托车送货的时候，他的焦虑就是“什么时候才能买一辆自己的汽车”；而今天即使他看似悠闲地在田间散步，心中的焦虑也是和以前一脉相承的，那就是“怎样才能做好‘波司登’这个品牌”？

哲人说思考是人类进步的利器。从思考中站起来的高德康 1995 年宣布自己亲自抓三件事：设计室的管理；销售渠道的开拓；生产成本和质量的控制。

在高德康看来，1994 年的“滑铁卢”首要的原因就是“设计上没有绝活，在于设计上没有人才”。如何网罗设计人才，自然成了高德康品牌战略的第一步。

康博集团地处偏远，“波司登”在市场上寂寂无名，有哪一个一流的设计师愿意飞到这里，钻进康博的笼子呢？但高德康却信心十足，他认为，问题的关键在于自己的笼子是不是搭得有诱惑力。1995年，康博集团颁布的第一道“政策”就是：凡设计师一律实行“版税制”，其设计的款式在市场上每销出一件，设计者获0.5元奖金。也就是说，如果你设计的羽绒服在市场上卖到100万件，你将获得除工资外的50万奖金——这在当时乃至今天，都是一个富有诱惑力的金笼子。

提着“金笼子”，高德康准备南下北上，遍地猎才。然而还没有动身，上海、苏州、广州等地的设计师们就已经闻讯而至。应聘者们纷纷告诉高总裁，自己是看了《××报》的新闻而来的。

高德康一边感叹着“机制的力量”，一边又发现了“新闻的力量”。当从法国专修服装开发与设计的35岁的朱琳来到康博“试试有没有舞台”时，高德康立即给她搭了一个大大的舞台，任命她为主管产品开发设计的副总经理；自己则撂下这个挑子，转而思考起如何让新闻界关注康博，如何给新闻报道提供“炒作由头”这样的问题。他开始出资举办“波司登杯”全国牛仔服装设计大赛；“波司登”成为中国第一个进入瑞士市场的服装品牌，他居然冒天下之大不韪，以一个企业之力每年向全世界发布“中国防寒服流行趋势”；他还出资赞助中国登山队，队员穿着“波司登”羽绒服登上珠穆朗玛峰；他在上海黄浦江畔竖起了一块全国最大的广告牌……所有的这些举措都无一例外地招致了媒体的爆炒。

康博负责宣传工作的副总高妙琴告诉记者：“老板的点子之多，我们宣传部门都跟不上，他的脑子里冒出来一个点子是新闻，又冒出来一个点子也是新闻。而且对这些大事情，他往往能够很快地拍板，不是他经营企业不计较成本，而是他的脑袋转得非常快，一转念就算出了大体的得失。”

这种风格也体现在高德康的对外合作上。在与其他商家、企业合作时，对很多项目，别人都发现他似乎想都没想就拍板了，大家认为他耿直、大气、够朋友，其实他也迅速地算了一个大账，当认为此举对双方都有利时，就会毫不犹豫。这种做法为他在商场上赢得了无数真诚相待的朋友。

随着企业销售量的扩大，内部管理的加强，成本随之下降了。如果有人问高德康这多出来的一块利益怎么分配，他会毫不犹豫地说："一部分让给消费者，一部分让给商场。"其实细细琢磨，他并非没有为企业打算。企业怎么赚得更多？如果商场发现卖你的衣服越来越赚钱，它就会将你的衣服摆进最好的柜台，用最好的营业员来推销，于是企业的利润就会随着销量的扩大而增长。

比如某商场是在某地区有影响的商场，冬季想搞一个展示会重点推出几个品牌，希望有企业承担部分开支，并配合商场策划实施一套一套的策略。当有的企业还在左论证右调查难以确定之时，高德康的合同书往往就已经摆在商场老总的桌上。正所谓"擒贼先擒王"，慢慢地这一地区就会形成哪一家商场搞活动，拉不到波司登来上柜就是没档次、没脸面的格局。

启动，升温，企业渐渐做大，品牌渐渐做响。一切事情似乎就开始了它自动的良性循环：管理慢慢专业，成本慢慢降低，有能力引进更先进的设备，可以招募到更好的人才，甚至产品质量从配套厂家开始就一天比一天好起来。很多配套企业已是百分之百地与康博配合，如果某环节出现问题，高德康一个电话打去，厂长经理不睡觉不吃饭也会首先将它解决掉。

新的设计在一款一款地出笼，媒体的关注一天比一天增加，而商企关系也被高德康理得一年比一年顺畅。1995年，"波司登"羽绒服已连续4年夺得羽绒服全国销量第一的桂冠。有趣的是，1998年12月，康博集团史无前例地收到了全国33家知名商场分别发来的贺电，"波司登"卖疯了！高德康回电："感谢老朋友经营部署有力，我请你们喝酒。"

但他如何请得过来？所以当第二年开春高德康出巡全国市场时，听到最多的一句话就是："你欠我们一顿酒。"

（四）营盘是怎样构筑的

20 世纪 80 年代末 90 年代初，高德康开始脱离体力上的辛苦，“用脑经营企业”的时候，妻子梅冬常常给他买来“太阳神”口服液，让他和念书的儿子一块儿喝。

他由此开始关注“太阳神”这个企业。在当时的中国企业界，它的确是一轮耀眼夺目的太阳。

然而“太阳”终于落山了。落山的重要原因之一，就在于“太阳神”一段时期成了中国保健品行业的“黄埔军校”：在“太阳神”干过的人跳槽出去，雨后春笋般开起了大大小小的保健品公司，学生挤垮了老师，然后各领风骚三五天。

“太阳神”老总怀汉新曾经说过：“员工跳槽只是小小的痛痒，只要‘太阳神’三个字是铁打的。谁知小小的痛痒变成了致命的毒疮。”高德康目睹它悲壮的升腾与衰落，感到有些触目惊心。

此时正是高德康的思路由“企业该怎么做大”转向“大企业该怎么做”的时候，他在 1995 年初的总裁办公会上讲起了“太阳神”的故事：一个企业只要兵是流水的，营盘就永远不会是铁打的。“小企业做事，大企业做人”。用什么人，用什么样的方式管理人，怎样让流水的兵成为扎根的树，成为高德康很长一段时间思考的问题。

本事小的人用不用？高德康说：用，为什么不用！本事小就是文化不高，文化不高带来的可能只是理论水平、表达能力、综合总结能力比较差，但他们有两大优点：一是只要胜任工作就能苦干拼命干；二是他们找到一个好工作不容易，所以对企业忠心耿耿。

本事大的人用不用？当然用，一个企业只有老板一个人聪明是不够的：规范的管理需要有专业的人才；引进价值几千万元的设备，需要引进月薪几万元的人才来操控和维护；市场上几百万件的销售量，它的背后肯定有一群优秀的设计师。高薪、“版税制”、大舞台，正是康博吸引人才的三大法宝。

但既然是人才，就必然有人才的通病：一是不好调动，二是不好掌握。这是一个古老的悖论。经营防范遮掩，权力欲放还收，核心问题闷在高德康一人的肚子里，谁愿意在一个不信任自己的企业玩命地干？然而透明度高，用人不疑，谁又能保证人才不带着关乎商业秘密的东西跳槽而去？

“太阳神”的阴影在高德康心里笼罩着。他想起创业阶段自己对推销人员的管理：年终的时候请他们的家人到企业开会，拜年之后，高德康告诉大家两件事：没活干的，现在就可以到厂里来，我们欢迎双职工；为了防止你们的丈夫（儿子）在外面瞎搞胡混，钱不够了吃公司的货款，建议你们拿房产证做抵押，对他也是个约束。这一招“土办法”恩威并施，从此康博的货款回收就基本太平。

何不将“土办法”套上洋外套？1996年夏天，高德康请来律师，搞了一个《无形资产商业秘密保护协议书》。协议规定：“凡在企业工作的员工，如因种种原因自动离开企业，承诺在3年内不从事同类工作；3年中，企业承诺向该员工发放基本工资。”高德康在会上向部下们开玩笑：“诸位都知道我脾气不好，爱骂人。如果哪一天我得罪了你，你生气就撇开我跑了，这个企业还怎么搞？签了它，你安心，我也安心。”

部下们微笑，说高老板“杯酒释兵权”，厉害、高明。

“厉害的高老板”向记者谈起了他管理人的一个基本准则：“假如一个社会里原先有两类人：一类是君子，与世无争；一类是小人，精于算计。经过一个自然选择时期之后，君子会因遭小人欺骗而穷困潦倒，死光了。但历史证明，情况不是这样的。所以我认为，这个社会做人的常态应该是先小人，后君子。这符合人性的规律，而做企业的人必须要认识这类规律。”

当然“人性的规律”在企业中的体现远不止这些。比如新老员工的微妙关系问题。“老功臣怎么用好，新人才怎么引进，引进之后又怎么融入这个企业，有时候就是把新、老员工的位置怎么摆好的问题。这类微妙复杂又摆不上桌面的东西，处理起来就必须有清醒的头脑和高超的领导艺术。”副总裁高妙琴对高德康的这一套本领可谓无比佩服，她说："这么多年来，引进了这么多人才，居然没发生过骨干人才离开企业的事情，太不容易！"

又比如在企业股份化的问题上，高德康有一段精辟的论述："我不赞成今天中国的企业要迅速股份化，有的人不一定你立即给他股份就会干得很好。我赞成首先让员工看得见、摸得着，比如你干得好，我买套房子奖励给你。股份制是好事，这一步终究要走，但股份的甜头你要让员工慢慢地尝到，让他追求的动力长时间处于巅峰状态，而不要一下子到位。欲望太容易满足，人就很容易不珍惜。"

清晰而深刻，可敬而可畏。

食堂的米淘得不干净，他会骂人；有时候兴之所至，他也会亲自开车送下夜班的工人回家；每月 15 日，只要有时间，他都会亲自组织本月出生的员工吃生日饭，开生日晚会，放放电影。员工对他的评价是"敬重、怕、感激、光荣"。在他的带动下，康博似乎正在形成一种带泥土气息的企业文化，而这，谁说不是一种企业的凝聚力？

1998 年下半年，高德康开始宣称：康博的名牌战略初见成效，公司已不再追求产量的扩张。他说："目前企业最重要的任务已经转移到怎样把现在的工作做好、做细上面来。一切事情的成功，归根到底还是细节的成功，而细节的成功，又来源于人的成功。"

（五）钢铁是怎样炼成的

1996 年，曾作为中国经济"火车头"的乡镇企业进入青春期。机制、人才、管理、技术四大瓶颈一天紧似一天地制约着乡镇企业迈上新的平台。

或沙场中箭，或城门失火，征战的硝烟尚未散去，垮塌的声音迅速响起。到 1998 年，全国因乡镇企业倒闭而失业的人数达 700 万人。

然而 1996 年到 1998 年却是康博集团突飞猛进的 3 年，品牌由小到大，名声由弱而强，产值连年翻番，1998 年底，康博进入了中国服装工业利税第五强。"众人皆亏他独旺"，康博成了乡镇企业的典范，高德康成了常熟人的骄傲。

也许，要想知道别人如何逆水行舟，首先就得了解舟至急流时他在如何用力。1996年前后的高德康做了些什么呢？

1994年6月，经江苏省体改委批准，康博联合上海两家公司，共同发起成立了常熟市第一家规范化法人定向募集股份制公司——江苏康博集团股份有限公司。1996年，他们又按照产权主体人格化、投资主体多元化、利益主体直接化的要求，进一步完善了公司法人治理结构和内部配套改革，明确了集体、职工和高德康本人所占的股份。此举的深远意义在于，从此之后，康博的一切发展都建立在了产权明晰这个“中国企业最大的发动机”上。

1996年，康博公司投入5 000多万元，从美国、德国、意大利、日本引进了世界一流水平的CAD电脑设计系统、CAD自动裁割系统、羽绒处理设备和特种裁制设备，建造了1.36万平方米的电脑化管理厂房。如此巨额投入的技术和设备改造，使康博的生产速度提高了1倍，误差率降至最低，一等品率从此稳定在98%以上。

1997年则是康博进一步实施“设计师导向工程”的一年。8月份，康博在北京成立了中国服装总公司康博设计研究中心，组织“波司登杯”全国服装设计大赛；两个月后，中国波司登时装艺术团正式在南京挂牌；此外，康博以自己雄厚的设计实力为基础，连续两年作为中国防寒服的唯一代表参加了中国国际服装服饰博览会。

与此同时，高德康也开始了稳扎稳打地向世界推出“波司登”品牌的前期准备工作：在日本、美国、俄罗斯等68个国家和地区分别注册了“波司登”商标：通过了ISO9002质量认证并取得了自营进出口权；推出含绒量高达90%的“金波司登”高档羽绒服系列，按国际惯例建立了自己的二线品牌；雇用欧美各国消费者，对当地市场的消费需求、习惯、心理及市场现有品牌构成、竞争对手动态进行长期跟踪。在所有打国际牌的企业当中，高德康表现出了难得的冷静和务实态度。

而所有的这一切，又是否完全概括了康博“逆水行舟”的原因呢？高德康一定不会赞同，因为在交谈中，他反复强调："真正的经验有时是难以讲述的，因为企业运筹是一个系统的工程。"

高德康极其赞赏比尔·盖茨说的一句话："不管你多大的企业，你面临破产都只有 12 个月。"他说："树立危机意识是一个企业消除危机的最好方法。"

康博有没有危机？高德康有没有弱点？应记者的要求，康博的 4 位副总裁分别给了高德康一句"斗胆的批评"。

朱琳："从大家相濡以沫的状态调整到一个规范化的状态，从心理上首先就很难适应。因为规范化要求层次分明，一级级负责。老板不能一竿子插到底。"

顾雪良："老板要超脱，老板的创造力要转化成'二传手'的创造力。今天的他应该致力于培养一批'二传手'的问题。"

高妙琴："拼着命做大一个企业和一个企业组织好了资产怎么管理，这两者之间是有很大不同的，要克服的困难是不一样的。"

潘建萍："他应该抽出时间去读书，把多年实践当中感悟到的东西加以系统化。"

所谓"胜他人易，自胜者难"，天才会不会有七寸？高德康会不会遇到瓶颈？

1999 年 9 月 15 日，记者在康博集团员工的带领下，参观了高德康斥资 2 500 万元正在为三泾村民修建的新居康博园。路边的一位村民拉住记者说："你一定要好好写写德康，好人应该有好报。"

好人有好报，这是中国人最古老的祝福。

李东生：领先一步的神话

1993年初，李东生担任TCL电子集团公司总经理。上任后，TCL开始进军彩电业务，市场销量飞速增长，使TCL成为行业领先的企业。1996年底，李东生出任TCL集团公司董事长兼总裁，引领TCL走进了全盛时代。

（一）从“TTK”到电话机大王

20世纪80年代初，美国的一颗卫星在茫茫宇宙遨游时，发现蓝色地球的西太平洋沿岸只剩下最后一块“风水宝地”——中国惠州。这里人烟稀少，土地荒芜，与中国香港隔海相望，又与深圳毗邻而居。

多少年来一穷二白的惠州，穷得让人失去信心，白得让人感到茫然。尚幸国门初开，港风初渐，人们在这张“白纸”上面看到了用武之地。1981年，惠阳地区机械局电子科有人贷款5 000元，租了一个农用仓库，与港商合作，成立了全国最早的12家合资企业之一——TTK家庭电器有限公司，生产磁带等音像制品。

当时，整个惠州地区工业产值不到1亿元，电子工业产值不到1 000万元。TTK号称全国最早，在惠州更算得上新奇。

这一年，李东生从华南工学院无线电系毕业，分配到家乡惠阳地区科委。毫无科研基础的地方科委清闲难挨，还没等坐进科委的办公室，李东生要求改派到企业。正值TTK敞开大门招贤纳士，李东生的到来使他们如获至宝。半年之后，李东生从普通技术员被提升为线长，再过半年，又被提升为车间主任。

伴随着TTK的长大，书生气的李东生老老实实做事，认认真真做人，在这家全国不多见的“打卡企业”里如鱼得水，显得很优秀。

TTK是国内第一家生产磁带的企业，初入市场，所向无敌。然而3年多的好日子过后，全中国的磁带厂遍地开花，竞争越来越激烈；而且“草莽”之中确立的“TTK”商标，竟然“不慎侵犯”了日本索尼公司“TDK”的知识产权，日本派人前来交涉。无奈之下，公司领导决定转产。

从一个所有生产线都围绕着磁带的企业转向其他行业，谈何容易！TTK公司领导每天陪着日本人跑上跑下，面带微笑，心底彷徨。在地区行署，财大气粗的日本人居然提出要用重金买下行署的摇把子电话机，因为这种当时中国大地普遍采用的机型，在日本已成为“可供拍卖”的古董了。

言者无心，听者有意。日本人一语惊醒梦中人——落后是一种屈辱，而落差却等于巨大的市场，TTK公司何不转产电话机？小而言之，为企业谋出路；大而言之，为国家争口气！穷途末路的TTK人似乎又立即变得雄心勃勃。

同年，年轻、有学识的李东生被派往香港考察，寻找新的投资发展机会。他很快与香港商界有了广泛接触，并组织回来一批进口电话机。TTK公司稍事推销，情况出奇的好。

1985年9月，TTK公司再次与港商合作，成立了TCL通讯设备有限公司，投资90万美元生产按键式电话机。李东生懂行情，懂技术，懂外商，奇迹般地被任命为总经理。

初次运作一个企业，李东生开始懂得了什么叫压力，什么叫管理，什么是“非市场做法的市场之路”，什么是合资合作中的利益分配问题……创业初期，与外商合作生产国内空缺产品，借用外商的资金、技术、渠道、管理等，李东生称之为“借船出海”。然而“借船出海”的头一年，风来雨去，辛苦有加，年底却亏损27万元。其原因一查就明：首先在于合资合作中的“隔山买牛”——合资公司原材料进口和产品外销部分的价格，全由外商说了算，让人牵着鼻子、卡着脖子，TCL人成了替合作伙伴打工的角色。

从TTK到TCL，企业性质虽属国有，但由于创业伊始就是自筹资金，自己闯市场，所以被人称为“国有个体户”。“国有个体户”的TCL既没有计划内的指标，又没有市场上的名气，尽管曾经经销的进口电话机销路非常好，但是当1985年10月，李东生一行人扛着全中国第一批按键式电话机前往西安参加邮电部订货会时，却因不是正式代表而被拒于门外。在门口摆地摊时，多数人一看是国内产品，厂家毫无名气，也往往摇头就走。

一年之内，当时国内最先进的TCL电话机走遍了大半个中国，销售的结果却大失所望。李东生深深领教了当时中国邮电器材市场的高度垄断性。在计划经济向市场经济的转换中，市场只对国家非定点企业开了一道窄窄的门缝，TCL该怎样在两种体制的交叉中寻找到自己的生存空间？

市场经济充满机遇。1986年惠州市开通万门程控电话，TCL立即找到邮电局，愿意让出30%的股份，解决入网销售问题。面对这种送上门来的无本万利之事，邮电局上下一致兴奋，立马在“万门程控电话开通工程”中全部换用TCL话机，并且大力向国内邮电系统推广。不久，TCL公司积压的产品就一售而空。

李东生初尝“双赢模式”的甜头。

随后，邮电部公开通报禁止100万台劣质进口电话机流入市场。TCL抓住天赐良机，迅速在全国打开了销售局面。

针对外商对合资企业的隐形控制，交了一年多学费的TCL人决定设立香港分公司，负责海外原材料的采购及电话机的出口经销。陶醉在吃转口差价美梦里的外方合作者一听就跳了起来，先是推搪，继而抗议，最后愤愤地退出了合资公司。

1996年底，TCL香港公司成立，接手总公司的境外业务。有了驻港公司这个通向国际市场的“输给站”和“桥头堡”，TCL人开始掌握第一手客户、行情、价格和信息，既保证了原材料质量，价格也下降了15%～40%，而且总公司通过热线，只需半小时便可检索到当今世界电话机行业的最新动态。

随着TCL公司的声名鹊起，许多国际性的商务活动开始有了李东生和TCL人的身影，而这又反过来推动TCL公司始终在国内保持“潮头技术”——平均不到两个月就有一个新品种投产问世。

1989年，全国首次对电话机行业进行检测评比，TCL新型电话机以总分第一获取最高奖。

同年，TCL电话机产量跃登全国第一。在邮电部订货会上，所获订单超过交易会成交总额的一半，被同行惊呼为“中国电话机大王”。

而所有这一切，在李东生看来，最大的原因就是“我们先走了一步”。

8年创业，TCL人踩着辛酸和坎坷，一步步走上了全国乃至世界的大舞台。更重要的是，李东生面对20世纪80年代末90年代初的中国电子市场，已经有了一个渐渐宏观的视野。

有人曾将惠州的工业化进程做了一个比喻，叫“卡拉OK”战略：初唱卡拉OK的人，往往第一句过后，第二句就有些跟不上了；干脆不唱第二句，准备好去唱第三句。惠州正是如此，在支农工业—加工工业—科技工业与大工业的自然发展链上，“卡拉”掉了加工工业，直接走向科技工业与大工业而大获成功。

李东生指出，TCL早期的发展史，也正是这一“卡拉OK”战略的缩影——跳过磁石、共电、步进、纵横四个阶段，直接研制生产第五代数字化按键式电话机“步步高”，一个“蛙跳”便步入世界通信设备的先进行列。这正是理论界通常说的“落后之益”。

TCL人日子一天天好过起来。1990年，在惠州市委、市政府的撮合下，TCL公司“活蛇吞象”，兼并了自己的原上级、濒临破产的惠州市电子工业发展总公司。这期间，TCL的总产值以每年翻番的超常速度推进：1990年，3.8亿元；1991年，7.8亿元；1992年，15.7亿元。

扩并后的TCL集团麾下骤然拥有了上百家企业。为了进一步增强企业活力，顺时应势，1993年，TCL集团又剖分为通讯、电子、云天三大子集团。其中以电话机为主业的通讯集团不到半年时间便在深圳挂牌上市。以第三产业为主攻方向的云天集团也迅速与外商找到了合作的切口，几个主要项目紧锣密鼓地上了马……

李东生出任TCL电子集团总经理。几年之后在国内彩电市场赫赫威名的TCL电子集团，成立之初却几乎是一个空架子——电子集团分得的是音响、低压电器、节能产品等几个不成气候的项目的生产经营权。没有主打产品，没有资金，唯一有价值的便是“TCL”这个日渐增值的品牌和早些年积累的销售网络，这是李东生最珍视的“两块好钢”。

（二）好钢该赌在哪一把快刀上

1993年3月，李东生在电子集团成立后的第一次职工会上，意外地提出了进军彩电市场的“大政方针”，员工瞬间大哗。

大多数商业教科书都这样教导人们寻找市场空白点，进入无竞争领域，才是市场经济投资制胜的法宝。10年前就走出国门，跑遍全球各大洲的李东生当然明白这理论。同时他还知道，尽管电子产业有着“国民经济倍增器”的美称，技术含量高，渗透力强，曾是亚洲“四小龙”腾飞的翅膀，然而在20世纪90年代的中国，这个行业已几乎找不出一块待开垦的“处女地”了；中国电子市场群雄逐鹿，烽烟四起，其中海内外商家鏖战最急的，正是彩电市场。

在这种形势下开始TCL的彩电之路，会不会一步就跨进了火坑？

另外，世界上绝大多数企业走多元化道路，都是坚持一业为主，他业为辅；而李东生却坚持要领着自己的企业从通信器材领域进入家电视听领域，这种“下定决心要生第二胎”的举措，是否多少有些离经叛道、大违常规？

4年之后，李东生在TCL集团春季动员会上有过一次讲话，其中谈及了“领导的决策问题”。李东生认为，无论是谁，从事任何经济活动，总是存在着经济风险，原因有二：一是经济活动中的信息总是不完备的；二是人的理性是有限的。

所以，决策风险只能谈减少，不能谈完全消除，只能是“没有最好，只有更好”。而要做到决策中的“更好”，除去调查、观察、学习之外，最关键的就是决策者是否具备透过现象看本质的能力。

1993年，国内彩电市场的现象是：彩电生产能力已经过剩，彩电市场供过于求，竞争开始白热化，不少彩电企业纷纷自贬身价，寻求与外商合作。

然而在李东生看来，正是这个时候，国内较少有人注意到，彩电市场正在酝酿着由中小屏幕向大屏幕发展的结构性变化。其一，国内厂家100多条彩电生产线基本上都在致力于21英寸以下的彩电生产，所谓彩电市场的激烈竞争，仅仅局限于这一层面；其二，国内21英寸以上的彩电市场基本被进口彩电垄断，功能繁杂，售价昂贵，一般消费者难以问津；其三，大屏幕彩电越来越多地进入城市居民家庭是大势所趋。李东生认为，如果TCL及时推出低价、适用、实惠的大屏幕彩电，定能成功抢占洋货市场，从而使民族品牌在这一块大蛋糕上切到相当的份额。

在这里，李东生秉承的，仍然是TCL早期创业的“卡拉OK”战略——不搞黑白电视和中小屏幕彩电，直接进入适合中国国情的大屏幕市场。李东生告诉员工们，今天的TCL电子集团是“一张白纸，好画最新最美的图画”。

然而“最新最美的图画”还没动笔，宏观调控冰霜压顶，银行里贷不出钱来了。

上马这样一个大项目，粗略估计也得上亿元启动资金。纯粹依靠自筹，既无可能，还会贻误时机。无奈之下，李东生发出寻求“对外合作”的信息。

跨国公司纷至沓来。有的拥有雄厚的资金，有的拥有雄厚的技术，有的两样都占，但无一例外都提出控股和使用外资品牌的要求。

“使用外资品牌，这个企业就好像不是我们自己的了，再被别人控股，那是连翻身的机会都没了。改革开放以来的合资潮中，中国有多少民族品牌先后陨落，已经难以尽数。‘城头变幻大王旗’，本想是利用外资，到头来却反被外资利用……这么想下去，我出了一身冷汗。”时至今日，李东生谈及往事，似乎仍然心有余悸。谈判在犹犹豫豫、患得患失中拉锯，始终难以拍板。这时候，香港电子业的长城电子集团找上门来，一经接触，李东生就发现自己撞上了大运。

这家公司具备这样四个条件：1. 是一家上市公司；2. 有较强的生产开发能力和一定的海外市场；3. 没有自己的知名品牌；4. 想进入大陆市场又找不到切入点。

长城电子所不具备的，正是TCL的强项所在。“以无形博有形”，优势互补，天作之合，双方很快达成共识。合资协议迅速敲定，TCL与长城电子各占50%的股份，产品使用“TCL王牌”商标。

在双方联合开发的新产品中，李东生翻出了“秘而不宣”的底牌——针对国内市场的特点，“TCL王牌”大屏幕彩电去掉了全频道的国际线路装置和丽音设备。这一创造性的“拿来主义”，不仅简化了操作程序，而且大大降低了产品价格。

1993年下半年，TCL彩电推向市场，李东生又号令：集中力量先打北方市场，再打东南、西南市场，最后扫荡“家门口”。其理由是，北方市场进口机影响较小，而当时的广州市场则是一个世界产品的大展台。

李东生的商战策略正好吻合了“我党我军”克敌制胜的精髓：先易后难，各个击破。1994年，“TCL王牌”彩电市场销售量达到55万台，进入中国彩电前10名；1995年，TCL大屏幕彩电销售量一举超过东芝、松下等进口品牌而雄踞榜首，市场占有率跃居全国第六位，“TCL王牌”旋风席卷了全中国。

（三）生死之间

1996年是中国彩电行业辉煌、壮烈的一年。

从年初的风云陡起到年终的“甚嚣尘上”，未来若干年内国内彩电市场的大格局，经此一役便尘埃落定。

3月底，中国彩电生产的龙头企业四川长虹突然宣布大幅度降价，降幅达18%以上；随后康佳呼应，降价20%；紧跟着高路华在长虹的“后院”成都挑起战火，宣布降价40%。

市场大波掀动，同行叫苦连天。一家随后两个月没卖出一台彩电的企业在最后宣布接受兼并时，于企业内刊悲壮地用上了一个标题："我哭，豺狼笑"。与此同时，国内媒体做出反应，有报纸评论指出：降价战如同两个健康的人比赛割腕，比谁的血多，即使胜利者，也不免奄奄一息，"元气大伤"。

舆论如何哗然，李东生已来不及关心。但是别人"割腕"而你不"割腕"，就得冒失去客户的危险，失去了的客户要再夺回来，那又得花更大的代价。4 月初，李东生召开应变会议，分析形势，商讨对策。

几天后，TCL"拥抱春天"行动在全国各地展开：1."TCL 王牌"彩电市场售价降低 3%～4%（这个降幅不致引起同行反感）；2. 推出"以旧换新让利回报"活动，并将全部换回的旧机保养后捐赠给贫困地区；3. 发动宣传攻势，将消费者的注意力从价格高低转移到服务和质量水平上来。

几个月后，TCL 又一次成了大赢家：全国彩电行业降价幅度最小，而销量增幅最快，市场占有率从第六位跃升到第三位，仅次于长虹和康佳。

时势造赢家，赢家却对时势并不感激。对于降价战，李东生一边应战一边提出了自己的看法："降价是为求规模，然而规模经济是有上限的。长此以往，必然牺牲产品的质量和服务，牺牲民族工业滚动发展的资金和产品升级换代的科研投入，最终导致的就是消费者对民族品牌失去信心。在今天，'失民心者失天下'这句话，不仅适用于政治，同时也适用于经济。"

杀敌一千，自损八百。李东生赢得了市场份额，资金上却开始捉襟见肘。另外，生产能力也有些跟不上销售增长。

天有不测风云，降价战仍在继续，与长城电子的合作又突现危机。

危机始于长城电子董事长的意外去世，其遗孀无心经营，希望出让其拥有的 50% 股权。TCL 正逢资金紧张，但无论从合作友谊还是就长远发展来看，李东生都决定出资购买。

协议正待签字，半路杀出程咬金来——一家在广东江门经营彩电业的外商愿以高出 15% 的价格收购长城股权。

巨大的差价让长城与TCL的谈判陷入僵局。李东生已拿不出更多的钱来。如果谈判失败，让TCL的竞争对手控制了长城公司，“项庄舞剑，意在沛公”，TCL不仅将失去对生产基地的把控，而且“TCL王牌”彩电极有可能一夜之间就从竞争的舞台上消失。

李东生一生中第一次有了不眠之夜。

正在这时，新加坡一家跨国集团老板约见李东生，高薪聘请他负责该公司的中国业务，条件是3年薪金1 000万元，加新加坡护照一个。这对于一个国有公司的总经理来说，诱惑可谓巨大。“家贫出孝子，国难见忠臣”，李东生婉言拒绝了邀请。回到公司的他依然精神饱满，谈笑风生，员工们只知道TCL形势一片大好，又怎知在李东生的视线中，市场告急，资金紧张，而且“大船”已濒于分崩离析了呢？

“人没有钱是不行的，可是人只想钱也不行。”几年之后，接受记者采访的李东生站在了一个超然的角度剖析着自己，“如果在那样的情况下我离开企业，企业垮下去，怎么对得起跟随我的创业员工们？船要沉了，船长不能先离船，这是做人的一个基本道德。”

讲究“基本道德”的李东升明白，这些年来，“TCL王牌”彩电就像自己的儿子一样，萌芽、催生、眼看着长大。即便是今天的社会看重金钱，又有多少钱能够让一个父亲离开自己的儿子呢？

一次次的不眠之夜后，李东生提出了一个又一个收购方案，又一一被对方否定。长城电子转头与“江门来客”展开磋商，严峻的形势已不允许李东生再在谈判桌上纠缠不休。他想起前些年在深圳蛇口看见的一家彩电企业，技术先进，场地宽阔，设备很好，但却没有内地市场的订单。

这家企业正是香港陆氏集团1982年在内地兴建的彩电生产基地，年生产能力达100万台。陆氏集团有相当强的海外市场开拓能力，业务遍及欧洲、美国和东南亚，但耕耘内地市场10多年，却几乎没有成效。

李东生兴冲冲地前往香港商谈兼并事宜。陆氏集团老板陆擎天十分精明，开价 2 亿多元，比长城还高。但这没有吓倒经历上千次谈判、对这一行业已几乎“全知全能”的李东生。他一点一点地挤、一块一块地剥，最后连陆老板也服了：“跟你一起合作，我有信心！”2 亿多元的报价最后只作价 1 亿元“贱卖了”。

协议很快签了字：一是将陆氏蛇口基地改组为深圳 TCL 王牌电子有限公司；二是在惠州兴建新的彩电生产基地；三是成立 TCL 香港电子有限公司，负责海外市场的开拓和原材料采购。合作总投资 25 亿港元，TCL 注资 1.5 亿元，占 60% 股权。

1996 年 6 月，TCL 40 多名管理人员全面进驻新基地，管理系统焕然一新。3 个月后，基地产量达到陆氏最好，当年赢利 5 700 万元，1997 年赢利超过 2 亿元。

与陆氏的合作，使得 TCL 的彩电生产能力达到年产 200 万台，完全摆脱了与长城公司的合作危机。更重要的是，TCL 开创了国有企业兼并合资公司并使用本企业品牌的先河。消息传出，国内外媒体进行了大量报道，“TCL 王牌”彩电如日中天。

1996 年 11 月，为追逐品牌的凝聚力与统一性，适应市场国际化的潮流，TCL 集团撤销了 3 个下属子集团的建制，“分久而合”，李东生出任集团董事长兼总裁。

（四）TCL 的游戏规则

经历一次又一次企业从危机到转机再到生机的挣扎磨合之后，李东生渐渐总结出了两条经验：1. 在今天的市场环境中，企业要取得快速发展，必须从单一的产品经营转向与资本经营相结合，形成统筹经营；2. 凡是成功的兼并联合，都必须遵照“双赢模式”——都有利可图，都成为赢家，如此才构成顺利合作的基础。

1996 年，“TCL 王牌”彩电销量全年增幅达 90%。进入 1997 年，1—10 月份与上年相比又增长65%。李东生一边忙于清点利润，一边又面临了发展过程中的历史性问题——生产能力一天比一天吃紧。

早在兼并陆氏之前，李东生就几次前往河南，意图在郑州的某个经济技术开发区建一个彩电生产基地，后因彩电大战的突然降临而暂时中止了这个想法。

然而经长城危机和陆氏一役后，李东生作为一个成熟的企业家站了起来。他学会了一个市场经济的新名词：资本经营——以小博大，以少博多，以有限之资产博无限之资产，借天下之财发天下之财。这是一种经营视角的转换，是由草莽经营向现代经营、由工业资本向商业资本、由国内市场战略向全球市场战略的转换。李东生因此而获得了一个称号——国有资本经营家。

1997年初，李东生制定了TCL集团的"南下北上"战略。"南下"是指TCL集团正积极筹备在香港上市，以更好地发挥香港这一国际融资市场的融资功能，加快企业与国际资本市场接轨；"北上"则是指积极开拓国内中西部地区的广大农村市场，延长TCL集团的资本生存链。

"得中原者得天下"，河南具有中心辐射能力的地理优势，在李东生眼里有着无与伦比的魅力。进入1997年，河南省碰巧出现了一家最为适宜的联并对象——新乡美乐集团。

众所周知，新乡美乐彩电曾是国内彩电业主攻农村市场的一支劲旅。然而在彩电大战残酷的两极分化中，美乐欲上无力，欲下不甘，维持在年销售量20万台左右——这是中国彩电业一条尴尬的"温饱贫困线"。

李东生立即赶赴河南新乡。前脚后腿，广东江门那家同行的代表也坐进了美乐集团的会客室，李东生不禁暗暗佩服起这个"洋对手"来：信息灵通，眼光准确，正所谓英雄所谋略同。

然而今日的李东生早已远非当年的"吴下阿蒙"，从企业规模到品牌知名度、从资产结构互补程度到海内外市场拓展能力，TCL都已远胜对手。实力才是硬道理，李东升"以牙还牙"，轻易获取"美乐"这位"农村大姑娘"手中的绣球。

1997年6月下旬，TCL注资6 000万元，和中原地区唯一的彩电厂家——新乡美乐电子集团共同组建“TCL美乐电子有限公司”，TCL拥有控股权。TCL以较低成本扩大了生产能力，拓展了市场空间；同时还降低了销售成本，按年销量50万台计算，仅运费一项即可节约1 500万元。而美乐集团也因此得到了急需的资金、技术、现代化管理和品牌知名度。

8月底，经整顿改组后的新公司正式挂牌运行，到年底即实现利润1 000万元。

TCL与美乐实现了真正的强强合作，双双胜出。“双赢模式”也因此被经济学界推崇为“TCL的游戏规则”。

兼并实现后，美乐的原基地成为TCL在中原的轴心，500公里半径范围，4.2亿农村人口的大市场，成为TCL新的经济增长点。更重要的是，这次兼并再次为TCL带来了巨大的公关效应。跨国公司闻风而动，频频与TCL集团接触，洽谈合作开发事宜。其中日本东芝公司与TCL合作开发DVD产品，台湾ACER公司参与合作的TCL王牌多媒体彩电等项目均已进入实施操作阶段。1997年底，《中华工商时报》以整版篇幅发表了新华财经专家委员会的报告，题目是《TCL何以备受瞩目》。经济学家们对“TCL兼并现象”的意义做了全方位的阐发，认为它回答了现实经济生活中人们普遍关心又没有明确答案的一些问题：譬如国有企业能否重新焕发生机，在市场经济中有无用武之地？譬如开放条件下民族工业的出路何在？对外资的利用怎样才能真正做到为我所用？又譬如经济学概念中的“强强合作”在国内有无可能，是否可行？等等。

在一片议论纷纷中，TCL集团1997年年度报告悄悄出笼：生产总值超过88亿元；产业规模横跨家电、通信、国际电工、信息技术等八大领域；产品总量的50%以上出口世界各地。

TCL集团以年均60%以上的增长速度高速发展，这对于国内电子业同行来说，是一个神话般的数字。

（五）要么做大，要么下岗回家

1997年11月29日，在TCL重庆分公司成立典礼上，架一副金丝眼镜、温和敦厚的李东生上台讲话，风趣且处处透着严谨。话毕，来宾鼓掌，虽不够热烈，却也算整齐。

会后，李东生接受记者采访。这位很少在媒体露脸、年仅40岁的企业家，给我们的第一个印象是：温、良、恭、俭、让——中国知识分子的传统美德。

李东生有着广东本地人的典型性格：性情温和、淡泊争斗、注重实际。然而正是这位书卷气十足的企业家，在指挥自己的企业攻城略地时，却是以敏锐的市场洞察力著称，以超常规的运作手法见长，以"生猛"的市场革命意识而卓有口碑。

"要么做大，要么下岗回家"；"要么偏隅一方直至死亡，要么把五星红旗插遍全球"，这是李东生脍炙人口的"市场革命口号"。它基于李东生的一个清醒认识：在今天的国际市场上，没有规模就没有竞争的基础，没有实力就没有存在的可能。

用今天国人的眼光来看，TCL已经做大。而用李东生的眼光来展望未来，却是TCL集团如何做得更大。李东生首先讲企业的发展。他认为，TCL的顺利成长首先得益于它从诞生之日起就确立的国有、外资、民营多种体制共存的结构优势。这使得TCL既能够以国有企业的身份有效地利用社会资源，给予员工稳定感，获得政策和政治上的保证；同时又能够吸收外资企业的技术管理优势，融合民营经济"以效益为重，对自己负责"的经营观念。再就是TCL从娘肚子出来就缺乏体制内的支持和依靠，天生需要直面市场，所以与其他国有企业相比，TCL早早地适应了大变动时期的经济环境，不仅行动上超前，而且观念上也超前。

李东生还指出，TCL迅速壮大的最根本原因在于企业品牌的塑造和销售网络的拓展。在"市场是企业的生命"这一理念的指导下，集团多年来致力于这两大软件的建设，才使得一次又一次的兼并重组成为可能，也使得企业一次又一次获得飞跃和新生。

谈到存在的问题，李东生显得忧心忡忡："第一，TCL 整体规模实力还远远不够，与海外跨国公司相比差了好几个数量级。对此，TCL 别无他法，只能迅速跟进，快中求稳。第二，与国际尖端技术比，TCL 的基础技术力量还比较薄弱，拿来主义较多，这里需要 TCL 加大科技投入。第三，企业发展太快，管理体系、管理文化尚待整合，这就要求我这个船长还不能超脱。"

对于企业的未来，李东生承认，今天的他所密切关注的，是关于文化的问题。

一位可口可乐的高级经理曾经说道："任何一个成功的全球品牌，都表达或包括一种基本的人类情感。这里所谓'基本的人类情感'，就是企业文化。"

李东生指出："天下没有千秋万代的企业，但是却有千秋万代的文化。'文化是明日的经济'，这是一个当今信息时代的经济命题。在世界上，曾经有可口可乐、通用汽车这样的企业，把一个企业的品牌做成了一种文化现象，甚至使它成了一个民族、国家的象征。TCL 的未来，应该向它们看齐。"

谈到自己，李东生似乎变得无话可说。他告诉我们："我只是 TCL 这部大机器上的一颗小螺丝钉。"

这话略显谦虚，毫不煽情，但却朴实得让人尊重，就像李东生这个人。

是的，李东生是一颗螺丝钉，但却是一颗至关重要的螺丝钉。他代表着 TCL 人描述未来的一个吉祥用语——TCL 东升世界。

吴炳新：保健品行业的“教父”

在保健品行业，吴炳新是名副其实的“教父级”人物。吴炳新曾经带领三株公司在很短的时间内演绎了中国保健品行业最辉煌的神话。1992年以30万元起家，1995年销售收入便达到23.5亿元，1996年，迅即走向峰巅，销售收入超过80亿元。

（一）序曲

1994年下半年，中国红红火火的保健品市场挤进了一个并不引人注目的品牌——三株口服液。中国人在对保健产品的热切追逐中也不免顺手买两瓶“三株”尝尝，喝过之后，感觉不差。这一年，国内保健品市场销售总额300亿元，“三株”销售额1.25亿元。

1995年，在新闻媒体频频曝光的一些“包治百病”的保健产品受到消费者的怀疑和各界人士的指责，行业信誉岌岌可危，市场全面滑坡。是年，保健品市场销售总额不足100亿元，而三株口服液却猛增至23.5亿元。

1996年，中国保健品市场继续疲软，业内人士相互攻讦，市场份额萎靡不振。三株口服液却奇迹般地流过大江南北，流进千家万户，年销售额突破80亿元，占据了全国市场的“大半壁江山”……

1997年是中国民营企业的一个黑色年头。年初，珠海巨人集团因债务危机掀起波澜；年中，曾号称大陆首富、中国最优秀的“空手道大师”牟其中被一家新闻机构载文指斥为“大陆首骗”；北京某大报披露的民营企业存在问题的专题调查报告，更是令企业家们心头平添一把重锁。

而“三株”依然保持如此超高速的发展，这在中国民营企业界已堪称空前。这件事情本身有没有不足为外人道的原因？这样的发展速度，又会不会衍生出危及企业生死存亡的后遗症？领导“三株”创造如此业绩的人，究竟是何方神圣？

（二）拍拍死神的肩膀

一间破旧的小屋，一盏昏暗的油灯。尚存一丝气息的母亲用苍白的手指着挂在高处的饭筐，却说不出话来。原来她怕小儿子饿死，怕他在饥饿时够不到墙上的饭筐乞食充饥。哥嫂猜到母亲的心思，把饭筐挂低。母亲长叹一声，合上了双眼。

这一年吴炳新年仅 6 岁，父母双双病亡。兄妹 8 人，最终活下来的只有长他 17 岁的大哥和最小的他。当他一次次扑倒在亲人身旁哭喊的时候，心中难免会生出用灵丹妙药让他们重新睁开眼睛的愿望。然而在那个全民族都在挨冻受穷、遭人欺侮的年代，吴炳新的愿望也只能化成他无数个夜晚的梦境。

吴炳新 11 岁那年，中华人民共和国成立。大哥决定，再穷也要让小弟上学读书。大哥大嫂为吴炳新创造了人生的起步机会。可惜这机会太短，他用 4 年时间念完了 6 年的高小课程，高小毕业后，家里已揭不开锅，再没有可能念下去了。

有人说贫穷与上进是一对孪生兄弟；又有人说贫穷与落后才是患难之交。而吴炳新的认识是：前一句是对有志者说的，后一句是对无志者说的。

有志之人立长志，无志之人常立志。当时凡能在民间借到的书，吴炳新都借来自学：《千字文》《百家姓》《离骚》《九歌》……中华传统文化犹如春风化雨般滋润着他幼小的心灵，使他从小就对两件事深信不疑：一是尽忠报国受人敬仰，如屈原、岳飞、文天祥这些民族英雄；二是吃得苦中苦，方为人上人，如周文王、孔子、孙膑、司马迁这类青史留名的人物。

1954 年，农村成立初级社，吴炳新自告奋勇当了会计。高小文化程度的他很快成了三里五村有名的才子，乡亲们给他取了两个外号，一个叫“铁算子”，是说他有过人的运算能力；一个叫“铜嘴子”，是说他知识丰富，讲起话来引经据典，头头是道。1958年，因包钢建设的需要，吴炳新被招募到包头矿务局任会计，不久又提升为销售科长，一干10多年。1974年，吴炳新担任了第四矿区的党支部书记。这份并不出众的履历却意外地让吴炳新多年后创业时，在市场、财务及政治思想工作方面感到了天赋般的得心应手。

在包头工作期间，吴炳新自称是“第二次知识进军”阶段。当时他的一位堂兄在包头，家有大量藏书，古今中外的书籍，几乎应有尽有。在堂兄的指点下，吴炳新阅读了大量中外文史作品，潜心研究过德国古典哲学及马克思主义哲学，认真学习了毛泽东的《实践论》《矛盾论》等著作。

20世纪70年代末，吴炳新调任包头阀门厂职工学校校长。时值十一届三中全会召开之际，“风起于青萍之末”，吴炳新敏锐地意识到一个波涛汹涌的经济大潮即将到来，便尽自己可能在包头搜集到大量的经济学著作，并制订了一个严格的学习计划，持续学习直到80年代中期，写下了数十万字的读书札记和论文。这些闪烁着对宏观与微观经济的精辟见解和超前眼光的文字，直到10多年后才得以结集出版，却仍然赢得了“吴炳新首先是经济学家，然后才是企业家”的由衷赞叹。

30年寒窗苦读，再加上30年的人生磨砺，吴炳新已堪称“中国企业家群体里创业前就已做充足理论及经验准备的第一人”。

而他在做这一切时，心里唯一企望的，就是真有所谓天道酬勤，让自己的满腹学问终有运用施展、报效祖国的一天。

吴炳新是一个不喜欢谈自己过去的人。成就大业后的他不显山不露水，韬光养晦，时常让外人感到神秘。在三株公司里，员工谈起“吴总裁”的过去时，也会有人一脸神秘地告诉你，吴总裁曾经有过两次“幸运到了极点的大难不死”。

一次是1979年包头矿井塌方，作为党支部书记的吴炳新指挥矿工们冲出去，自己却被埋在了矿底，一天一夜后又被成功救了出来，这在中国矿井塌方史上是罕见的；另一次是1985年他被医院确诊为肝癌，医生的“大限”通知为“不超过半年”，然而10多年过去后，吴炳新不仅红光满面，而且健步如飞——这在世界肝癌治疗史上同样是罕见的。

拍拍死神的肩膀然后转身回头的吴炳新告诉记者，所谓大难不死，前一次是运气好一点，后一次是心态好一点。1985年，他两度进京治疗，同时自己开始搜罗大量民间验方和中西医理论书籍，如同神农尝百草，胡乱运用名方、民方、土方，用自己的生命做试验，进行“自救运动”。“死马当作活马医”，不料奇迹真的发生了。捡回命来的吴炳新顺道又应了一句古话：“久病成良医。”

（三）一些高尚的情怀是随机产生的

退休后的吴炳新虽然轻松惬意，却也无聊和惆怅。跳下数十年如一日的人生舞台，“生命中不能承受之轻”这一类人生烦恼就及时找上门来。

好在吴炳新天性豁达。他拉下书记、校长的面子，准备做点小生意。下定决心之后，便拿出家里的全部积蓄200元，在空地上建起暖房，再买来几十斤豆子发起豆芽。

白天吴炳新把豆芽拉到集市上卖掉，晚上回到家依然读书看报，关心一些自己遥不可及的大事。随着200元的积蓄渐渐变成了2 000元、5 000元，随着死亡的阴影离他越来越远，吴炳新的创业念头终于慢慢地“老树抽新芽”。

1986年，国家有关部门出台了亏损企业可以实行个人承包的政策。吴炳新不顾众人劝阻，当机立断，毅然抵押全部积蓄，于1987年年初承包了包头市一家亏损的糕点厂，同年9月又承包了一个濒临倒闭的小商场。

吴炳新在承包企业里“拳打脚踢”，修炼成了一个几乎“全知全能”的人。电路不通，他就是电工，爬上高高的电线杆子去修理；下水道不通，他就是管道修理工，下到又脏又臭的下水道去疏通；生产原料紧缺，他就是采购员，冒着严寒或酷暑到成本最低处进货。有一次糕点厂的烤炉坏了，请来的修理工要价太高，吴炳新只好自己穿上浸了水的衣服，头顶湿毛巾，钻到高温的炉膛里，没花一分钱就把炉子修好了。

不到一年，糕点厂赢利了，工厂红火了，工人们领到了令人羡慕的奖金。他们望着疲惫的吴炳新，流露出由衷的敬佩之情。

这一年，吴炳新五十而知天命。

1989 年，安徽省创立了淮南开发区并颁布了一系列优惠政策。吴炳新和大学医科毕业的儿子吴思伟一起来到皖南，在淮南开发区注册了“淮南大陆拓销公司”，做了生物制品“天安 851”和“昂立一号”口服液的代理商。鼓捣三年，收益不菲。虽然相比那几年在中国大地上繁星般突起的亿万富翁们，吴炳新依然默默无闻，但他所拥有的财富却也足够自己颐养天年了。照这样发展下去，吴炳新成为在当地有头有脸的“大款”指日可待。

某日，吴炳新读到一段话：按照今天日本人对中国医学的研究速度和投资状况，到 21 世纪，曾经被我们视为笑谈的“把中药厂变成东洋药厂，把汉药方改为东洋药方”的扬言，将成为不争的事实。

天下事有所激、有所逼而成功者居其半。“科技兴国、产业报国”的口号那时刚刚流行，吴炳新与熟悉这些概念的儿子一拍即合：从科研入手，逐步创立中国人自己的“大医药大保健”的产业格局。

为了实现这个理想，吴炳新放弃了淮南这块现成的大市场，北上到了科研环境更好的济南。

移师济南的吴炳新做的第一件事，就是成立了“中医药生物工程研究所”。

研究什么呢？吴炳新想起自己患病期间读过的一些书，其中涉及的中医药学、微生物学和营养学，即便在今天仍然是世界医学领域的尖端学科。假如对三者进行有效嫁接，“强强联合”，会不会得出世界领先地位的研究成果呢？

经朋友引荐，吴炳新找到一位退休的医学专家，小心翼翼地请教：“这条路有没有超过日本人的前途？”

这位享受国务院特殊津贴的专家，在听完吴炳新的“嫁接理论”后一拍大腿，兴奋起来。吴炳新的几句话捅破了窗户纸，展示了一个新境界，正是他数十年的研究生涯万万没有想到的。他告诉吴炳新，你的想法一经开花结果，中国又将多一件世界上独一无二的东西。

吴炳新和老专家一起回到了研究所。随后他又幸运地请来了济南、北京、上海等地多名学术权威。“会诊”的结果是，如果根据微生态学、营养学、中医学理论，在应用上以仿生学的工艺进行嫁接，使人体内的三个最主要的有益菌种共生在一种液体中，这一成果将是世界性的突破。

干！购买设备，建设实验室，完善理论，设计方案，试验，等待……

多少次醍醐灌顶，多少次反反复复，多少次禅机隐现，多少次灰心丧气……世界上不少事情是用技巧可以做到的，也有不少事情必须用辛劳才能换得。经过无数个日日夜夜的排列组合，反复试验，三株口服液终于诞生了。在这个史无前例的神奇保健产品背后，是无数个不眠之夜、成百上千次的失败和400多万元的资金投入——这几乎是吴炳新当时的全部家当。

1994年8月8日，三株公司正式成立。三株口服液批量投入生产，当年即一炮走红，两年后便红透了全中国。

（四）日不落生物制品王国

有人说，当市场好的时候，90%的企业都能赚钱；大势不好时，90%的企业都不知道怎么办。但在大多数企业都困惑的时候，如果你有办法，未来的市场就可能是你的。

三株口服液正是在保健品市场大势不好时取得长足进展的。吴炳新的办法是什么？

跟随吴炳新多年的人都知道，总裁有他的“两大法宝”：第一是依靠强大而专业的营销网络做市场；第二是广告宣传单投递法。

三株公司成立之初，吴炳新多方筹资，将手里仅有的流动资金分作了两块：一块用于三株口服液的生产，一块用于在广东、浙江、山东等少数几个省市设立自己的营销子公司，子公司下设县级办事处，办事处下设乡级工作站。

每一批三株口服液走下生产线，就被迅速地包装整理，运到子公司，流向办事处、工作站。每一笔货款收回来，除去生产成本，吴炳新统统用于扩建网络。随着企业收入的增加，“三株”的营销子公司迅速向全国所有大中城市蔓延，大多数时候是一天几家子公司同时在不同的城市开张。不到两年时间，“三株”已建立起拥有600多个子公司、2 000多个办事处、13 500多个工作站、近10万营销人员的庞大销售网络。

“建立如此细密的营销网络有什么好处呢?”吴炳新在接受记者采访时认真地阐述着自己的得意之作，“首先，产品的市场销售非常稳定。一个生产企业，如果不具备这方面的优势，完全依靠代理商做市场，市场好的时候情况或许会不错，市场不好时就可能完全失去这块市场；另外，能做到有效地控制市场。‘三株’控制市场的能力到了什么程度呢？可以毫不夸张地说，能够一夜之间让任何一个新产品铺上全国县、乡级以上的柜台。同时我们还可以依靠自己的能力来调节产品的市场价，不让其太高，也不让其太低。我们恐怕是中华人民共和国成立以来第一个运用自己的行政手段来平定自己物价的企业。

“再一个好处就是大量交易内部化。产品从工厂检验合格后，经‘三株’庞大的储运系统，送到分布在全国不同区域的8个大库，这8个大库再根据指令，在24小时内将货发送到各子公司，子公司卖出产品，立即向公司回款。这样从产品出厂到产品售出后资金全部回到总部，资金周转速度平均只有30天。而在这一点上，世界跨国公司的平均速度是45天，国内企业的平均速度是150天。

“大建营销网络的前前后后，我是算了经济账的。实践证明，三株公司资金高速周转所带来的收益，远远超过了建立专业子公司所付出的开支。到今天，‘三株’没有一分钱三角债，销售环节全部现金交易。这一点也开创了中国医疗销售史上的先河。”

“燕赵多慷慨悲歌之士，齐鲁多饱学智慧之人”。1995年初，三株口服液的发展开始进入一个平台期，销售迟滞不前。“饱学智慧”的吴炳新眉头一皱，计上心来。他建议各子公司经理把眼光转向农村，“广阔天地大有作为”。他要求各级营销人员采用土得掉渣的宣传方式——传单投递来点燃广大农民的消费之火。

大多数人对吴炳新的这个提议置若罔闻。三株口服液的市场价每瓶近 40 元，用量不到 3 天，一分钱掰两半花的农民老大哥，舍得用这份闲钱来享受这类产品吗？

吴炳新急了。在一次干部学习会上，吴炳新对着上百名自己一手培养的分公司经理“嘭嘭”地敲着桌子：“我的建议改成命令！你们怎么不听话呢？！”

几天之后，数万名三株公司的宣传员就开始奔走在大江南北的村野乡郊，把一张张铅印小报送到了农民的田间和炕头。缺医少药的农民、看一场病要跋涉几十里路的农民、多少年没见过报纸的农民，奇迹般地对三株口服液产生了空前的热情。两年后，三株口服液在农村地区的销售量已占据了总销量的 60%。而宣传小报传单投递法则在三株公司慢慢放弃之后，在中国商界掀起了热潮。

1997 年 8 月 8 日，吴炳新在三株公司成立三周年纪念大会上致辞，只用了三句话概括他的心情：整个“三株”形势空前大好；我们存在的问题非常严重，如履薄冰。怎么办？

吴炳新是一个有危机意识的人。针对危机意识，他有一个著名的提法：向前切入销售，向后切入科研。科研能保证产品的高质量和高附加值，销售则能保证产品顺利地卖出去。把科研与销售放在企业两大支柱的位置来考虑，无疑是当今国内许多企业家的共识，然而并不是所有企业都能很好地把握与实现它。

为了向前切入销售，三株公司的营销子公司成了吴炳新关注的重中之重。然而此刻所要关注的点已经太多太多，三年前他还能跟着不多的几个经理同桌吃饭，三年后已是 600 多位经理济济一堂，吴炳新要叫出一半人的名字都已不可能。

吴炳新知道，如何对营销子公司进行有效的激励与约束，是中国民营企业的大难题。

他告诉记者，做三株公司这样一个高速发展企业的领导人，角色的转换至关重要，要有清醒的意识。从前是统一管理“中央集权”，发展到今天就需要“化大河山为小河山”。1997年是三株公司的改革调整年，其中心目标就是，支薪经理阶层支配企业；给予各职能部门和分公司经理更大的权力、终生员工制及年薪制待遇，给予一线销售人员提升的机会及更高的收入。从而真正做到两点：1.责、权、利的有机配合；2.机会面前人人平等。

会计出身的吴炳新针对分公司的约束问题建立了一套独特的理财机制：子公司每三天通过银行向总部汇一次款，每5万元汇一次款；子公司每一项开支，一律以传真方式向总部申请，由总部通过银行及时汇出；为了保证结款速度，总部规定所有子公司只能在同一家银行的各个分支机构开户，利用现代化的计算机手段，使资金在公司内部畅通流动；财务人员参与企业经营的全过程，子公司经理不得任意干涉；财务人员由总部直接任命，由财务中心垂直领导，工资由总部直接发放。

似乎是受“枪杆子里面出政权”的启发，吴炳新将这一套办法称作是“财务中心指挥政权”。

沿着“向后切入科研”的思路，吴炳新确立了“生产一代，研制一代，储备一代”的原则，使三株公司由单一产品向产业多元化迈进。吴炳新开始勾勒他的“日不落生物制品王国”之梦。

三株公司逐渐搭建起由保健药品、健康食品和医疗器械为主的产业结构，拥有十几个主导产品和600多个“立即可以转化为生产力”的科研成果。有关专家指出，从表面来看，“三株”似乎又走上了一条冒进之路。然而仔细分析，“三株”的产业多元化是围绕着一个总体的产业格局展开的互为依托的关系，而且“三株”已经有了足够的财力作支撑。相比在多元化道路上有过惨痛教训的珠海巨人集团，“三株”的结构已趋合理，步子更加稳健。

（五）人格胜过财富的老板

三株宣传部新闻科郭彬彬：“当全社会很多地方把政治思想工作越做越虚的时候，三株却能把它由虚做实且做出效益，这跟总裁的思路和决心有关。从这一点来看，中国不是缺做政治思想工作的人，缺的是环境。”

三株济阳工厂崔副厂长：“我就是从国有企业跳到三株来的。有人问我们今天这么拼命是给谁干呢？是给吴总干吗？我想不是。看看今天的吴总，拼死拼活、起早贪黑，明知自己生不带来死不带去，还这么苦自己，这又是为了谁呢？”

享受政府津贴的国家级研究员董立山：“他（吴炳新）就这么个人，先把别人考虑了。我跟他干，如果哪天累趴下累死了，也会拍拍胸脯说：‘痛快！’”

不知名的司机：“我们都非常敬重他……有件事您别忘了写，就是咱们总裁爱党爱国的心，有时候表现出来就跟学生一样。”

三株公司总部大楼的正面墙上有一句出自松下幸之助的座右铭：“没有利益就没有存在的意义。”然而三株公司全体员工被人喻为像“职业工蜂”一样的工作热情，显然也并非纯粹由于利益驱动的原因。来到“三株”参观的美国某集团公司老板面对奇迹时不禁由衷赞叹：“中国三株公司 3 年的发展，在堪称高效率的美国也至少需要 15 年。”陪同参观的多名部门负责人立即回答道：“我们必须高速度，因为我们没有时间。”

在吴炳新关于资产、价值的概念里，有不少是以美元为计量单位的。他告诉记者，三株公司今日的资产不过几亿美元，而那些跨国公司，有很多资产是以百亿美元来计量的。“人家那才算个老板。”吴炳新这样说。自觉“不是老板”的吴炳新也就没有了老板的派头和架势。走在大街上的他，衣着普通，神态谦虚谨慎，偶尔还钻进大排档里吃大碗面，你甚至会以为他是从哪个机关里走出的离休干部。他不唱歌，不跳舞，不坐进口车，不追求排行榜。这位动动手就能调动几十亿元资产，民营企业里的“风云人物”，平时相当低调。

然而这位对很多事情都仿佛不在意的企业总裁，却固执地认为有些事情是必须牢记的。譬如民营企业党委的作用有多大？吴炳新的回答是：“巨大！”

因为有着“巨大”的作用，所以三株公司是国内民营企业中第一个建立党组织的企业。三株公司党委拥有包括干部考核、企业监督在内的巨大权力，并努力使党组织成为企业员工端正作风、提高修养、增强凝聚力的核心阵地。以此为出发点，吴炳新又将国有企业中的一些优秀的管理方法也“引进”公司。大庆经验、“鞍钢宪法”的一条一款，成为三株人在熟悉西方工商企业管理模式的同时，必须牢牢记住的“戒律”。

“三株”的立业根本是什么？吴炳新说：“是人。”谋事在人，成事在人，败事也在人。因此，吴炳新在如何对待人的问题上始终不敢有丝毫懈怠：“恰如搭台唱戏，演出一台有声有色令人叫绝的戏，必须有唱、跳、拉、弹、吹，只有聚齐各类贤才，而且让他们都能够充分发挥所长，这台戏才会有高水准。”

“另外，人毕竟是人，他还需要一点尊重、一点自由、一些公平、一些关怀和体贴……所以企业在给员工提供较高收入的同时，还必须营造一个良好的内部环境。”

有人说，一个企业的宗旨往往就是它的创立者毕生奉行和追求的目标。三株公司的宗旨或许正是吴炳新孜孜以求的：擦亮民族工业的牌子；来源于社会，奉献于社会。

吴炳新在三株公司成立后接连签发了两道命令，第一道命令是“绝不漏掉国家一分钱税”，第二道是“三株公司不买一辆进口汽车”。据说吴炳新甚至要求部下照相也要用国产胶卷，看过几次国产胶卷冲出的照片后，这位民族工业的捍卫者也难免叹息："国人当爱国，国货却也当自强呀！"

世界著名企业管理学家克拉克在他的书中这样描述他认为理想的企业家："一方面，他能够高瞻远瞩，把握未来；在另一方面，他又能善于做那些琐碎的事情，用自己的行为向员工灌输他所倡导的价值观念和行为准则。"应该承认，吴炳新无疑是这样一个典型人物。

华帝：七星北斗变阵

1992年4月，在黄启均的倡议下，企业更名为中山华帝燃具有限公司。品牌由“九州”改为“华帝”。7人一致推举邓新华为董事长，潘权枝为副董事长，黄文枝为总经理。在股权分配上，开发区所在村经济合作社占总股本的30%。为有利于企业的发展，余下的70%由7人平分，各占10%，黄启均和关锡源均以知识入股。在这一点上，初创者们显出难能可贵的大气，并以惊人的速度达成了一致。在国内许多企业看来最伤脑筋的股权问题，华帝轻松地跨越了。

（一）社会大学与第一桶金

20世纪70年代末80年代初，一场革命在中国悄悄发生并展开，它柔韧却坚强地改变着人们的内心。祖祖辈辈耕耘在珠三角肥沃土地上的勤劳的人们，开始为生存重新思虑，诱惑他们的显然已不是往日关于桃花源的理想。他们站在一个特殊的门槛上，身上还留着尘埃，而眼睛里却已透射出某种从未有过的光芒——在有限的希望中去寻求无限的可能。

邓新华确实是赶上了好时候，当一家又一家的工厂如雨后春笋般直接开到家门口的时候，刚刚初中或高中毕业的年轻人，幸运地成了当地第一批“洗脚上田”的农民。进厂当工人，每月有十几块钱的工资，对于习惯了日出而作、日落而息的贫寒农家子弟来说，这是再幸福不过的事了。

1978年，邓新华、黄文枝、潘权枝、李家康四个人被一家镇办机电厂录用。凭着勤奋和踏实，他们在厂里站稳了脚跟，逐渐成为各自岗位的生产能手和业务骨干，1980年初，黄文枝当上了主管生产的副厂长。在那段时间，四个人的心情感到了从未有过的舒畅，甚至感觉天格外的蓝，连路边的小树也比往常可爱得多。

然而好日子并没维持多久，1981 年底，一个始料未及的消息又把他们打回了起点——因经营不善，镇里决定关闭工厂并分批遣散员工。4 个人默默地坐在镇角的小茶馆里，想着各自的幻想都化为乌有，心几乎掉进了无底的深渊。不过这几个年轻人有一个共同的特质：开朗、大度。几个时辰之后，他们互道珍重，各自散去。留在心底的是个刚刚重拾的梦——分头创业，10 年后再共谋发展！

几星期后，镇上又多了一个做服装生意的个体户，这个体户就是邓新华；镇办砖厂又多了一个运输专业户，这是潘权枝；黄文枝开了个小五金加工作坊；而李家康则进了一家化工厂做工。

与此同时，黄启均在一家镇办农具厂当铁匠，绰号“拼命三郎”，16 岁瘦小的身板，抡着几十斤重的大锤打铁，手臂、前胸遍布铁屑飞溅而致的伤痕，汗珠顺着两颊不停地往下淌，掉在火红的铁板上“嗞嗞”作响。千疮百孔的工装浸透汗水，一天下来，唯一的享受就是到厨房舀一瓢冷水，洒一把盐进去，就着喝了。当缓过气来之后，他又接着干。厂里的锻焊高手杨建辉见这小家伙机敏能干，又能吃苦，就将他收作徒弟。

7 个人中数关锡源家境最困难。5 岁时，父亲就瘫在床上，高中毕业就到一家土产公司当搬运工，每天 4 毛钱的工资。为了让家里生活过得好一些，他一人顶两班，一天工作 16 个小时。后来进了一家镇办印刷厂当排字员，每月有 100 多块的工资了，光景才稍有好转。

（二）七星汇聚华帝掌灯

10 年弹指一挥间。1991 年底的一天，邓新华等如约来到老地方，原来的茶馆已变成一间格调高雅的酒吧。4 个老朋友相互拥抱，互道别后遭遇。他们虽同在一个镇上创业，然而生存的压力和圆梦的希望，就像两条鞭子一样，无时无刻不在抽着他们向前飞跑，无暇问候，偶尔碰到也只是打打招呼。

10 年的酸甜苦辣，他们用不同方式都赚到了第一桶金，各自有了几十万元的身家。李家康已是全国知名大型企业雅黛化妆品公司的行政副总经理，其他三人都拥有一间规模还不算小的企业。10 年的商海沉浮赋予他们丰富的经验、浑厚的底气、稳重而理性的思维，使他们成熟起来。

把酒言欢之后，话题仍旧回到共创事业上来。一方面这是他们 10 年前的约定，同时也是当时做大事业的最好选择。

钱有了，选什么项目呢?

开燃气用具配件加工厂的黄文枝说，他的厂最近一年给几家燃气灶具生产厂提供配件，每个月的要货量都在大幅度递增，这证明生产灶具是有利可图的。

大伙一听来了兴趣，接下来的几个月里他们分头行动，到 1992 年初，他们基本摸清了灶具市场的大致情况：燃气灶具技术门槛较低，关键部件是阀门，只要打火的阀门能经受多次打火，而且不漏气，燃气灶具就基本可以使用；其他零配件没有太大的差异，而且都可以购买到；国内灶具生产厂家虽然有两三百家之多，但群龙无首，当时市场占有率最高的万家乐也只有 6%，市场空间较大。恰在此时，邓小平视察南方谈话发表，激发了全国范围内的投资热潮，更坚定了他们创业的信心。

李家康的同学杨建辉也加入进来，大家一合计，每人出资 20 多万元，租用小榄镇九州开发区 1 800 平方米的厂房，添置设备，招了 20 多个工人，于 1992 年 2 月成立了九州燃具设备厂，注册资金 120 万元。

最初，他们买回一批零部件，开始组装燃气灶成品，不久，第一批“九州”牌燃气灶下线。由于品牌初创，产品又毫无特色，几个老板对灶具的市场网络并不熟悉，产品销售起来并不顺畅。这时，杨建辉想到了他那机灵的徒弟黄启均。10 年前的“小斗铁匠”如今已成长为百得燃气用具公司的营销经理，1991 年百得跻身全国燃气灶具销量前三名，黄启均功不可没。双方一经引见，大有相见恨晚之意。几次深谈之后，早就想自己干一番事业的黄启均很快就辞职到了九州，而且还邀约了他的同学、已是百得一个分厂副厂长的关锡源一同加盟。

阴差阳错，藕断丝连，7个人终于同坐在一间简陋的办公室里，共同拉开了真正意义上的创业序幕。

1992年4月，在黄启均的倡议下，企业更名为中山华帝燃具有限公司，品牌由“九州”改为“华帝”。7人一致推举邓新华为董事长，潘权枝为副董事长，黄文枝为总经理。在股权分配上，开发区所在村经济合作社占总股本的30%。为有利于企业的发展，余下的70%由7人平分，各占10%，黄启均和关锡源均以知识入股。在这一点上，初创者们显出难能可贵的大气，并以惊人的速度达成了一致。在国内许多企业看来最伤脑筋的股权问题，华帝轻松地跨越了。

在企业最初的组织架构中，7个人各取所长，各兼任一个部门的经理。邓新华德高望重，善于组织协调，能把董事会成员紧密团结起来，为共同的目标而奋斗，董事长非他莫属。同时，他还是理财高手，负责公司财务；潘权枝与当地工商、银行、税务等关系很好，负责公关；黄文枝懂技术，负责技术革新和新产品研发；黄启均对行业市场动态和企业形象推广了如指掌，负责市场策划、企业形象包装和广告发布；李家康有在大型合资企业的管理经验，负责行政；关锡源熟悉产品营销通道建设，负责营销；杨建辉踏实肯干，又懂技术，负责生产。在重大决策问题上，7人举手表决，4票赞成即算通过。

这7个老板学历都不高，他们出生在社会的底层，都是从基层做起，逐步成长起来的。他们在艰苦的环境中，学会了承受艰苦，学会了忍让和谦恭，学会了很多刚踏出校门的大学生难以企及的实战经验。应该说在创立华帝之时，他们每一个人都基本上脱离了当初“洗脚上田”时的心态和内涵，明显有了某些将军的特质。

（三）高起点引发绿色旋风

1992年的燃气灶具市场极不规范，由于技术含量不高，许多杂牌甚至假冒伪劣产品充斥市场，万家乐、迅达、百得三大品牌的市场占有率合起来还不到15%。没有自己的特色和核心竞争力，企业很难在无序的低价格竞争中生存下去。

针对这种情况，负责市场的黄启均果断提出：集中一点，专业发展，走高科技、高品位、高质量的发展道路，不参与低层次的价格竞争，靠一流品质、一流服务，共存双赢，自我积累，滚动发展。这一提法在董事会内部达成了共识。

华帝成立之初，仅仅是一个组装厂，所有配件全部依靠外供，核心技术无从谈起，只有在配件进货方面严格把关才能保证成品质量。为了用合理的价格买到最好的配件，老板们开着厂里唯一的一辆农用车四处奔波。阀门等关键部件全部进口，日本和我国香港地区等地的一流燃具企业，当时主要供应自身需要和国际上的大客户，对华帝这样的小订单并不重视，因此交货期得不到保证。杨建辉想了个办法，在最初的几个月，不管生产是否需要，每月的要货量都以50%以上的速度递增，从而得到供应商的充分重视。

新创品牌的当务之急是得到消费者和经销商的认知。这方面，黄启均在百得已有丰富的实战经验，他知道怎样把有限的资金用在刀刃上：广珠高速公路沿线名牌家电企业云集，全国的经销商都必须沿着这条公路到厂家提货，这条路被誉为家电销售的"黄金之路"。黄启均就在这条公路的前中后三段，在离燃具界巨头万家乐和神州厂门不远的地方各竖起一块硕大的广告牌，上面只写"华帝燃具"四个大字和销售热线，色泽简单明快，非常醒目，让前来提货的经销商们过目难忘。京广铁路线是贯穿南北的经济大动脉，华帝又拿出七八万元钱，以当时每平方米1.8元的价格做沿线的民墙广告，从广州一路刷到沈阳。这些"土办法"起到了不小的作用，各地的一些经销商开始要求代理他们的产品。

黄启均和关锡源在做了大量的市场调查之后发现，当时所有的燃气灶具生产企业都不大注重产品的外观设计，都是灰不溜秋的，没有人从形象和美感上去挖掘其价值内涵，而仅仅是把它当作一件工具，这与逐渐追求高质量生活的消费者需要很不协调。在产品差异性不大的情况下，要想成功，必须有吸引消费者的独特之处。因此，建立一种精品的形象就显得非常重要。黄启均说服董事会，从仅有的 120 万元启动资金中抽出 30%，聘请专业形象设计公司——广州天朗广告公司为企业导入 CI（企业识别系统）。

在当时，这是一种了不得的气魄，它因此赋予了华帝产品全新的品牌形象和现代化内涵：以绿色为主色调，干净清新，给人以强烈的视觉冲击；用英文“Vantage（优势）”的第一个字母“V”加以叠合，作为企业和品牌的标志，并通过各种媒体传达出去；公司销售、宣传等事务用品也全部按规范 CI 化。CI 化后的华帝产品以一种气派、典雅、新颖独特的高品位产品形象亮相，很快便赢得了消费者的认同。虽然华帝燃具实行高价格策略，比同类型杂牌产品的售价高出 20%，但上市不久，仍然出现脱销现象。

与此同时，关锡源开始致力于营销网络的建设，在《羊城晚报》和《金融时报》连续刊登 6 次招商广告，广向外界发布企业发展的理念和思路，以及全新的形象组合，诚聘各地经销商。当时，不仅在灶具行业，其他许多行业的厂家实行的都是在同一区域与多家经销商合作的策略，暗地里鼓励经销商之间相互竞争以炒作产品。而华帝却反其道而行之，率先实行了区域独家总代理制度，在每一区域只选择一家有实力的一级经销商，通过一级经销商的网络销售产品。

华帝还制定了一、二、三级目标市场的攻击策略。1992 年投入 80% 的精力进攻杭州、北京、广州市场。杭州是中国家用电器销售辐射力最强的城市之一，可以影响到苏州、宁波乃至上海等重要经济城市。北京是中国经济、文化的中心，虽然进攻难度较大，但华帝不惜血本也要拿下这个制高点。广州就在家门口，占尽天时地利人和之势。由于有高起点的形象包装和高质量的产品做后盾，而且主要竞争对手万家乐和神州的主打产品是燃气热水器，灶具并不具有太大的竞争优势，因此华帝的市场推进非常顺利。1993 年，他们又一鼓作气拿下了沈阳、成都、哈尔滨、西安等中心城市。一时间，“绿色旋风”遍刮大江南北。

1992 年华帝投产当年，就实现产值 4 000 万元，1993 年达到 9 000 万元，1994 年超过了 1.5 亿元，以每年翻一番的速度激增。华帝成了燃具界一匹名副其实的黑马。

（四）从黑马到大象的蜕变

1993年下半年，中国几乎所有企业家都开始面临生死攸关的严峻挑战。许多人晚上还在兴高采烈地抒发着豪情，早上起来却发现已面临灭顶之灾。中国的经济在摸索着前进，在那些挣扎在海里的大鱼、小鱼们的抱怨声中选择着出路，“步履维艰，积重难返”成了常用词。

华帝的7个老板没有抱怨。在有了一点积累之后，他们开始考虑如何构筑企业的技术优势和建立自己的配件厂。他们非常清楚，一个企业如果没有自己的一套核心技术，没有完善的配套生产流程，这个企业就没有长久的生命力。昙花一现的企业还少吗？

有几个月，黄文枝等人整日奔走于全国各大专院校和科研院所之间，到华北工学院（2004年更名为中北大学）和中国燃气用具监测中心寻求技术支持；1993年底，他们以两年6万元的租金，请到某建工学院热力系一位老教授给企业员工进行系统的技术培训，并参与新产品开发，帮助华帝从“螺丝刀工厂”向技术型企业迈进；成立技术部，引进大量技术人才；在新产品开发上，成立项目组，几年内相继研发了20多项外观专利和10多项技术专利，推出多档次100多个新品种，满足了不同层次消费者的需求。

由于产品销路畅通，资金流转速度非常之快，有时候能达到15天一个周期，为公司的滚动投入创造了条件。1994年起，华帝斥资数千万元，相继兼并了邻近的一家燃具配件厂、一家建筑材料厂、一家粉末冶金厂，将其改造为配件厂。华帝还吸收外界闲散资金，以控股的形式，迅速组建了燃气具阀门制造公司、电业制造公司、喷涂有限公司、塑料制品公司、精铸制品有限公司、华帝永发五金公司、九州包装厂等7家配套厂，形成了从气阀开关、外壳冲压、燃烧器铸造、装配到包装印刷全方位的自我配套生产能力，零配件自给率达到90%以上。同年，华帝从战略上延伸产业链，开始进入产品关联领域，生产抽油烟机和热水器。

1994 年 11 月，广东华帝集团有限公司正式成立。短短两年就实现了从一个小企业到专业制造销售厨房电器、燃气用具的实力雄厚的大型企业集团的过渡。同月，按照国家标准设计、占地 10 万平方米、投资 6 000 万元的现代化新厂区诞生。

在销售方面，黄启均和关锡源连连告捷，成立集团的第二年，华帝产值达到 2.8 亿元，销售燃气灶具 80 万台，首次荣登中国行业销量第一的宝座，华帝的发展史从此翻开了新的一页。此后一发而不可收，华帝连续五年蝉联燃气灶具销量第一。到 1999 年，实现产值 6.5 亿元，销售燃气灶具 180 万台，把竞争对手远远地抛在了后面。抽油烟机和燃气热水器销量也分别达到 18 万台和 20 万台，均挤进同行业前十名，成为华帝新的经济增长点。

（五）华帝的“命运共同体”

华帝的崛起有很多可圈可点的东西。比如集团内提出的“命运共同体”概念，它把老板、员工、经销商、供应商、消费者都圈入华帝“命运共同体”中，共同发展，共同受惠。而这个“命运共同体”游戏规则的完善过程也很有趣。

经销商每年在签合同之前，必须签署《防倾销市场保护协议》，每批货款都扣除 3% 作为市场保护的押金。为防止经销商相互之间发生冲货，最开始，黄启均在每台机器的包装上贴上一个标签，打上“发往 × 地”的字样。不久，他发现有的经销商把标签撕去，重新换上了其他字样的标签。于是，黄启均在外包装上留一个小洞，然后把标签塞进去，最后把洞口封好。然而这一招也不怎么管用，把包装拆开，把标签拣出来后再封好就可以了。后来黄启均买来先进喷涂设备，把编码直接打在产品上。这方法管了一段时间又被破了，有人不知从哪儿搞来一种化学药水，可以把编码抹得干干净净，而且不留痕迹，再打个另外的编码上去。

大感头疼的黄启均最后想出了一个办法，每一台产品都配有四个不同的编码，最重要的一个编码条是放在产品里边，所有的编码都输进电脑存档。任何地方的一台产品，只要输入任何一条编码，就能查出其属于哪批货、何时出厂、发往何地、谁负责。这一招很灵，谁要想玩猫腻，必须得付出比冲货所得利润高得多的代价。对于来历不明的货，只需把产品肢解，取出编码，就可以验明正身。如发现有冲货，将对责任人实施重罚。这种方法既规范了华帝的营销市场，保证了各地经销商的既得利益，又令假货无缝可钻。

由于行业技术准入门槛较低，假冒伪劣产品横行，黄启均又创造性地制定了产品身份证制度，每台产品都有一张“身份证”，证上有类似于人民币上的荧光防伪标志，消费者稍有疑惑，将“身份证”寄回公司即可查明真伪。同时华帝每年拨出100万元设立消费者保护基金，如查明是假货，华帝将从资金和人力上协助消费者打假，每季度从寄回的“身份证”中抽取最高为4 880元的奖金和若干奖项。各地还成立了华帝绿色服务队，及时为消费者排除后顾之忧，在华帝命运共同体内，让消费者买得放心、用着舒心。

（六）牢不可破的七星北斗阵

很多家庭式企业都在闹分家，又是什么力量让华帝这7位毫无血缘关系的老板团结一致奋斗了8年，共同进退，从起步到成功，连脸都没红过一次？

记者在采访中，发现这7个老板身上有很多相似之处：他们都是小榄镇人，都出身于贫寒之家，都没有高等学历，都有相似的成长经历；他们都占华帝股份的10%，每年分红都一样多，因为有约定，他们的亲戚都没进工厂；他们都不向妻子谈及企业的事，都不准她们到公司来；他们住的都是自建的两层楼的别墅，开的都是同一档次的轿车，妻子们都没有正式的工作，她们经常聚在一起谈论相夫教子的经验；就连他们的孩子都上同一所中英文学校。

实际上，除了他们都有为共同的事业而奋斗的信念之外，在权力和金钱方面的高度制衡也是维系他们的重要纽带。在权力方面，最初他们各自负责一个部门的事务；在董事会里虽有董事长和董事之分，但在决策上高度民主，求同存异，少数服从多数，谁也不能一个人说了算；不允许亲戚进入公司，杜绝了扶持个人势力的可能。在财务方面，公司成立初期，7个人均以企业为重，每月都只拿400元的工资，第一年没有分红，把所有的资金都用在企业的滚动投入上；到1999年，每人工资涨到5 000元，红利也是均等的；个人的所有费用不得在公司财务上报销，可以从公司预支款项，在年终分红中扣除；2万元以上的开支须经其他两位董事签字认可，5万元以上由董事长签字。

7位老板性格都很温和谦恭，他们所关心的就是华帝事业的发展，权力欲望都不强烈。正如李家康所说："就个人而言，有一套舒适的房子，有一辆车，每年有足够维持家庭生活开支的分红，有一些存款，就行了，还需要什么呢？至于后辈，我只提供一个好的学习环境给他，他今后的发展是他的事，我不管。"

劳动影响了他们一生。即使他们成了老板，只要发现地上有烟头，就会立即亲手拾起来，对于打扫卫生的老太太，也像对待母亲那样尊重。正因为有淘第一桶金所经历的艰辛，他们对员工的想法和要求非常尊重和理解，每个月给当月过生日的员工开生日晚会，年终1 000多名员工要聚在一起吃一顿团圆饭；修建了条件优越的员工宿舍和饭堂；每年拿出20万元建立员工互助基金，员工每月象征性地交10元，就可以在个人或家庭遇到困难时获得及时救助；员工每年有一次免费旅游珠三角的机会。

正是老板们的善良和正直、智慧和谦虚，才让华帝精诚团结，蒸蒸日上。

（七）两权分离三年乃成

台湾著名管理专家石滋宜博士说："如果你总是按照过去成功的道路走下去，接下来等着你的是死路一条。"

长期以来，华帝实行的是所有权和经营权合一的管理制度，7位老板分管营销、生产、科研等具体工作。在企业一次创业中，这一管理模式对高层的相互协作和企业原始资本的积累起到了积极的作用。但随着企业的高速发展，在企业由中型向大型企业集团的跃升过程中，特别是内部普遍实现了科学化、系统化、规范化管理时，这一管理模式渐渐有碍于企业向现代化管理的全方位接轨。

1995 年，华帝以控股的形式匆匆上马了消毒柜、电热水瓶、取暖器三个项目，在没有进行充分市场调查的情况下，老板们拍着有些发热的脑袋决策了。由于权力均衡，也没有指定谁来具体负责此事。两年下来亏损了 200 多万元，到 1997 年仍赢利无望，只好忍痛撤出。盲目投资消毒柜等项目的失败，虽然没有对华帝事业造成太大的伤害，但也暴露出管理和决策上的不少弊端。

“拍脑袋工程”的失败成了他们心中永远的痛。总经理黄文枝在董事会总结会上，语重心长地对兄弟们说：“我们有多大的能力我们自己知道，都没进大学正规系统学习过，过去管理几十几百人的小公司还能凭经验应付自如，现在要管好 1 800 人的大企业，显得有些勉为其难，我感到很累。”大家都深有同感。黄启均提出：“华帝发展到今天，已不是赚多少钱的问题，而是要实现创全球业界一流品牌的梦想。我建议寻找一位比我们学识、水平更高，同时又了解华帝的人来担此重任。”这一建议在会议上获得了通过。

迄今为止唯一的一次失败成了华帝“两权分离”的导火索。

1997 年底，7 位老板开始不动声色地实施“两权分离”分两步走的既定方针。第一步，大量引进各类人才，物色“高人”；1998 年起，董事们不再兼任部门经理，自己给自己提了一级，改任副总经理，着意提拔一批在各部门的骨干担任部门经理，并逐渐放权给他们，培养他们独立运作的能力；老板们渐渐从日常行政事务中抽身出来，集中精力考虑华帝下一步发展中的一系列重大问题。第二步，董事会经过两年的考察，选定具有广博学识、熟悉企业内部管理和市场营销的原营销部经理姚吉庆出任总经理，并于 1999 年 10 月起，实施所有权和经营权分离。经过 3 个月的运作，华帝总经理系统已按照董事会的要求，在稳定、调整、发展中完成交接，初步形成符合现代企业制度的法人治理结构。

姚吉庆，1965 年生于山西，1986 年毕业于南京理工大学特种机械系导弹发射架专业。1989 年，研制成功国内领先的稳健性设计软件——QE 软件，在国内推广应用并获得了国家级、部级科技创新多项大奖，名噪一时；25 岁就当上山西一家大型军工企业的处长；1994 年南下广东，先后在乐百氏集团企划部、高士洁具有限公司工作；1997 年 8 月，在华帝集团老板们的诚挚邀请下，加盟华帝，任市场总监。

1997 年 9 月起，姚吉庆主持集团营销系统重组，把市场部和销售部合并为营销部，并制定实施了一整套规范运作秩序，建立和执行全新的薪资体制和人员考核体系，形成优胜劣汰、奖罚严明的目标量化激励机制，主持并一次通过了 ISO9001 质量体系认证，逐步实现由人治向法规化管理的过渡。

1998 年初，姚吉庆协助董事会系统制定了集团二次创业的目标、经营理念、发展模式等，初步形成华帝集团事业发展的理论体系。制定了 36 字营销方针：整合营销传播、提升品牌形象、挺进大中商场、实施村镇计划、稳固拓展网络、做实售后服务。当年华帝集团总产值比 1997 年增长了 58%。在终端网络建设上，各地专卖店已达 1 000 家，销售店发展到 3 000 家以上。取得如此斐然成绩，姚吉庆功不可没。

“两权分离”是华帝集团朝规范管理和创新管理迈出的重要一步。按照决策层和经营层分离的要求，华帝将逐步实现产权代表委任制和经营者的聘任制，不再搞董事长和经营者的“同纸任命”，总经理由董事会任命，新的领导班子由总经理提名；改革企业经营者的收入分配制度，建立完全与经营业绩挂钩的激励机制；企业每月的各项财务预算，总经理须提前书面报请董事会讨论通过，预算内的支出，总经理有权审批；董事会专事决策、监控和督导，不得直接干预日常经营事务，对经营上的建议和意见只能向总经理传达，不得越级下达指令；加强统一指挥系统，如下级只接受直属领导指挥，只向其汇报并对其负责，形成一个科学的“指挥链”，从而做到政令畅通，提高了管理工作的有效性。

交班问题说来容易做来难，这也是为什么华帝的老板们在酝酿了 3 年之久才最后交接成功的原因。一个企业，如果内部管理体系不成熟，老板们不能控制全局，也不可能指望职业经理人能锦上添花；一个企业，如果没有解决自己的产品在市场上的地位和品牌的积累问题，企业的增长点是建立在老板与客户的特殊关系上的，两权也不可能分离；一个企业，如果老板的价值取向和企业的经营理念不正确，也会排斥外力的进入；一个企业，如果劳资之间没有良好的信誉关系，在现有整体社会的信用保障体系尚不完善的条件下，也很难实现授权；一个企业，如果建立在偷税漏税或者其他一些不正规经营的基础之上，企业的内幕不可告人，这样的企业也不可能实现社会化经营。当然，还有最重要的一点——没有找准可以托付企业的人，也不能贸然交权。否则，肯定得不偿失。

这些条件中的任何一条不具备，“两权分离”就只能流于纸上谈兵。但华帝都成功做到了。

如美国管理学家卡斯特所说：“未来的组织将面临波涛汹涌的变化，必须进行不断的改造和调整，部门的划分更细，各部门的专业化程度更高，未来的组织层次会有所减少，组织将逐步从金字塔结构向蜂腰型结构转变，即减少中间层次，加强决策力度和执行力度。”华帝集团“两权分离”的决策，正是向跨国企业管理制度靠拢，向现代企业制度的历史性转变。

（八）接棒者的誓言

接过创业者的接力棒，35岁的总经理姚吉庆继续带着华帝领跑。在他的身后，数以千计的挑战者在奋起直追，海尔、美的等家电巨头也加入竞争者的队伍。整个燃气灶具市场处于白热化的竞争态势之中，在二次创业中，华帝是否能顽强顶住，并扩大战果，这是姚吉庆的当务之急。

虽然作为磨合期的2000年，董事会并没有给姚吉庆下多少硬性指标，但作为职业经理人，姚吉庆已经进入了状态。刚刚走马上任，他就签发了一本16开、厚达38页的《华帝员工手册》。他把华帝的目标设定为5年之内把燃气灶市场占有率由10%提高到30%，抓住国家对“燃气热水器禁直排”推“强排”的契机，逐步将侧翼产品燃气热水器及抽油烟机发展成主导产品。在他的就职演说中明确提出的华帝2000年九大措施，也正在紧锣密鼓地实施着。

新的经营队伍给华帝带来了全方位的改变。职业经理人为企业带来了新的思维方式和先进的资源，他们的“与巨人同行”计划使华帝与麦肯·光明等国际级的企业顾问公司走到了一起。华帝斥资200余万元与麦肯·光明广告公司签订2000年全面策划代理合同，重新调整和确定了华帝品牌发展思路，将华帝品牌定位为“中国燃具领导品牌”，推出核心概念“好火、好生活”，完成火篇、数字篇、鸡蛋篇的广告制作，在央视播出后效果很好，进一步拉开了与同行企业的距离。与此同时，充分利用品牌优势，成立跨部门的OEM（定牌加工）项目组，加大品牌输出力度，按ISO9001标准设计一套有效OEM质量体系，保证OEM健康运行。

为加强集团内部竞争力，针对少数配套子公司日渐滋生的“皇帝的舅子不愁吃”的思想，姚吉庆说服董事会把华帝子公司推向市场，实现子公司市场化，与外协厂商一起纳入公平的竞争平台参与市场竞争。姚吉庆还提出“用一流的工资留住一流人才”的概念，开展瘦身运动，实行减人增效涨工资的政策；培养一批职业经理人和高素质的人才队伍。

华帝每年拿出总产值的3%用于新产品研发，花重金挖来一批总工、硕士、博士等高精尖人才；研发项目在技术系统实行公开招标，自愿组合，实行项目设计师负责制；技术人员工资分为五级，完全与其所开发产品上市后一年内的销量挂钩，实行首位晋升、末位淘汰制；在全行业率先引进具有国际先进水平的计算机仿真模拟设计技术，结束了一直以来企业“三角尺加榔头”的设计工序，大大降低了研制费用，缩短了研制周期。

1999年底，董事会决定拿出1 000万元修建集团办公楼。总经理系统知悉后，连夜起草一份报告送交董事会，建议在当前销售形势一片大好、市场占有率稳步攀升的前提下，将这笔钱用于企业生产线的改扩建工程。董事会经过讨论采纳了这一建议，并在2000年完成生产线的扩建改造，从而使灶具年生产能力达到300万台，热水器50万台，抽油烟机50万台，制造能力能适应未来5年的发展。

姚吉庆任华帝总经理已有半年，他的各项措施也在逐项得到贯彻落实。华帝的产值同比增长一直保持在20%以上。当然短短的半年并不能证明什么。

姚吉庆给自己定的目标是：2000年，集团总产值增长15%。这个目标应该说完成起来并没有太大难度。而真正考验他的有两道坎：首先，产值10亿元是民营企业公认的一道坎，10年来有多少业界英雄都栽在这道坎上，华帝的“两权分离”也是基于顺利“过坎”考虑的；其次，在未来5年内使华帝燃气灶市场占有率由目前的10%提高到30%。由众多杂牌厂家充斥着整个燃气灶行业的现实看来，要达到后一个目标，等待姚吉庆的将是一场相当惨烈的白刃战。

陈峰：海航开创者

1993 年 4 月 13 日，阳光静静地洒在海口的土地上，拂面而过的海风让陈峰的心情格外舒畅。今天，是海航历史上一个值得纪念的日子，两架属于海航自己的波音 737 客机将在这里降落。

（一）37 岁，我选择从头再来

“你问我为什么到海南来？在很大程度上，可以说这是命运的安排。1990 年以前，我在中国农村信托投资公司工作，主要负责世界银行在中国的贷款项目。后来这个公司面临重组，加上海南刚刚建省不久，需要大量的国际投资，我就从北京过来了。当时是作为世界银行在海南的办公室主任，做航空公司是后来的事。”

双脚踏上海南的土地，除了迎面而来的海风外，陈峰印象最深的就是满街跑的摩托车和时时传来的“嘀嘀”的喇叭声。和他熟悉的北京相比，这里简直就是另外一个世界，说得不好听点，这完全是一片蛮荒之地。

更让陈峰难受的是，一到海南，就像进入了一个大的牢笼，进得来，出不去。当时，每个月只有几次航班到海南，要坐飞机，得省长批条子才行。

一个偶然的机会，海南省的第一任省长刘剑锋知道了陈峰。当时海南正在筹备建立自己的航空公司，以解决发展中的交通瓶颈问题，但却找不到合适的人才来领衔。而陈峰不但 15 岁就在航空公司工作，而且是德国汉莎航空管理学院的毕业生，加上在金融系统工作的经历，正是最合适的人选。于是，刘省长把陈峰找去："陈峰，我给你1 000万元，你为咱们海南做一家航空公司。"

1 000万元，看起来是很大一笔钱，但用来做航空公司，却完全不值一提。"连一架飞机的翅膀都买不到。"陈峰说，"省长您开玩笑吧，1 000万元就能做航空公司，哪家航空公司不是十几个亿几十个亿往里面投，您这不害我吗？"

省长望望陈峰，语重心长地说："海南刚建省，担子重，底子薄，很多事情等着我们去做。钱只有这么多，但你可以用特区的办法走条改革的新路。"

就这样，陈峰成了海南省省长的航空助理，同时戴在他头上的还有海南航空公司董事长（筹）的头衔。要成立航空公司，千头万绪，最重要的还是人的问题。这时，光杆司令陈峰想到了远在北京的几位朋友：王健、李清、陈文理。

这些都是陈峰以前在中国民航局工作时的同事，彼此都很了解，更重要的是，大家都有一种为中国民航事业做点事的冲动。这几个人当时已经是处级以上干部，又在中央机关工作，有着相当优厚的待遇和不错的发展前途，要说服他们南下创业不是一件容易的事。

出乎陈峰意料的是，当他把组建海航的事跟大家一讲，几个人全乐了，说："陈峰，兄弟们都想做点事，跟定你了。"当即便辞职出来，直奔海南。

在海府路105号三楼一间空荡荡的房间内，陈峰说："各位，我们的事业就从这里开始了，现在是一穷二白，将来一定会有大发展。"大家便热烈地鼓掌，到场的每个人都被创业的激情燃烧得双眼放光。

创业的日子充满了传奇，创业的过程更充满了艰辛。没有床，大家就打地铺；没有电扇，大家就人手一把扇子，除了退热，更多时候是用来抵御蚊虫的叮咬；没有食堂，大家就自己动手，在一间废弃的仓库里摆起了锅灶，而旁边就是一个养猪场，每到吃饭的时候便听见"嗷嗷"的猪叫；没有电脑，大家就趴在桌子上绘图、写文件，往往一弄就是几个通宵。

1991年2月9日，海南航空第一次在大众面前亮相。经过几个月的筹备策划，陈峰决定先打出公司的旗号，然后逐步推进其他配套工作。于是组织了两次从海口到北京的班机，成功运送旅客226人。尽管不是自己的飞机，但总算有了一个开始。

一切都在有条不紊地进行，向中国民航总局申请备案的工作在顺利推进，租赁南方航空民航候机楼的协议也已经签下，下属房地产公司、贸易公司正式成立，眼看海南航空即将展开羽翼，一飞冲天。

然而，紧跟着出现的一连串打击，差点让襁褓中的海航就此夭折。

（二）末路，不相信惶恐

一个人持续做一件事并不容易，因为在奔向成功的途中，总可以轻而易举地找到一千个放弃的理由。于是，很多时候，胜出者的根本法宝，不是能力，甚至也不是智慧，而是信念和坚持。

包机成功的喜悦还没有退去，陈峰便接待了一批特殊的客人。

他们是海南省会计师事务所的工作人员。这次来，是受省财税厅的委托，对海南航空的账目进行审计和核查。此前，有人举报海航的账目有问题，矛头直指陈峰和一帮创业者。在这些人看来，1 000 万元是多大的一笔钱哪，你陈峰就不会趁机捞点好处？

“查吧，查吧。”陈峰一笑置之。清者自清，为人不做亏心事，何惧半夜鬼敲门？

一个月过去，审查结果出来了，海航的账目非但没有任何问题，他们如此低的开支反而让查账的同志大吃一惊。

但事情并没有就此了结。会计师事务所的人前脚刚走，省审计局的人后脚就进了门，而且一查就是 3 个月。社会上谣言四起，纷纷传言海航出了大问题，就要被解散了。一时间，公司内外人心惶惶。

“我们的队伍，应该经得起任何锤打和考验。”面对这帮因为理想而走到一起的兄弟，陈峰乐观而坦然。别人的误会和不解，都算不了什么，做出了成绩，事实自然会证明一切。前一次的审计不就是最好的证明吗？

流言止于智者。

但这次却并非流言。审计局的结论出来了，陈峰清清白白，海航的账目清清白白。然而随后却传出消息：海航将与南方某航空公司合并，并作为分公司由其经营和管理，只在行政上接受海南省政府的领导。如果这是事实，那就意味着陈峰此前的一切努力将付诸东流，而海南成立自己航空公司的梦想也将破灭。

消息很快得到证实。早在4月份，海南省政府就和这家航空公司签订了合作协议，并于5月21日在省政府常务会议上讨论通过。陈峰终于恍然大悟，审计局的这次查账并非对他的不信任，而是为即将到来的交接做好准备。

面对突如其来的变故，陈峰一下子蒙了，脑子里一片空白。怎么会这样呢？事情怎么说变就变了呢？我该怎么办？和自己一起创业的同志们该怎么办？为了大特区的航空梦，大家离开原来优裕的工作环境来到海南，不计个人得失，兢兢业业、废寝忘食地工作，难道就是为了这个半途而废的结局？

陈峰想不通。所有海航的创业者都想不通。去找省领导，领导也有自己的苦衷：海南建省不久，财力薄弱，与南方这家航空公司合作，也是不得已而为之。

那些日子，陈峰几乎到了崩溃的边缘。

如果只是自己，倒也罢了，关键是这一帮朋友，都是冲着自己来的，现在什么都没了，他有什么脸去见大家？平时滴酒不沾的陈峰把自己灌得大醉，一个人到海边躺了一夜。

天亮了，一轮红日从海平面破浪而出，四射的光芒照得陈峰双眼生痛。那一瞬间，陈峰内心忽然掠过一种莫名的感动。太阳用它的热量孕育万物，大地生灵方得以生生不息，但它也要经历黑夜的捶打和折磨。和它相比，目前的这些困难又算得了什么呢？

省政府不是还没有让我们交出公章吗？和这家航空公司的协议不是还没有执行吗？心不死，梦就在，只要坚持，就有希望！

收拾起沉重的心情，陈峰神色平静地回到大家中间。陈峰的冷静和沉着感染了大家，通过仔细分析形势，最后海航领导班子制定了三条策略：一是对解散做好心理准备，同时为这支队伍寻求其他发展途径；二是从海南航空业的大局着眼，以积极的态度接受合并；三是继续公司的各项进程，公司存在一天，就坚守岗位一天，决不懈怠。

于是，旧候机楼的装修工程继续进行，从海口到北京、南京、广州的包机如约开展，海航运输服务人员培训班开学典礼按期进行。更重要的是，必须取得海航的合法身份，得到中国民航总局颁发的民用航空运输企业经营许可证。

为了创建良好的客观条件，陈峰派助手肖增力、陈文理等赶赴重庆，和西南航空重庆分公司商谈租赁飞机和调入机务人员事宜；自己则和王健一起前往北京做各方面领导的工作，争取在最大范围内得到对海航发展的认同和支持。

磨难可以是殉难者的墓志铭，也可以是成功者的通行证。陈峰带领着一群年轻的创业者，冲破面前的重重困难，坚毅而果敢地向着心中的目的地进发。命运之神终于被海航人的真诚打动，转机骤然来临。

（三）改革，没有退路

1991 年 11 月中旬，经过陈峰的多方努力，中国民航局经过认真审查，最终将经营许可证发给了海航。当这一好消息传回海南时，公司的全体员工一片欢呼。恰在此时，省政府同南方这家航空公司合并过程中出现了一些分歧，这使得海南省领导开始重新思考合并后能否真正维护海南航空业利益的问题。

一旦蔽空的阴霾散去，机遇的阳光便再也无法阻挡。1991 年 12 月 14 日，海南省政府宣布撤销同该航空公司的合作协议，同时正式任命陈峰为海南航空董事长兼法定代表人。几个月来的郁闷一扫而空，陈峰终于可以放开手脚大干一场了！

万丈高楼平地起，既然是航空公司，当然得有飞机。买飞机要钱，一架波音 737 就是 3 亿元，而当时海航的账上已经剩下不足 1 000 万元。理想不能变成钱，但如果有充足的理由支撑，理想却可以把别人的资金变成自己的钱。沿着这一思路，陈峰果断提出走股份制改造的道路，面向社会募集资金。

陈峰完全有足够的理由相信，只要资金到位，海南航空必然大有发展。首先是政府的支持，这是天时；然后是庞大的市场需求，只要有飞机，有航班，不愁没有人乘坐，此为地利；这批创业者都在中国民航系统工作多年，其中不少人还在国外深造过，他们对航空业非常熟悉，可谓占尽了人和。天时、地利、人和俱在，何愁大事不成？

1992年的海南，房地产热已经悄悄开始退潮，但人们投资股票的热情却方兴未艾。那时，只要是股票，不管你是做什么的，都会在社会上掀起一股抢购狂潮。陈峰的提议很快得到上级的批准，海航股权面向全社会认购。凭着大特区和航空公司的垄断概念，在短短3个月内，海航成功募集到2.5亿元。

2.5亿元，如果要买小飞机，勉强够了，但要买“波音”这样的飞机，却还差很大一截。而在之前的招股说明书上，陈峰曾放言海航将实现每股税后利润0.27元，到时如果实现不了，不但公司的信誉扫地，以后要想在股市上融资就难上加难了。

天下之事，说难也难，说容易也容易，就看你是否找到了解决的法门。在金融部门工作的经验给了陈峰灵感。他动用以前的关系，向各大银行广撒“英雄帖”。陈峰开出的条件很诱人，银行给海南航空贷款5亿元，海航以高出当时银行利率两个点结算。按照这个标准，银行一年便可多赚100多万元的利息。

重利之下，必有勇夫，更何况大家对海航的赢利前景也颇为看好。于是，各路银行纷纷找上门来要求给海航贷款。按照惯例，银行贷款需要有人担保，陈峰说我们公司有飞机，到时还不了钱，你就把飞机开走，还需要什么担保呢？银行的人想想，也对，就同意了。在办理飞机产权的时候，陈峰灵机一动，巧妙地利用融资性租赁产权的模糊性，把产权人写成了海南航空。

有了银行的贷款和募集来的2.5亿元资金，陈峰买来了2架波音737飞机，正式结束了海南航空作为“皮包公司”经营的日子。后来再去买飞机，美国人问谁给担保，陈峰便理直气壮地说用公司已有的2架飞机担保。这样一来，2架就变成了 4 架。

谈到当时巧妙地运用政策的模糊性为公司赢得发展机遇时，陈峰正色道：“在不同的历史时期，有不同的金融和产业政策，企业利用这些政策来为自己赢得发展，既是必需的，也是合法的。我们当时的做法也是迫不得已，事实上，我们很快就连本带息还清了银行的贷款。”

1993 年 4 月 13 日，阳光静静地洒在海口的土地上，拂面而过的海风让陈峰的心情格外舒畅。今天，是海航历史上一个值得纪念的日子，2 架属于海航自己的波音 737 客机将在这里降落。

下午 2 时 50 分，波音 737 飞机划破长空，稳稳地停落在海口机场。舱门打开，派往美国接机的人员在公司副总裁王健的带领下缓缓走下飞机，前来迎接他们的海航员工立即响起一阵热烈的掌声。“我们有自己的飞机了！”员工们击掌相庆，激动的泪水忍不住夺眶而出。

是啊，海航终于有自己的飞机了，陈峰内心涌过一阵暖流。那一瞬间，他忽然想起几年前读过的海子的一句诗：“面朝大海，春暖花开。”

（四）十下华尔街

泰山崩于前而不惧，钢刀架在颈而不畏，谓之勇；知泰山崩于前而制之，临钢刀架于颈而避之，谓之识。有勇有识者，成就大矣哉！

“海航要发展，必须在干线运输中占有自己的一席之地！”在总经理办公会上，陈峰一席话掷地有声。尽管刚刚诞生的海航只是个地方性的小公司，但陈峰敏感地意识到它必须参与主流航线的争夺。

海航从组建的那一刻起，就注定不能走寻常路。

为了让飞机尽快飞起来，陈峰请来原民航总局航行司副司长毕春芳和原空军某师副参谋长、国家特级飞行员黄守财，让他们为海航选拔飞行员。老将出马，事半功倍。毕、黄二人很快从海军航空兵和空军中招聘了 30 位退伍飞行员，这些人分批到美国和澳大利亚进行改装训练后，迅速成为海航的飞行骨干，解决了人才短缺的燃眉之急。

靠着过硬的作风和对理想的追求，年轻的海航迅速开通了由海口通往上海、北京、深圳、广州等地的航班。1993年5月2日，海航自己的飞机首次飞上蓝天，陈峰带领几位主要领导以乘务员的身份上机为乘客服务。他要所有人牢牢记住一点，海航是在市场竞争的大潮中诞生的，为顾客提供一流的服务是公司生存和发展的根本。

航空业是一个高投入、高负债的行业，其经营和赢利模式与其他企业有很大的区别。已经飞翔在蓝天的海航要飞得更高、更远，就必须赢得更多资本的投入。华尔街是全球资本最集中的地方，如果能够吸引这里的资金，海航的发展就拥有了强有力的金融后盾。

正在此时，国家开始允许外商有条件地投资中国航空业。得到这一信息后，陈峰敏感地意识到海航的机会来了。于是，他决定前往华尔街，寻求境外资金的支持。

1995年9月，陈峰和公司副总裁王健行第十次登上了前往美国寻求国际资金的班机。在此之前，他已经和美国航空投资有限公司有过多次接触，回答了美国人提出的上万个问题，双方往来传真数百份。和前几次不同，如果没有特别的情况，双方将正式签署外资购股协议。对此，陈峰信心十足。

这是一家对航空业十分熟悉的投资公司，其背后人物索罗斯更是国际金融市场上翻手为云、覆手为雨的高手。“我们从来不做没有把握的生意。”该公司一位高层私下得意地告诉陈峰。他们已经委托普华永道和美国SH&Q航空咨询公司对海航进行了一番彻底的调查，得出的结论是“这是一家一流的公司”。

当陈峰回答完对方的最后一个问题，双方正准备签约时，美方一位高级经理突然用英语问陈峰：“ Where is Hainan？（海南在什么地方？）”

之前双方一直把精力放在对海航管理和业绩的考查上，对这个最简单的问题反而忽略了。陈峰微微一愣，考虑怎么把这个看似简单的问题给美国人讲清楚。他让美国人拿来一幅世界地图，一看，傻了，上面全是英文，没有标出海南，海南只是一个豌豆大的小黑点。

陈峰想了想，指着越南说："越南，越南知道吗？就是你们美国人吃败仗的地方。海南就在越南的旁边。"美国人被陈峰的话逗得一阵大笑，当下签订了用 2 500 万美金购买海航 1 亿股海外股的协议。

美国航空投资公司的钱准时划到了海航的账上，中国第一家中外合资的航空公司宣告成立。然而过了不到一个星期，美国人又打电话给陈峰，说先别动那笔钱，等合资手续办完了再动。对于中国政府的投资环境，美国人还不是特别放心。陈峰说："对不起，钱我全部用到公司建设上了，我们中国人做事是很讲究效率的。"美国人没办法，又觉得把全部未来押在一个人身上风险太大，就自己掏钱给陈峰买了 3 000 万美元的保险。

此后，陈峰在资本市场上一发不可收。1997 年，7 100 万 B 股顺利上市；1999 年 2.05 亿 A 股隆重上市，成功为海航融得 943 亿元的资金；2002 年，海航控股的美兰机场股份有限公司 H 股在香港联交所上市交易，7.58 亿港元再纳囊中。而这一系列成功运作带来的连锁效应是，中国农业银行、中国银行分别授予海航 11 亿元、80 亿元的授信额度。

一直以来控制着航空企业气运的资金瓶颈迎刃而解。

（五）死局的活路

1995 年 2 月 5 日，海口机场夜航关闭。当其他航空公司纷纷取消航班的时候，为了对已经预订了海航票的 1 万多名旅客负责，陈峰果断决定，让夜航海口的航班转飞三亚，然后由公司租大巴车免费将旅客送到海口。20 多天下来，海航人的工作量翻了几倍，直接经济损失数百万元，但公司也因此获得了极好的口碑。

在海航成立之初，这样做可以迅速提高公司的美誉度。那么，当它已经跻身内地四大航空公司之后，遇到这种情况，海航还会做这样的"赔本生意"吗？

“任何时候，我们都会把乘客的需求放在第一位，我们的服务贯穿于每一个细节。”陈峰的回答斩钉截铁。

1998年，连续20多年高速增长的中国航空业突然紧急刹车，一场席卷全国的价格大战让航空行业出现了首度亏损。出乎所有人意料的是，在这次灾难性的行业霜冻中，海南航空靠着灵活的策略和过硬的服务，反而逆势而起，保持了高昂的赢利姿态。

经过几年的发展，陈峰和他的海航战队迅速崛起，成为中国航空市场上雄霸一方的诸侯。然而，陈峰心里比谁都清楚，真正的竞争才刚刚开始，一场行业性的洗牌风暴就要到来。海航要想不被别人吃掉，唯一的办法就是迅速将自己做大。

陈峰的第一步棋是“拿下”海口美兰机场。

美兰机场是按照国际4E标准修建的现代化机场，是中国第七大航空港。然而机场自1999年5月通航以来，一直亏损。为了扭转这种局面，海南省政府和中国民航局决定对美兰机场进行现代企业制度改革试点。海航早在创建之初就进行了股份制改造，有着丰富的管理和运作经验，由它来经营美兰机场，再合适不过了。于是，双方一拍即合，海航出资4.05亿元，成为美兰机场最大的股东。

美兰机场一入囊中，陈峰立即为其注入海航文化，以市场为中心建立起一系列严格、科学的管理制度。4个月后，机场奇迹般地开始赢利。其后，陈峰趁势发力，托管了三亚凤凰国际机场。

中国航空业的竞争，说到底是航线权的竞争。海航要想不偏安一隅，方法只有一个：兼并其他航空公司，编织遍及全国的航线网络。

机遇总是垂青于那些有准备的头脑。正当陈峰在全国范围内寻找航线资源的时候，机会出现了。

2000年8月的一天，陈峰刚刚为公司员工上完企业文化课，便接到一位朋友的电话：“陈峰，我准备送一大笔财富给你，你要不要？”

这位朋友所说的"财富"，指的是山西的长安航空公司。这家公司1993年投入运营，总资产2.76亿元，拥有7架国产飞机，先后开通了山西省内外10余个城市的30多条航线。但由于体制落后，管理僵化，几乎是连年亏损，已经处在破产边沿。国家正考虑对其进行重组。

朋友的来电正中陈峰下怀。海航尽管已经开通了一些主流航线，但在西部的网络却十分薄弱。如果能够拿下长安航空，将大大加快海航在西部支线市场的竞争能力。但问题是，已经习惯了在原有体制下安逸生活的国有企业，到底有多大的赢利潜力？重组之后，会不会成为企业的包袱？两种企业文化能不能融为一体？

企业文化说到底还是人的文化，是人们长期养成的一种习惯和工作作风。只要有足够的激励手段和正确的奖惩措施，加上良好的市场策略，一切都不是问题。兼并是海航的既定战略，这一步必须迈出去，而长安航空将是一个试点工程。

在总裁办公会上，陈峰斩钉截铁，一锤定音："就这么干！"

重组后的长安航空，海航占86%的股份，处于绝对控股地位。在同长安航空员工的见面会上，陈峰一句"不裁减一个员工，待遇向海航靠齐"，赢得了大家雷鸣般的掌声，赢得了所有员工的支持和信任。

一次，一位工人正在检修飞机，见陈峰来了，赶紧停下手中的工作迎过来。陈峰过去握住工人满是油污的手，微笑着对他说："师傅，辛苦了。"工人十分感动，就告诉陈峰，其实以前很多配件修修都能用，但都不去这样做，有了一点小毛病就换新的。这让陈峰深有感触，企业如果不能从源头上降低成本，不亏损才是怪事。而要做到这一点，就必须留住员工的心。

制度兴，则企业兴；制度亡，则企业亡。陈峰将海航先进的制度和企业文化引入长安航空，很快让这个老国有企业焕发出勃勃生机。一年后，长安航空奇迹般地开始赢利，结束了公司连续7年亏损的历史。

对长安航空的成功重组，为陈峰再一次赢得了巨大的声誉。为进一步完成在全国的战略布点，陈峰接着又闪电般重组了新华航空、山西航空，一举拥有了中国最大的支线网络。

经此几役，海航已经在全国70多个城市开通了480多条航线，拥有飞机80余架，一举跻身国内四大航空集团之列。

后来，当全国航空企业重组大潮来临、众多地方航空诸侯纷纷开始寻找出路之时，陈峰却早已从中超脱出来，悠然自得地在“培养自己的学生”了。

（六）校长陈峰

陈峰说：“我要用9年时间把海航做成国际知名的航空公司。”陈峰又说：“我的另一项任务是要让跟着我干的人‘有所乐有所获’，年终兄弟们都能分银子。”无论工作有多忙，只要不出差，陈峰每天必用小楷写上满满的一篇读书心得。

“人只要克服了‘贪、嗔、痴、慢、疑’，就既做得了事，又为得了人。”陈峰说。

凡是要进海航的人，必上一课，那就是听陈峰讲海航历史，讲传统文化。不仅要听，还要写，写完了交由陈峰批改。十余年来，无一例外。

陈峰对传统文化的喜爱和痴迷，海航员工无人不知。在陈峰的办公室，记者看到一个相框，里面放着国学大师南怀瑾的照片。“我只是从先生那里学了一些做人的道理，了解了一些传统文化的皮毛，不敢称先生的弟子。”提到南怀瑾先生，陈峰一脸谦恭。

眼前的陈峰言笑从容，一脸平和之气，但在海航里却分明感受到员工对他的那一份敬畏。即使在公司刚刚创业之初，因为没能按时到公司报到，陈峰就毫不手软地将一位刚刚从美国训练回来的飞行员“请”出公司，而培养一个飞行员的费用至少上百万元。另一次，一位机长在飞机滑行后仍然继续上货物，结果被罚去做了一年的搬运工。“飞机关系到几十上百人的生命安全，如果没有铁的纪律，怎么能保证万无一失？”

在陈峰看来，对员工的严，实际上是对他们的爱，是“用霹雳手段行菩萨心肠”，不严不足以治军。

“你的员工能认识到，这是你和公司对他们的爱护吗?”记者问。

“我想，大多数人还是能够认识到吧。”陈峰微微一笑，自信溢于言表。

陈峰是飘逸的，给人感觉像是一位看透世间万象、不食人间烟火的高士。陈峰自称无趣之人，不抽烟，不进娱乐场所，不打高尔夫球，所好者，读书、写字、喝茶、做企业而已。陈峰又是实在的，他不但于资本和实业领域如鱼得水，一手创立了中国第四大航空公司，更是把员工的各种待遇落到了实处。

在国内的航空公司中，海航员工的工资待遇是最高的；对于公司的中层干部，陈峰明言，年底论功行赏；为进一步提高员工的积极性，陈峰拿出一部分期权，奖励给为公司做出巨大贡献的功臣。

“总不能要求员工都去‘出世’，而自己却‘功德独享’吧？得反过来才行。”陈峰笑而论道。

除了做好航空主业以外，陈峰还趁势出击，向酒店、旅游、传媒等领域延伸。目前，陈峰旗下的酒店连锁集团在北京、海南、杭州等地拥有三星级以上酒店已经近 10 家，成为国内最大的酒店集团之一。

“只有整合上下游资源，合力出击，企业才能越做越大、越做越强。”陈峰说。

2003 年，海航迎来了它的 10 周年华诞。在中国企业联合会和中国（海南）改革发展研究院联合举办的海航可持续发展座谈会上，中国企业联合会会长陈锦华、国务院发展研究中心副主任李剑阁、博鳌亚洲论坛秘书长龙永图、海南省副省长刘琦等领导和数十位专家学者，对海航的成长给予了充分的肯定。

面对各种赞誉和光环，陈峰在深受鼓舞的同时，更感到肩上担子的沉重。在他的心中，深藏着一个沉甸甸的梦想：让海航走向世界，让中国早日成为世界航空强国。

第四章

大刀阔斧 | 社会主义市场经济的建立

1992 年初，邓小平在南方谈话中进一步确认社会主义也可以实行市场经济，从而解除了计划经济和市场经济被看作社会制度属性的思想束缚。

中共十四大明确提出中国经济体制改革的目标是建立社会主义市场经济体制。此后，中国市场化进程大大加快，社会主义市场经济的基本框架逐步形成。

中国改革开放事业发生质的飞跃，其背后积累了难以计数的历史合力。从 1978 年到 1992 年，经过 14 年的探索，中国特色社会主义事业找到了明确的路径。

1992 年 10 月 12—18 日，中国共产党第十四次全国代表大会在北京举行。

时任中共中央总书记的江泽民在大会上指出："我国经济体制改革确定什么样的目标模式，是关系整个社会主义现代化建设全局的一个重大问题，这个问题的核心，是正确地认识和处理计划与市场的关系。实践的发展和认识的深化，要求我们明确提出我国经济体制改革的目标是建立社会主义市场经济体制。"

"社会主义市场经济"从那一天起，被郑重地写入中国历史。

张宝全：与冯仑、潘石屹同为海南五兄弟

那是一个无比狂热而又奇迹频出的时代。海南开发正炙手可热，张宝全便顺应潮流做了“南漂一族”，带着银行的信任和资金去海南炒房产。当20世纪80年代末就进入海南，已经赚足了第一桶金的“大佬”们雄心勃勃地将大量资金押到土地上，准备“做大做强”时，张宝全这个后来者“识时务”地采取了倒买倒卖的“投机”战术。在海南的转手买卖很顺利，几乎笔笔赢利，张宝全和当时也在那里发展的冯仑、潘石屹、谢强、曾伟一起，被媒体称为“海南五兄弟”。

（一）“赚钱的商人是天生的”

他说：“如果有一天我做不了房地产，中国98%的人都做不了。”他又说：“我只按自己的方式做事，做中国最好的房地产商。”

他交往的人非富即贵，他开发的红树林大酒店是中国顶级的度假酒店之一。同时他还有一颗平民与慈善之心，一次就为西藏的失学儿童捐款1 000万元。

他，张宝全，一个自称“不做中国首富”的传奇商人，正以一种自上而下的方式开启着他和追随者的财富之门。

1988年，一名31岁的年轻人以笔试第一名的成绩考进了北京电影学院导演系，成为著名导演谢飞的学生。4年过去，年轻人以优异的成绩毕业了，但现实却无情地粉碎了他的电影梦。资金的缺乏和电影市场的不景气让科班出身的年轻导演不得不首先完成一部“自编自导自演的人生大

戏”：赚够拍一部片子的50万元。

于是，中国从此少了一名优秀的导演，而多了一位成功的商人。他就是张宝全，今典集团的董事长，全国房地产十大风云人物，中国最大的民营美术馆——北京今日美术馆创始人，EVD数字高清电影播放机国家标准的推动者。

如今集众多光环于一身的张宝全，当时却不得不为稻粱谋。科委系统一家下属公司见张宝全思维敏捷、为人踏实，就把他招到公司。张宝全很快熟悉了公司的业务，并提出了不少合理化建议，深得公司领导欣赏。但好景不长，后来公司出现资金危机，解体了，张宝全又落得个“一身轻闲”。

当时正值小平同志南方谈话过后，全社会创业激情空前高涨，社会上四处流传着“此处不留爷，自有留爷处；处处不留爷，去当个体户”的时代民谣。张宝全一个猛子扎了进去。他利用在科委那家企业时结下的关系，和工商银行下属的一家企业联手搞开发。

那是一个无比狂热而又奇迹频出的时代。海南开发正炙手可热，张宝全便顺应潮流做了“南漂一族”，带着资金去海南炒房产。

当20世纪80年代末就进入海南，已经赚足了第一桶金的“大佬”们雄心勃勃地将大量资金押到土地上，准备“做大做强”时，张宝全这个后来者“识时务”地采取了倒买倒卖的“投机”战术。

“我是1992年8月份注册完公司的，进入海南的时候已经很晚了。我们没有资金，也不可能一来就大干快上，为了降低风险，只能搞短平快的转手买卖。”

说是倒买倒卖，其实都是先找好了买家，然后利用银行的资金，再去找上游的土地。虽然谈不上暴利，但也过得去，而且风险很小。船小好掉头，心活路自宽。张宝全看到大量的粮食和货物进出海南，趁机成立了一家海运公司，“当时主要是凭感觉，我们买的都是二手船，成本很低。后来发现这是分散风险的一个好办法。”

在海南的转手买卖很顺利，几乎笔笔赢利。张宝全和当时也在那里发展的冯仑、潘石屹、谢强、曾伟一起，后来被媒体称为“海南五兄弟”。

1993 年，国家对金融系统进行整顿，海南房地产泡沫迅速破灭。张宝全当机立断，将手上的项目打包处理，迅速全身而退。这时，他的海运公司业务已经相当红火，回报率高达 50%（公司后来成为海南省十大纳税企业，交通部首批 6 家可以开展国际航线业务的海运公司之一），这让张宝全在庆幸之余对“鸡蛋不要放在一个篮子里”有了深刻的理解。

1993 年下半年过后，张宝全一边打理海运公司，一边将公司重心搬回北京。

（二）“无利不起早，商场没有永远的敌人”

经商就像童话故事中的红舞鞋，一旦穿上，就停不下来。张宝全就是如此。

回到北京后，张宝全开始筹划如何启动他的第一个楼盘。作为企业真正意义上的开山之作，只能成功，不能失败。然而，他首先要过的就是公司开发资质这一关。

1995 年北京的房地产市场，地方保护主义很严重，凡是北京以外注册的房地产公司，都被看成“外地公司”，要开发房地产，必须和本地有开发权的公司联合。而那时北京有征地权的公司只有 10 家，基本上都是房管局、建委的下属企业，有开发权的企业也不过几十家。

张宝全看中了西直门电影学院旁的一块地，想在那里开发，就和当时北京一家很大的房地产公司合作。张宝全的公司挂靠在它下面，给 10% 的干股作为回报。开始倒也顺利，等到张宝全辛辛苦苦筹备了一年时间，投资了近 2 000 万元，眼看就要立项的时候，对方反悔了。原因很简单：对从来没有楼盘开发经验的张宝全不信任。成功了，倒好说。一旦做砸了，你张宝全拍拍屁股走人，所有的债务，公司就得兜着。

一年的努力付诸流水，张宝全欲哭无泪。好在天无绝人之路，这家公司一位离职的副总成立了一家新公司，有开发权，主动找上门来愿意一起合作，条件和原来的公司一样。天上掉下个林妹妹，一筹莫展的张宝全大喜过望，当即将立项报告盖上对方公司的章，以对方公司的名义报了上去。

很快，立项报告批下来了。不过，项目并不在张宝全头上，而落在对方公司。

张宝全兴冲冲地去拿批文，这时，一幕他永远都不会忘记的情形出现了。对方摆出一副反客为主的姿态："我们已经立完项了，欢迎你跟我们合作，但想合作的人很多……"

张宝全立刻傻眼了。

这就是商场！在金钱和利益面前，人性显得多么的脆弱和不堪一击！张宝全啊张宝全，你怎么就没有认识到这一点呢？无利不起早，永远都是商场的铁律啊！

一番痛苦的自责和反思之余，张宝全心想决不能就这么白白地把项目拱手让出去，于是开始向北京市建委上诉。建委的同志对他说："我们知道这个项目一直是你在做前期，但从法律上讲，项目确实是立在他们的头上，我们也没办法。"张宝全不服，去找当时北京市分管城建的副市长。副市长批示，如果他们（指那家公司）有钱，就让他们干；如果没钱，就撤项。建委通知对方3个月内打2 000万元到建委的账上。

这3个月，张宝全度日如年，不知道命运会给他一个怎样的交代。成功了，万事皆好；要是失败了，怎么办？是偃旗息鼓，用在海南赚来的钱过安稳日子，还是收拾起残损的心情，一切从头再来？

3个月过去，对方四处折腾，想把项目卖出去，但始终无人接手。去找银行贷款，在当时宏观调控的情况下，海南房地产泡沫的阴影未去，银行不敢轻易冒险。大限已到，一分钱没有筹到，对方不得不接受被撤项的事实。

有了前两次的教训，张宝全学乖了，和另一家有开发资质的北京本地房地产公司一起成立了一家股份制企业——安地房地产开发公司，张宝全占 90% 的股份，项目就立在安地的头上。

名分和项目定了下来，时间也过去两年多，北京的房地产市场开始发生微妙的变化，很多新的楼盘蓄势待发。张宝全把自己的楼盘命名为“今典花园”，他要把它做成“北京性价比最高的房子”。这时，他搞艺术出身的优势就体现了出来。

当时北京的大多数楼盘还停留在满足“居住功能”的层面上，开发商们还津津乐道于“第一是地段，第二是地段，第三还是地段”。张宝全不。他除了在住宅功能上做足功夫，更率先在建筑艺术和人文环境的营造上大胆创新。他从景观开始，一草一木都匠心独运；在房屋的外形、颜色、用料上更是极其讲究，一切既与众不同，又能被大众接受……1997 年，今典花园隆重上市，一开盘就赢得了市场的热烈追捧。

“我们也是因祸得福，要不是这么一折腾，也许公司至今还挂靠在别人的名下，也不会有今天的今典集团。”谈起当年遭受的挫折，张宝全显得很平静。记者问他恨不恨那位副总，张宝全淡淡一笑，通达地说：“有什么好恨的？在商言商，在他的角度考虑，也没有什么大错，求利嘛。现在我们有的时候还见面，他说宝全现在做得不错，我说还行吧，就这样子。”

（三）“我只选择做中国最好的房地产商”

“这个房子是我们 1999 年开发的，4 年过去了，现在依然不觉得平庸。”张宝全指着今典集团的总部所在地蒙太奇大厦说：“做房子和做艺术一样，只有找到自己的灵魂，才能够获得长久的生命。”

张宝全告诉我们，公司开发的苹果社区，自开盘以来，短短几个月内卖出了十几亿元，“每平方米从7 200元涨到了9 000多元，早期买我们房子的人，基本上都赚了钱。”

今典花园的热销，让张宝全在获得丰厚回报的同时，再次感悟到一个道理：创新是企业的生命，只有差异化竞争才是不可战胜的法宝。随后，张宝全顺势推出了空间蒙太奇大厦，消费者又是一阵抢购。一时间，“今典”成了北京房地产界响当当的金字招牌，张宝全随之名声大噪。当年，公司名称从安地正式更名为今典地产。

1998年，张宝全在长安街拿下7.2公顷土地，准备投资建商品房。这是一块真正的风水宝地，位于西长安街五棵松路口，东西各有地铁站口，公交线路众多，出行十分方便。加上毗邻北京市十一学校、北京市中古友谊小学、北京市海淀区五一小学、北京市育英中学等，地理位置十分优越。这样的地段，一向是高档住宅的必争之地。

时值国家福利分房政策结束，私人购房开始成为主流。张宝全仔细分析之后，果断调整战略，出人意料地打出了建经济适用房的旗号。绝佳的地段，一流的品牌，加上比周边楼盘低上千元的价格，张宝全一句“今日家园：长安街上的经济适用房”，便引得全北京的老百姓热血沸腾。

1999年9月23日，仅仅只有一个概念的今日家园在国贸中心开盘，闻讯而来的消费者把展厅围得水泄不通。3天时间，今日家园狂销815套，3.3亿元轻轻松松落入张宝全袋中。

“我们简直要被消费者的热情熔化了!”一位老员工这样形容当年的情形。

有人曾经问张宝全，当时为什么不把房价提高，这样岂不是赚得更多?

张宝全答:“房市应该进入微利时代了。”

在张宝全看来，为市场提供具有最高性价比的房子，是企业生命力的源泉。追求暴利只能是短期行为，而一旦失去消费者的持久认同，企业也就离关门不远了。而且，尽管部分利润让给了消费者，但薄利多销，资金就能快速回笼，细算下来，自己一点都不吃亏。

正是这种不求暴利，敢于让利给市场的做法，让张宝全每一步都走得稳稳当当、踏踏实实。也正因为如此，在后来的那场席卷整个房地产业的大考验中，张宝全才能够“任凭风浪起，稳坐钓鱼船”。

2003 年，为了规范房地产市场，国家出台了“121 号文件”，规定所有楼盘必须封顶以后，银行才能办理按揭。文件一出，房地产开发商们资金压力骤增，北京甚至全国的楼市一片哀鸿。当时张宝全倾力打造的苹果社区，经过前期的运作，手里已经有了 4 000 个准客户，如果按照“121 号文件”的规定，银行不能办理按揭，就会流失掉很大部分购房者。

在别的开发商还在抱怨国家不该一刀切的时候，张宝全已经想出自己出资为消费者办理按揭的办法了。这些年今典一直靠自有资金滚动发展，账上有的是现金。钱放在银行里，只有不到 2% 的利息；如果提供给消费者，即使贴上 1% 的利息，也有利润可赚。对消费者而言，也能得到实惠。因为真要等到封顶再买，房价已经涨上来了，每平方米至少要多付 500 元，一套 100 平方米的房子就要多付 5 万元，而现在只需付 2 000 元利息，就可省下这 5 万元。

张宝全拿出 2 亿元资金，委托工商银行为购买苹果社区的消费者提供卖方信贷，也即后来被媒体和金融界一再关注的“苹果消费信贷”。之所以是 2 亿元，一来能够基本满足封顶前购买苹果社区的购房者，二来又巧妙地设置了一个门槛，让其他房地产商很难跟进。“当时全北京能够拿出这笔钱为消费者办理按揭的开发商不会超过 10 家。”张宝全说。

市场再次给了张宝全丰厚的回报。苹果社区在没有封顶的情况下持续热销，张宝全的名字和金融创新一起频频出现在各大报刊的醒目位置……事后，张宝全“坦白地”给记者算了一笔账：“其实办理这种贴息按揭，根本不需要 2 亿元，有 2 000 万元的资金就足够了。你想，买房者办理按揭贷款时，资金并没有流到买房者手中，而是左手借给购房者，右手又通过卖房从购房者手中收回了钱。这样不停地倒手，每一次都赚取利息，而业主获得房价优惠，银价也赚取了手续费，这是三赢。”

（四）“一流的企业做标准”

在北京的房地产商里，张宝全开发的楼盘不算多，但他推出的楼盘，必定推一个火一个。有的时候，下面的人来跟他说：“张总，趁着这几年形势好，咱们是不是多上几个项目？”张宝全摇摇头，说：“我只做中国最好的房地产商，不做最大的。”

“当年我在海南的时候，和别人交换名片，接过来一看，上面密密麻麻写满了头衔，好像全世界都有他的公司。现在这些人的公司早已经销声匿迹了。一个成熟的企业家，应该按照自己的节奏去做事，而不要受外在环境的影响而变得浮躁。”

张宝全固执地坚守着自己做人做事的原则，以艺术家的气质一路我行我素。他毫不掩饰自己采取“保守战略”。然而，这个自诩为“保守派”的地产大佬，2004 年却一边“轻松地做着北京地产界的看客”，一边不动声色地完成了一件惊天动地的大事。

张宝全曾经有过一次体面的失败。

当年，他还在开发空间蒙太奇大厦。事业走上正轨的他，心中做电影的梦想又开始蠢蠢欲动起来。时值网络经济正热，张宝全便动起了网络数字电影的脑筋。他把空间蒙太奇大厦按照工人机房的标准设计，这里的楼板承重标准每平方米高达 1 100 公斤，而普通写字楼承重只需要 220 公斤。

“那时候我们光缆都铺了，设计了外墙屏壁，最花钱的就是对电的预留。因为机房控制中心必须有自发电，断电恢复不能超过零点零几秒。”

但张宝全很快发现他的网络数字院线在安全、发行、防盗版及成本控制等环节，遭遇到越来越多难以解决的问题。

2001 年，美国网络泡沫破灭。张宝全趁机给自己一个台阶，体面地结束了这次尝试。

世间之事，往往不经意间自有因果。张宝全的这次“尴尬的失败”，几年之后却成了他另一次成功的开始。

2004 年 6 月的一天，张宝全接到以前做网络数字电影时一个老部下的电话：“张总，有一个 EVD 技术，你一定会感兴趣的。”并约好和技术的所有者北京阜国数字技术公司总经理郝杰面谈。

一个星期天的中午，张宝全和郝杰约上吃饭。为了说服张宝全，郝杰足足准备了一个晚上，第二天见面还特意带了一个 EVD 一体液晶电视。但真正见面时，郝只讲了不到 10 分钟就被张宝全打断了。

“今天对你对我都是十分重要的一天。”张宝全高兴地说。赫杰一脸茫然。在此之前，他已经见了不下 20 个投资商，但都没有结果。事后张宝全说，EVD 技术把他 2000 年做网络数字电影遇到的问题全部解决了。

比如防盗版，EVD 通过 168 位加密，如果用 1 500 台奔四电脑，算一年才能把它一个加密分支解开。而且 EVD 是在软件和硬件、芯片上三重加密，即使是电脑黑客也很难攻击。另外，EVD 不对 PC 开放，除非有内置 EVD 芯片才能通过电脑看 EVD，这也堵住了一大盗版渠道。

比如视听效果，EVD 清晰度比 DVD 高 5 倍，最终输出效果达到 207 万像素；声音解码优于杜比技术，能够同时、完整、清楚地将高保真和环绕声还原出来。

更令人张宝全激动的是，EVD 技术的成功研发，让中国家电行业第一次在技术上领先日本和欧美等发达国家。它的成功将逐步取代 DVD 碟机，并最终结束中国碟机企业每年向国外企业支付几十亿元人民币专利费的历史！张宝全兴奋地感到，一个 EVD 标准不但打通了他的数字影院帝国之路，更激活了他产业报国的夙愿。商人的敏感和艺术家的浪漫让他隐隐约约地感觉到，一个全新的商业模式就要诞生了！

2004 年 7 月 8 日，在 EVD 标准公示当天，今典集团便投入 2 亿元资金，与阜国合资成立“今典环球”，张宝全占 80% 的股份。张宝全雄心勃勃地表示，他将尽全力把今典环球打造成“全球唯一的 EVD 内容供应商”。

按照《国家标准化法》，EVD 标准在公示一个月后，如果没有异议，信产部就正式确认其为行业标准。然而张宝全没有料到的是，EVD 成为国标的道路却是如此漫长，一拖就是 230 多天。

“因为没有标准，一些假高清也称自己的碟机是高清的，不仅混淆市场，消费者也跟着受害。”尽管事情已经过去，一直举度从容的张宝全，仍然有些抑制不住的激动，“EVD 的清晰度达到像素是 200 多万，而另两个是 37 万和 69 万像素，这有可比性吗？我们真正的竞争对手是日本的蓝光 DVD 和 HD-DVD，形象地说，我们是和国外企业在进行场地汽车赛，现在忽然跑出来几辆摩托，你说这叫怎么回事?!”

在此之前，仅仅就市场知名度而言，EVD 似乎并没有太大的优势。

“阜国的这一帮人都是科研出身，非常敬业，对市场运作却并不在行。他们长于埋头拉车，却不善于抬头看路。所以我进入后，首先从媒体舆论上正本清源。”张宝全坦言，“市场经济时代，酒好也怕巷子深。”

2005 年春节，张宝全“脾气一上来”，放出话说，如果再不就标准之事给一个说法，他将联合 EVD 阵营的各大企业状告信产部不作为。张宝全清醒地看到，尽管目前和日本的两家竞争对手相比，EVD 在价格和产业化程度都有明显的优势，但一旦对手赶上来，不但自己投进去的 2 亿元颗粒无收，中国高清碟机企业亦将重蹈 DVD 的覆辙！事已至此，“如不成功，只有战死”。

好在 2005 年春节刚过，信产部就正式宣布 EVD 为行业推荐标准。

张宝全的 2 亿元豪赌，终于以全胜而告终。名正则言顺，言顺则势起。

2005年，怀揣着做“全球唯一的EVD内容供应商”的梦想，张宝全再次重拳出击，联合保利地产，斥资30亿元，在全国组建10万家高清数字电影院线……

陈智:“中国MALL第一人”

1990年，24岁的陈智决心放弃“铁饭碗”做个体户，全家人热情支持，凑了10万元交到他手里。几年后，人们才为这种日渐流行的举动取名为“下海”。当时的深圳，零售商业尚处于“原始状态”，传统百货商场一统天下。尽管隔岸就是购物天堂香港，却没人去追问那边的人们在怎样做买卖。陈智开始做服装专卖店，这是特区的财富魔方。

(一)幸运者的秘密

著名奥地利作家茨威格有言:“一个人生命中最大的幸运，莫过于在他年富力强的时候，发现了自己生活的使命。”从这个意义上讲，38岁就跻身“2004胡润零售富豪榜”的陈智，拥有当下财富的幸运，多少有些得益于昔日“幸运之神”的眷顾。

陈智1966年生于广东湛江，家中有一个哥哥和三个姐姐，自己排行最小。家务诸事皆有兄姊担纲，而全家人最大的期望就是聪明的老幺要立大志，做大事。

18岁时，陈智考入广东省商业学校。闲入图书馆读书，一本可口可乐的传记，轻松地激起了他“生为男儿当如此”的少年激情。

1988年毕业，陈智被分配到深圳，进入当地最大的商业集团做会计。这个时期的陈智有一大烦心事和一大开心事：烦心的是财会部有九女一男，堂堂男儿和九名女士在一个部门争上游；开心的是全家人此刻都已迁至深圳，自己每天十分惬意地享受着家的温馨。

有时候，家不仅能带给人温馨，而且还是成长的后盾。1990 年，24 岁的陈智决心放弃“铁饭碗”做个体户，全家人热情支持，凑了 10 万元交到他手里。几年后，人们才为这种日渐流行的举动取名为“下海”。

当时的深圳，零售商业尚处于“原始状态”，传统百货商场一统天下。尽管隔岸就是购物天堂香港，却没人去追问那边的人们在怎样做买卖。

陈智追问了一下，发现专卖店大有搞头，很快就在罗湖开了一家 100 多平方米的服装专卖店。这是创业的梦幻时光，这是特区的财富魔方，人们眼花缭乱，唯恐抢购太慢，仅仅一年之间，陈智就暴赚 100 万元。

开门大吉的陈智开始不断试探自己的商业潜能。1992 年，专卖店业态开始火遍深圳，单店利润下降。陈智决定升级自己的生意，从服装专卖店到布料及服装专业批发市场。“市场”的号召力显然大过了“店”，又正赶上广货流行，全国人民都到深圳批发布料服装，批发市场的租金一夜飙升，陈智被送上了另一艘财富巨轮。

当“市场”泛滥起来，陈智决心再次升级，在深圳华强北路开了一家面积数千平方米的电器专业市场，称为“国际电器城”。“城”的号召力又大过了“市场”，再加其“走一家、选百家”的购物便利，一炮而响。很快“城”的概念开始从这里蔓延到全国，直到出现海鲜城、洗脚城，令“始作俑者”陈智哭笑不得。

1994 年，“每次都能赚到钱”的陈智攀升到了他作为一个“机会生意者”的巅峰。这年 7 月，后来成为深圳零售业旗帜的万佳百货紧挨着国际电器城开业。开业当天，客流汹涌而至。当晚，万佳百货的经理激动地对陈智说：“你知道我今天的营业额是多少吗？ 32 万元啊！”没想到陈智反应平静：“你猜我们电器城仅一层的营业额是多少？ 70 万元！”

看到“国际电器城”生意火爆，马上有人搞了个“国际电子城”；很快，更多的“电器城”像雨后的蘑菇一样疯长出来，而且位置更好、面积更大。为了应对竞争，陈智刚想出一些新招数，对手过来转上几圈，就照搬而去。

就这样历史再次轮回，客流被稀释，营业额开始下滑……

“更早、更用心”，正是这一类的原则推动了陈智的原始资本积累。但他的困惑也与日俱增：专卖店也好，批发市场也好，电器城也好，再好的生意都只有几年的兴旺，原因何在？当然是门槛太低，“一点技术含量都没有”。那么有没有一种门槛和技术含量都很高的商业业态呢？

1995年，陈智去了美国。在这个发达的商业王国里，他发现一种叫“MALL”的购物中心竟是如此大行其道。陈智顿时明白了自己下一步的商业机遇和使命。

1996年，陈智果断放弃“国际电器城”，第一个在国内引入MALL概念，打造综合性休闲购物中心。这一年，陈智三十而立，进入一生中最为年富力强的黄金时段。

（二）中国商业维新最后一棒

翻检中国商业零售史，可以发现，陈智基于个人发展的困惑和求索，对于国内零售业还有着特别的含义。

20世纪90年代，正是我国零售业面对随时可能“入侵”的国际对手，试图“维新图强”，从传统业态艰难蜕变的10年。1990年，东莞美佳超市迈出超市连锁经营的步伐，紧接着，深圳万科也开始了自己的“新商业试验”。

而万佳百货正是深圳万科开拓连锁零售业的主力军。1992年到1993年，它先后在深圳、乌鲁木齐、武汉等9个城市投资传统百货商店，但在短短的一年时间内纷纷败北。

痛定思痛，万科管理层开始了对零售业的全面反思。1993年，万科考察团去了美国，专门参观了沃尔玛等被称为“新业态”的零售企业。董事长王石感触很深，回来后就把“平价大卖场”确立为万佳新的发展方向。

1994年万佳平价百货在华强北的成功，正是对这种业态生命力的第一次释放。之后，万佳开始了连锁之路，1996 年在深圳开出第二家平价百货。但正是这一年，沃尔玛进入深圳，揭开了跨国零售巨头大规模登陆中国大陆市场的序幕。随后会员制购物来了，随后仓储式购物来了。

国内现有零售企业中的每一种业态，几乎都遭遇了颠覆式的观念、操作和利润冲击。

就是在这种背景下，做过零售和商业物业运作、有着“综合视角”的陈智，带着成长中的困惑来到了美国。他比王石去得更晚，但“舶来”的东西更超前。

随着 2000 年铜锣湾 MALL 华发北店在深圳的开业，连锁超市、平价大卖场、仓储式购物和 MALL 相继出现在中国。经过美佳、万佳和铜锣湾等“多棒接力”后，中国商业零售业单从业态种类而言，终于在 10 年内追平了国际水准。

从这个意义上看，是陈智和铜锣湾接过了“中国商业维新的最后一棒”。

然而这一棒的命运如何？它能够应对即将到来的跨国 MALL 大军吗？

（三）布道客

1997 年，是陈智最愁苦的一年。他在各种场合向别人讲起 MALL，自己激情飞扬，手舞足蹈，闻者却一脸茫然：“你说的到底是个什么东西？”那时，就连公司的高层对所谓 MALL 的知识也是一知半解，其他人当然更是如闻天书。

不过他依然固执地以一己之力来进行着整个行业的启蒙运动：积极参加各种交流，利用每一个机会，见人就“MALL 来 MALL 去”；讲完后，生怕别人不理解，还要送给对方一套有关资料。

“我到夏威夷考察过很多次，当地有 70 万人，大型的 MALL 就有 15 家，除此之外，其他的商店很少。目前，MALL 的销售额已经超过美国社会消费品零售总额的一半。休闲式购物是社会零售业发展的必然趋势，美国如此，日本如此，澳大利亚如此，将来的中国肯定也是这样！”

慷慨激昂的现身说法丝毫无助于消除人们的狐疑——在深圳这个地方，各种时髦的概念满天飞，又有几个能成正果？美国人能走的路，谁敢保证中国人也必定能走？

预言未来的最好办法就是把它创造出来。1997年，陈智租下华发北的三幢厂房开始了“造摩行动”。此时，他收集的国外资料和前期的规划、设计图，摞起来足有1米多高。当“铜锣湾”从600多个备选名字中脱颖而出时，MALL也在中国的商业户口簿里第一次落了户。

经过3年的筹备，铜锣湾广场华发北店于2000年底开业，一亮相就给深圳市民带来全新的消费体验。6.5万平方米的营业面积里分布着百货、超市、运动营、名店坊、会所等功能，在传统百货商店只能购物的消费者在这里找到了泡茶馆、做美容、读书、攀岩、打球等多种乐趣。

“铜锣湾为消费者提供的是一种文化环境和现代的生活理念，让顾客以同样的消费值却享受更多的消费服务与心理服务。”

“快乐就是购买力”，陈智开始用这个简单有力的句式诠释他的“MALL购物理念”。

为了让顾客快乐起来，店中特意在一楼辟出1 000多平方米的中庭，不断邀请娱乐界当红明星和艺术家来举办演唱会、见面会和各种展览。为此，铜锣湾还成立了一家专业的演出公司，至今已经得到了100多位演艺界明星的支持。为了让顾客快乐起来，这里多了传统商店不曾见的休闲椅、景观、雕塑，挤满货的“卖方空间”变成了通透的“买方空间”。

华发北店迅速火了起来，暴涨的人气很快吸引来了多家大型百货商店和几十家餐饮店。一年内，这条工业区的冷僻小路便发展成面貌一新的繁华商业街，物业出租率由原来的不足40%猛增到90%以上，租金大幅上升，经济总量和税收提高了几十倍，让政府有关部门喜出望外。

人们不再怀疑MALL的生命力，前来“取经”者络绎不绝。半年内，30多家MALL在珠三角和全国各地挂牌，这个数字又很快在几年内像爆米花一样膨胀到了几百家。

这些，他都料到了。“30岁后我告诫自己，你的眼光管不了5年以后怎么做产业。”这是儒雅、谦虚蕴藉的陈智在采访中对我们说的最有激情、最自豪的一句话。终究有他眼光“管不了”的事情，就是那些才改名字没几年的“海鲜城”，很快又以“海鲜MALL”自居了。

尽管华发北店取得了轰动性的成功，但这个脱胎于原有厂房的MALL还是留下了难以弥补的遗憾，不仅面积不够大，而且许多精彩的构想均无法实现。

2002年8月，铜锣湾广场华侨城店的开张，弥补了陈智的遗憾。华侨城店称得上是一家国际标准的景观式购物中心。铜锣湾百货、沃尔玛购物广场、易家俬家具广场、顺电电器城等主力店，以及6个室内景观中庭，16处中西餐馆配套休闲设施的和谐组合，在业态上比华发北店迈进了一大步，也标志着陈智对MALL的运作手段已然纯熟。

扎稳了马步之后，陈智终于站到了通往全国MALL连锁的宏伟台阶上，对此，他渴望已久、豪情万丈。

（四）求解扩张难题

陈智有一半的时间在出差，有时一天内就会出现在3座城市的机场，极少连续几天睡在同一张床上。每次出差，他最喜欢的就是买书，走到哪儿，买到哪儿。有些书想读的时候又不在手头，陈智还会先后多次购买同一本书，一本放在家中，一本放在办公室，一本放在车上。

在通往全国连锁的路上，面对迎面而来的困难，陈智只有不断地学习。

铜锣湾迈出深圳的第一站是珠海。这两个城市之间，走高速公路要一个半小时，乘船只需40分钟。然而对于铜锣湾来说，从深圳到珠海，理想的脚步才挪出一小步，现实的难题却来了一大堆。

首先是家在深圳的管理层，听说要去珠海，高呼“好远哦”，不愿去。如何把一支“地方部队”锻造成驰骋全国的“商业军团”，是陈智面临的第一个考验。

“一辈子待在深圳，做驾轻就熟的事情，怎能攀升到更高的事业平台?”他不断地把一个又一个有潜力的人“鞭策”出去，让他们“出门才知天地宽”。而被拓宽的天地又进一步点燃了更多年轻人的激情。

但随着铜锣湾在各城市的快速扩张，从总部向外输血的办法愈发显得杯水车薪。陈智开始招募各地的零售人才，并很快发现了一个有趣的现象——他们受我国台湾地区和日本式的营销套路影响非常深，睁眼闭眼想的都是“顾客购物满100元是送20还是送30”的问题。陈智不得不在每次培训上把MALL的经营理念、文化营销、快乐就是购买力的理论不厌其烦地一讲再讲。

2003年1月，筹备组3个通宵的连续忙碌，终于迎来了珠海店的开业。欣喜还没过，麻烦就来了——竞争对手公然把车堵在门口，不让商场车进出，一些同行甚至要对铜锣湾进行集体封杀。

面对问题，陈智想得更远：为什么本地优秀的零售企业屡屡迈出深圳就惨败而归?铜锣湾的遭遇是在珠海的偶然，还是在其他城市也会遇到的必然?

一番反思之后，陈智明白了，问题出在珠海店的独资模式上，地域性极强的商业零售业缺乏“地方配合”，在本土保护主义面前，多半只能举白旗投降。吸取这次教训，铜锣湾新的连锁计划中，每次都是首先争取当地政府的大力支持，并选择当地足够强势的合作伙伴。

在克服了这股摩擦力之后，陈智发现铜锣湾距离自己的理想越来越近。

截至2005年，国内各地上马的MALL多达百余家，但运营商们往往都局限于一隅，被手头的几个项目“深度套牢”。而唯有铜锣湾“快马轻刀”，以旋风般的速度进行着全国性布局。

铜锣湾的奥秘在于它独特的商业模式选择。

MALL是一个专业而复杂的系统，除了房产开发，还涉及定位、招商、功能区规划、系统管理、业主品位筛选等各方面的整体融合，跨足36个行业，其运营比单纯的物业或纯粹的百货商店要复杂得多。

国外运营商运作MALL，总是一板一眼，先从买地开始，设计、规划、施工、招商，一个项目少说也要5年。最近几年，随着商业地产概念的走红，国内许多实力雄厚的房地产开发商也纷纷涉足MALL，基本上就是照搬了国外的模式。

这种标准模式看起来理所当然，但弱点是致命的：一是投资太大，一个MALL动辄投资十几亿甚至几十亿元；二是周期太长，实现盈亏平衡至少要5年，要收回全部投资就得十几年甚至几十年。

要让MALL在全国连锁，没有比尔·盖茨的钱袋和愚公移山的耐心，谁都投不起，谁也等不及。

“所有的开发都要我做，做一个就头破血流了，我这一辈子能做成三个就不错了。”陈智决定给这个行业换种“玩法”——每个城市都不缺在建和建好的商业地产，而合理规划、快速招商，最终为MALL带来人气和客流的专业能力才最稀缺。

很快，开发商们发现，坐在谈判桌对面的陈智尽管资本实力不如自己，却比自己还“牛”：“商业地产要求独立一栋或度身定做，首层必须高过58米，给人以通透感；层高不要超过3层，逛起来方便；而且要有足够共享空间、景点……否则免谈合作。”

同时，他们也发现陈智是如此不可拒绝——把MALL交给铜锣湾规划和招商，5个月就可以搞定，而自己做却要足足2年，光是时间成本就价值几个亿，更不要说铜锣湾带来的人气效应对房价地价的提升。

因此对陈智提出的在强弱电设备、装修、品牌推广和租金方面给予优惠和支持的要求，开发商往往把算盘简单一拨便爽快答应下来。

就这样，陈智找到了一种轻资产经营、低成本扩张的模式，这也几乎是MALL在中国实现快速扩张唯一可行的路径。

在这种模式下，投资额大大降低，同行运作1个MALL的资金，陈智运作5个都不止。原本需要10多年的投资回收期，现在被缩短到了平均18个月，而铜锣湾在华侨城和广东阳江的投资，更是不足一年就全部收回。

找准了方向，铜锣湾越走越快，越走越顺：公司对MALL的规划、设计、创新能力越来越强；供应商资源越来越丰富，遍布全国各地；根据市场需求变化调整货品种类所需要的时间越来越短；信息化软件进行着精准的商业数据采集，决策信息越来越丰富、可靠……

这些，又让陈智成为更多大型房地产企业的座上宾。2004年，做零售的陈智竟被评为“中国房地产业十佳商业地产领军人物”，“跑龙套者”跑成了拿大奖的明星，堪称零售业一大奇观。

陈智的心情因集团的顺利布局而舒畅起来：“目前，国内和铜锣湾相提并论的对手还没有，未来几年可能会有，但不会太多。这个行业的机遇、资本和操作门槛都比较高。就算营造适应MALL业态的企业文化，一般企业短时间内也难以速成。”

在铜锣湾的布局中，有个特别的现象：它不仅进入了北京、深圳等一线城市和兰州、长沙、重庆、成都、厦门等二线城市，就是对唐山、株洲、常德、北海、金华、烟台、开封、芜湖、嘉兴等被认为商业土壤贫瘠的三线城市，一样泛应曲当。

陈智看来，GDP达到350亿元、人口超过50万的城市就有能力容纳MALL。在这样的“准星”下，至少有数百个城市能成为铜锣湾瞄准的金矿。

在河北，唐山的经济发展程度直追省会石家庄，但零售业却非常落后，像样的商店只有一个唐山百货大楼，年销售额却有12亿元之巨；在华东，许多不起眼的中小城市的GDP都超过了1 000亿元，但都是现代零售业之光未曾照亮的地方。

一个很显然的疑问是，商业嗅觉同样敏感、资本实力更加雄厚的沃尔玛等同行，何以会对铜锣湾在这些城市肆意跑马圈地而无动于衷？

根源还是在于不同的扩张模式。对于沃尔玛、家乐福等大卖场，扩张的核心在于配送，“兵马未动，配送先行”。因此，把配送作为核心竞争力并牢牢掌控自己手中的连锁大卖场，总是选择物流和交通都发达的二线城市，要进入三线城市，由于配送半径的限制，稍有不慎便会“规模不经济”。

也正是这个原因，已经进入中国大陆近 10 年的沃尔玛，2004 年 9 月才开始在云南玉溪第一次“试水”。

而铜锣湾选择的是招商模式，众多供应商及其经销商的网络几乎覆盖着每个城市的每一条商业街道。不管铜锣湾在哪个中小城市“竖起大旗”，他们都能短时间内下聚拢而来。三线城市对于铜锣湾还有另外一种好处，那就是不仅投资比在大城市要小得多，而一旦进入，铜锣湾就具有独占性。

正是这种“指哪打哪”的便利，赋予了“铜锣湾模式”强大的商业整合能力。

当铜锣湾开到第 7 家连锁店时，公司内部有人高喊“太快”；当开到第 20 家连锁店时，外界纷纷惊呼“疯狂”，而陈智的回答是：“我们距离开到 100 家连锁店的基本目标还很远，必须抓住战略发展期，赶快上规模！”

所以，手握 100 多个城市政府和地产开发商邀请函的陈智，无法不升起打造“铜锣湾 MALL 帝国”的野心。

（五）个性化生存的通路力量

中国的零售市场之大，让人垂涎欲滴。

沃尔玛来了，家乐福来了，全球 50 家最大的零售商，已有 40 多家“光临”中国，缘何他们的兄弟——国外众多著名的 MALL 运营商连一个都不曾在中国露面？

当记者把这个问题抛给陈智，他沉思了一下，说：“这是个好问题。”

这也是他决定做 MALL 的“元问题”：“以我们对零售业的了解，完全有能力做超市、便利店、大卖场，为什么偏偏对 MALL 这么情有独钟呢？”在陈智看来，超市、便利店和大卖场提供的核心价值不外乎便利、便宜和货品丰富，商家都使用一个标准化的操作模式，相互比拼的是管理水平、人才、采购能力、物流配送和资金实力。这些“武装到牙齿”的国外对手，必将给我国的零售企业带来堪称致命的巨大冲击。

“现在他们已经很有优势了，然而还没有完全发力！3 年内，国内的同行肯定要被淘汰一大批。”这似乎绝非陈智一人的危言耸听。正如商务部一位领导所言，谁控制了一个国家的商业流通业，谁就控制了它的经济。事实上，各界有识之士对零售业可能“尽丧敌手”的担忧，从来就没有停止过。

但对于 MALL 来说，竞争却是另一种格局。

“要成功运作一个 MALL，必须对当地的消费习惯非常了解，个性化非常强，不可能用标准化程序去操作。比如，哈尔滨人讲究穿，大街上骑自行车的人往往穿着几万元的貂皮大衣；而南方人则看重吃，在广东你会经常看到有人开着雷克萨斯，穿着背心和拖鞋，在街边鸡毛店停车吃炒粉。所以，要在南方搞 MALL 就要加大餐饮的比例，而在北方就要加大服装百货的面积。诸如此类，很多细微的个性化差别，国外资本不是短时间内可以看明白的。

“另外，国外运作 MALL 是先从拿地开始，而目前我国大多城市对外资企业的土地出让都有诸如听证制度等各种障碍，因而，国外的对手在短时间内进不来。我们要抓住战略发展期，尽快做大规模，形成强大的本土通路优势。”

本土通路意味着什么？陈智将话题转向“拉美化危机”。他认为，拉丁美洲地区最大的经济悲剧就在于没有自己的品牌，品牌是一个国家经济的脊梁，而通路则是品牌的资本。“不久的将来，一个默默无闻的地方品牌进入铜锣湾，一夜之间就可以在全国数十个城市落地，成为走向全国乃至觊觎世界的大品牌，这是一种怎样的价值？”

陈智的发问，令他看起来有一种精神的光辉。

刘汉元：农业大家的诞生

1994 年，全国市场在通货膨胀的拉抬下如火如荼，鱼价再次暴涨。刘汉元看准机会挥师北上，将集团公司迁至成都高新区，然后将成都水产业的人才悉数招至麾下，进行了现代企业制度的改造。这一年，集团营业额激增至 4 亿元。

（一）通威开始变得像一个谜

当记者带着种种疑问进入通威，才发现通威无故事，才发现通威之所以默默无闻，之所以“一夜暴富”，是因为它一直用一种异常低调的姿态匍匐在大地上，支撑着中国农民最质朴的致富愿望。这是一种对理想的坚持，也是一种生存的哲学。

通威因此而强大。

走出通威，记者想到了八个字：沧桑历练，生命不语。

一个人的一次偶然错误改变了一个行业的命运。

1983 年秋天，四川眉山县（今眉山市）永寿镇。一个 19 岁的年轻人捏着一份报纸站在永光电站尾水渠边发愣。望着粼粼波光，联想到报纸上说的日本集约化养鱼技术，他在想，能不能在家门前这条小河沟用网箱来试一试？

他叫刘汉元，从水产技术学校毕业不到两年。至今刘汉元对此仍耿耿于怀：“从小酷爱电子技术，却阴差阳错地选择了水产，这是个极其偶然的错误。”

那时，物资极度匮乏。吃鱼是全国人民节日里的奢望，市场总是供不应求，价格也高出猪肉数倍。刘汉元知道，谁拥有先进的养鱼技术，谁就会拥有财富。

他决心做一回试验，“电站沟里搞网箱养鱼？简直是妄想吃汤圆!”面对乡长的嘲讽，刘汉元申请500元贷款的努力竹篮打水一场空。

政府不支持，刘汉元只好向父母求助。父母流着泪，将家里仅有的500元钱交给儿子。那一瞬间，一种对失败的恐惧突然压在了刘汉元心中。同时他隐隐意识到，也许这份沉重就是自己终生的事业了。

1984年春天，他建起了一个64平方米的金属网箱，投入了185公斤鱼苗。

1984年秋天，刘汉元的网箱产鱼1 390公斤，折合亩产1.5万公斤，创造了四川历史上单位面积养鱼的最高纪录，并且赢利1 950元!

1985年秋天，刘汉元发明的“渠道金属网箱式流水养鱼技术”正式验收之时，早已对刘汉元寄予厚望的方圆10多千米的农民闻讯而来，四周的山坡站得人山人海，上千双眼睛齐刷刷盯着水中的网箱。网箱渐渐收起来，一条、两条……越来越多的鱼在水面翻腾跳跃。结果又是一个创纪录的数字，亩产达到史无前例的3万公斤！亲临现场的四川省水产局局长、南下干部杨全成从未见过这么多鱼，激动得跳了起来：“我们要将这个技术像老母鸡带小鸡那样，在全省推广带出一窝，带出一片!”

之前将信将疑的农民们更是激动不已，山坡上一阵骚动，人们踩着庄稼奔拥而下，围着刘汉元要求传授技术。

当年，该技术获得“四川省水产科技进步一等奖”；1986—1988年，连续三年被列入国家级计划，向全国推广。“星星之火，可以燎原”，从那以后，每年有5万～8万名来自全国各地的农民、技术员、党政干部来此参观学习。

年纪轻轻的刘汉元就这样成功了，一个行业的命运就这样开始被改变。

（二）角色转换：刘氏快速致富法则

刘汉元找到了那把开启生命之门的钥匙。

“为什么没有成为养鱼大户?”面对记者的提问，刘汉元眼中闪过一丝睿智的微笑。

首先，1985年底《专利法》开始实施，而此时刘汉元的技术在川西几乎已是家喻户晓，如果刘汉元申请专利，他将无法在广袤无比、难以控制的农村获取专利的效益；其次，刘汉元去养鱼，他将很快淹没在千千万万养鱼户中，最终必然“泯然众人矣”。那么，如果能控制生产链条中的前端，所有养鱼户都将成为自己的利润源。

早已把这一切看得清清楚楚的刘汉元，唯一的秘密和唯一的选择是——为农民提供他们无法生产的饲料。就这样，刘汉元及时进行了产业转型：“就让所有的农户都用我的方法去养鱼吧。”

从某种意义上说，刘汉元的养鱼技术是一个催化剂，一个噱头。他用长达3年的时间成功激发了市场的热情，然后抽身而退，去为市场提供必不可少的营养。刘汉元说：“占领资源就占领了市场。”这看上去有点像个“阴谋”，但市场的选择必然如此。

1986年，22岁的刘汉元利用几年来养鱼和手工生产鱼饲料积累的资金，建起了西南地区第一家集约化鱼饲料加工厂，取名“科力”。工厂一投产，市场立即出现供不应求的旺销景象，远近养鱼户蜂拥而至。

也就是从这一年起，刘汉元开始将工作重点转移到对饲料转化效率的研究和对动物生物化学的研究上。他有一个最基本的认识：降低成本就能赚大钱。

当时，每3—3.5公斤饲料能让鱼长1公斤，刘汉元认为这是浪费。他和技术人员投入了大量的精力进行研究，到1990年，每公斤鱼的饲料转化降低到1.1—1.5公斤！成品鱼的品质已与自然鱼相差无几，体脂比重从1986年的15%—30%降到10%。

整整4年时间，刘汉元没做其他任何事情，但科力饲料的科技含量在国内已是遥遥领先。

鱼的品质一提高，养鱼户对这种饲料的需求就与日俱增，而成本的降低更使刘汉元的利润暴增。1991年，不到30岁，长着一张娃娃脸的刘汉元已成为闻名遐迩的千万富翁了。

1992 年，刘汉元顺势而上，在眉山县建起另一座现代化饲料工厂，取名通威饲料有限公司。开工那天，刘汉元邀请远近父老乡亲前来参观，他们亲眼看到一袋袋鱼饲料像河水一样源源不断地流下生产线，流进大卡车和拖拉机车厢里。有位老人从早数到晚，他惊喜地告诉别人：“那一天，饲料装了足足 100 多辆汽车和拖拉机。”

自此人们再也不用排队买鱼饲料了，仅眉山一个县就有 10 多万人走上了养鱼致富的道路。

同年，全国各地上门参观者络绎不绝，而且强烈要求刘汉元前往各地合作办厂，这些企业有国有的、有集体的、有私营的，广布于永川、绵阳、涪陵、淄博等地。刘汉元又惊又喜，哭笑不得，只好在这一年的 9 月 20 日成立了通威集团公司。

1994 年，全国市场在通货膨胀的拉抬下如火如荼，鱼价再次暴涨。刘汉元看准机会挥师北上，将集团公司迁至成都高新区，然后将成都水产业的人才悉数招至麾下，进行了现代企业制度的改造。这一年，集团营业额激增至 4 亿元。

但是，这时的通威仍然是低层次的、粗放的。通威面临着危机。

（三）强化管理：0.9 的 10 次方是多少

刘汉元有一句惊人之语：“国企是等死的，民企是干死的。”

企业的疯狂往往源于老板的幼稚和冲动，而疯狂之后往往是死亡。

通威已经从少年进入成长的青春期，它积蓄多年的力量在市场的呼唤下已经快要喷薄而出。

但是，刘汉元却强行放慢了通威前行的步伐。促使刘汉元冷静思考的，有一个至今鲜为人知的原因。

1995 年，从无败绩的刘汉元捏着数亿元资金，产生了多元化冲动。心灵深处对电子技术的痴迷，最终让他相中了德国一家处于停产状态的电脑芯片制造厂，投资5亿元，可实现控股。就在刘汉元殚精竭虑、鞍前马后调动资金之时，对方发来消息：国际政治风云突变，合作停止。

多年的夙愿以失败告终，刘汉元痛苦得脸都变了形。他躲在家里反思，究竟该怎样看待这件事？善于思考的刘汉元渐渐清醒过来：其实，走出国门，才发现自己原来是井底之蛙，原来自己弱小得简直不足挂齿：国际大企业的多元化一定是建立在主业做到行业领先的基础上，而且经营管理做得无可挑剔。再看看自己，国内绝大部分市场尚未进入，企业的经营管理还有相当多的缺陷和漏洞。

国内尚未做好，谈何跨国经营？

刘汉元突然意识到自己已走到了一个深不可测的悬崖边缘。此时，他感到庆幸，“塞翁失马，焉知非福”，芯片计划的意外失败，及时对自己的贸然多元化敲响了警钟。

刚刚浮出水面的通威再次潜入深海。怎样才能将国内市场做得更好？刘汉元决定暂缓扩张，完善管理。

1996年，通威开始追求一种积极稳妥的安全经营策略。刘汉元对员工们分析道：“1996年货币通胀被抑制，全行业有转跌之势，此时放慢速度、降低运作成本是最好的自我保护；同时前两年扩张太快，管理亟待完善。因此，我们最大的发展问题不是资金，而是是否有足够完备的管理体系、管理团队和规章制度，对跨地区集团化经营形成有效的管理。”

“犹如举重运动员，他要举起相当大的重量时，自己必须有足够的重量；又如射击比赛，决定胜负的是运动员的心理素质而不是技术。与之相对应的，是企业的管理水平与文化内涵。必须在下一次全国扩张之前百炼成钢！”

1996年，刘汉元拒绝了所有扩张的诱惑，潜下心来进行企业管理和文化思想建设。

这一年，通威在全国饲料行业第一个通过了ISO9002质量认证体系。

这一年，刘汉元开始对企业的CIS形象进行全面推广。

这一年，刘汉元总结出了自己的企业文化：通威为贫穷人群的致富理想而奋斗，所以要“诚信正一”；要真正地去热爱我们的农民，所以要真诚；企业要做大，所以要讲信用；通威承担着社会责任，所以要有一股凛然正气；而“一”是对工作精益求精的追求。对此，刘汉元有着精彩论述。

“0.9 的 10 次方是多少？”他在大会上给员工出过这样一道算术题。他进一步阐述道：“大公司处理一件事或解决一个问题时，往往不少于 10 个环节，假如每个环节都做到了 0.9 分，表面看不错，但企业运作不是环节的简单相加，而是复杂的乘积关系，因此最后结果是连及格都达不到的 0.35 分！如此一来，企业运作必然面临困境。大企业运作漏洞百出，从理论上说就是这个原因。”

面对这个触目惊心的数字，通威在尽一切努力追求“一”。事实上，满分不可能，那么就砍掉中间环节，以团队为作战小组和学习小组，进行扁平化管理。

通威就这样坚持“诚信正一”的文化理念，将企业踏踏实实做到了今天。

到 1998 年，蛰伏了整整 3 年，对企业转钉敲角、查漏补缺的刘汉元，清楚地感觉到自己已把握住了市场经济的脉搏。低层次粗放经营的通威也渐渐被打造得具有大企业气象，管理层思想水平提高，管理相对完善，员工充满激情，具有强烈社会责任感。

扩张时刻已然到来。这一年，刘汉元再一次抬起头，开始向全国市场眺望。

（四）全国扩张：吃一个，挟一个，看一个

曾经有人问一位登山家，为什么要登山？登山家想了想回答：因为山在那里。

如果问通威为什么要扩张？刘汉元会回答：因为市场在那里。

扩张是企业的本能，曾经停止扩张是为了将来更好地扩张。1998 年，中国经济在产能过剩中徘徊，全国 13 000 多家饲料企业多数陷入困境，小企业战死沙场，中型企业退守防线，大片大片的市场被“吐”了出来。刘汉元认为，这正是低成本扩张的大好时机。

刘汉元确定了由内向外的辐射式扩张战略："吃一个，挟一个，看一个"。

"吃一个"，就是将已经设立了子公司和生产厂的成熟区域市场精耕细作，做成牢不可破的根据地；同时要"挟一个"，新开辟的市场初步成功之后，迅速跟进设立子公司，实现本地化生产，强化并扩大销售，稳步向"吃一个"转变；与此同时，还要"看一个"，对将要开辟的市场着手规划，一边铺点销售，一边调查研究，再稳步向"挟一个"发展。

三条腿同时走路，轻重缓急各不相同，却能层层递进转化，进可攻，退可守，相互倚重又相互补充。

1998 年 4 月，通威迈出了扩张战役的第一步：沿长江流域挥师东进，出三峡，下宜昌，直逼武汉。但刚进入湖北水乡，就遭遇了当地农户和竞争对手两方面的抵制。

农户说："我祖祖辈辈都在养鱼，我养鱼的时间比你的岁数还长，难道我还要你来教吗?"通威立即采取对策，制订了快速反应的"步兵行动计划"。

一夜之间，通威营销大军就遍布千里水乡的各个角落，他们每个人都是工兵，挨家挨户地对农户进行"攻打"：耐心讲解什么鱼喂什么饲料、什么时候喂哪种饲料、在不同的条件下如何搭配饲料，以及养鱼也有模式、要驯鱼等。他们不但对农户进行售前、售中、售后服务，还进行外延服务，对农户进行不间断的素质培训，讲解商品经济的信息和知识、鱼种的信息和推广、养殖业的未来。

同时，通威还进行免费的"试喂示范"，试喂的突出效果让农户惊叹不已。就这样，当易于感恩的农民们明白通威人的真诚不是表演之时，便掏出了自己质朴的心。

面对记者，通威营销人员对此感慨连连："这就是通威文化中'诚'字的体现，它是一种真正为人民服务的社会化大营销。"这是真正的大公司必须具备的素质，也是其长盛不衰的秘诀。

解决了农户问题，通威却遭到了竞争对手一次比一次猛烈的狙击。

针对不同的竞争对手，通威采取了不同的战术对策。针对正大等全国性品牌，通威进行优势比较。作为全国水产饲料龙头企业，通威每月要改进10种产品的质量，新投产10—15种新产品，而且技术储备已到2010年，显然通威的专业优势无人能望其项背。同时，在刘汉元"同等质量比价格，同等价格比质量"的理论指导下，市场最终发生逆转。

针对地方品牌，通威采取了因时、因地、因人而异的特色营销。开发出适合当地气候、水质、鱼种的产品专供销售，人员、销售实现本土化之后，先进养殖方法的传授带来的立竿见影的效果，便成为一把刺穿地方品牌的利剑。

通威大军所至，无不所向披靡。不久，湖北沙市公司成立，苏州公司成立，市场成功地由"看一个"进入建厂投产的"挟一个"阶段。接着，沅江公司、武汉公司、北京公司、长春公司、广西公司等纷纷成立。

到1999年，通威在保持淡水料扩张势头的同时，又开始关注广东沿海的海水料市场。通威扩张的第二步由此拉开帷幕。

1999年，已开发出海水料的通威在刘汉元的亲自统率下挥师广东。刘汉元知道，广东是全国饲料工业最发达的省份，需求量占全国的1/4，谁占领了广东市场，谁就占据了最大的利润增长点，其中，南海和顺德又是广东的制高点。"伤其十指不如断其一指"，刘汉元决心集中优势兵力打歼灭战，猛攻南海、顺德市场。由于竞争异常激烈，买方市场的形成使全国上百厂家为了进入广东，无不以赊销方式入市。

通威决心一分钱不赊，现款现货。

"你们不赊，就一定会垮掉！"广东商人急得跳了起来，他们想得到通威却又不愿就范于通威，双方斗智斗勇，但决定胜负的却是实力。就在广东商人集体拒绝通威之时，通威以其世界领先的质量取得试喂示范的成功。随后，功能广告铺天盖地而来，电视、墙体、POP小旗、宣件单让当地小学生都耳熟能详，难以招架的广东人最后不得不就范，市场终于被撕开缺口。

2000年，通威在广东的营业额达到3亿元；当年8月，全行业最大的50万吨饲料厂在南海投产；2001年，广东的营业额高达5亿元！在近百种品牌各有份额的市场中，拥有了20%的最高占有率。

2002年，通威在全国各省市都建立了子公司。

（五）市场挖潜：让通威强大起来

通威是怎样强大起来的？

刘汉元认为，前方将士的摧城拔寨并不能让通威变得强大；而通威人在没有硝烟的后方对根据地的深入巩固，才使通威真正变得难以撼动。

“整个通威的扩张，建立在理性思考和相互协调的基础之上”。随着各地子公司的增加，每一个子公司的辐射范围将大幅缩小，现在子公司面临的最大任务是什么？

刘汉元认为，是精耕细作，是以追求“一”的精神将市场潜力全部挖掘出来。

1999年，刘汉元决定在眉山母厂下辖的33个县内进行试点。

首先，将过去单一地从总经销商通过层级经销商再到零售商的销售渠道进行扁平化改造，减少中间环节，提高利润率。让区域代理商+用户、厂家+大型养殖场、厂家+农户等方式与层级经销方式并存发展。在这样的销售过程中，通威控制终端价格，但承诺商家利益，体现出品牌和规模的强势力量。这是一般中小企业做不到的，通威抓住优势并强化优势，利用差别扩大差别。

其次，细分市场。将过去由一个总代理包销，细化为上百个区域代理，网点自然做得更加精细深入。

再次，对市场饱和的“度”进行研判运用。比如四川邛崃县（今邛崃市），1998年的销售量为1 200吨，表面看量并不小，但营销经理根据该县农村人口、养殖户数、经济水平、城镇人口等综合指标，判断出该县容量为35万吨/年，并根据市场需求和大品牌的进入程度的比较分析，判断出通威还有巨大潜力可挖。于是通威在渠道改造、市场细分和精耕细作之后，2000年把销量做到了

4 900 吨，占当地市场 10% 以上的份额。此时通威根据饲料行业的规律，认为自己在邛崃已经达到市场饱和的上限，再行投入将是事倍功半了。

最后，致力于将现代营销理念与乡土文化相结合。刘汉元总是不停地告诫员工，“搞市场营销要像做科研报告一样精细和理性”。那么饲料可不可以做专卖店？可不可以像可口可乐、宝洁那样做多品牌战略？将不同行业进行可比性分析，可以发现营销真的是魅力无穷。就这样，通威像挖金矿一样，把各个市场的最大可能性做出来，然后维持效益的最佳水平。

1999 年开始试点，2000 年磨合，到 2001 年，眉山母厂下辖 33 个县的销售收入竟比 1998 年前做全国市场时还大！市场在缩小，销量却在增加。“这是通威质的飞跃，是通威真正强大起来的开始！”试点的成功令集团高层欢欣鼓舞，刘汉元眼前又出现了一幅波澜壮阔的画卷——又一场在全国市场层层推广的、没有硝烟的战役即将拉开帷幕！刘汉元说：“通威有很多方法和措施的制定、营销策略的提出、销售渠道的研究，都是根据市场的具体变化而来的，因此，营销的过程就是研究的过程，是科研的过程，是一个理性的过程。”刘汉元告诉记者，通威做事从不乱来，它最大的特点是两个字：稳健。

因此，通威才能在 2001 年将营业额做到 30 亿元。颇有意思的是，别的企业做市场营销只是轰轰烈烈，而通威在轰轰烈烈下面却有大量绣花一般的精工细活；别的企业生产管理平淡无奇，而通威却把它做得波澜壮阔。

也许这正是通威的魅力。也许这同国际原料市场总是大起大落有关。记者在四川眉山参观了通威母厂。企业同任何一个能看到的工厂并无两样，货车进进出出，生产井然有序。但就是这样一个看似平淡无奇的企业，却成为通威集团的典范，主导着整个水产饲料行业的方方面面。

眉山厂有三大例会：一是每星期两次的生产经营例会，及时协调解决各车间在生产过程中出现的种种问题；二是每星期一次的原料例会，分析原料合同执行情况，制订下步原料采购计划；三是每月一次的经济分析例会，对当月销售量、成本、国家经济走势和市场状况作综合分析，然后根据原料例会的分析做出最后的采购计划。

按照刘汉元与对手进行“同等质量比价格，同等价格比质量”的要求，在原料采购的过程中降低成本成为打败竞争对手的关键，而且这原本就是通威的传统优势。现在，竞争日益激烈，刘汉元需要再次巩固这种优势。

2001 年 4 月，眉山厂对各种信息综合研究后认为，世界水产饲料的主要原料鱼粉的出口国南美洲秘鲁，其海洋渔业捕捞量减少，同时国内沿海也进入新一轮禁渔期，那么不久后，国内鱼粉价格必然随着国际市场的供应不足而上涨。就在其他企业争论不休、犹豫不决之际，眉山厂大胆决策，趁国际市价尚未上涨，当即向集团申请立即从秘鲁巨量购进 12 000 吨鱼粉，价格为平时的到厂价，4 000 元 / 吨。

风险是巨大的，一旦失误，流动资金积压将造成巨大损失；而一旦成功，眉山厂将再次睥睨市场。订单已下，决策者们只好静静等待着命运的判决。

果然，到 7 月，货到上海港时，鱼粉价格开始上涨，并迅速蹿升到 4 500 元 / 吨，8 月又涨至 4 800 元 / 吨，到 2002 年，已不可思议地涨至 6 600 元 / 吨!

眉山厂上下欣喜若狂，在 2002 年使用这批原料，意味着每吨比竞争对手降低了超过 1/3 的成本！通威将得到一个让竞争对手惭愧汗颜的巨大利润空间。而这批原料足以让眉山厂使用 9 个月。

这就是通威原料采购策略中的“储备策略”：低价时购进，高价时使用。其间的价差就是同期竞争对手不可能获得的利润。

显然，这一招很多中小企业不可能做到，它们没有足够的资金和信用在国际市场上进行交易。于是通威的规模效应再次显现出来：强者愈强。

通威在国内原料市场运用的另一种截然相反的做法更加聪明：高价采购。假如市价为 1 000 元 / 吨的原料，眉山厂采购时却常常主动支付对方 1 020 元 / 吨或 1 050 元 / 吨的价格，而且是现款。这里面有一个玄机。比如眉山厂对四川各饲料厂、供应关系深入研判之后，主动以高价进货，必然使原料商们趋之若鹜，对通威倾仓供货；通威吃断所有货源之后，则必然导致供求关系失衡而使原料价格猛涨，而且必然涨到通威采购价之上！

此时与竞争对手的高额成本相比，通威就成功地实现了降低成本的目的。通威出此狠招的最大目的是操纵原料市场，在需要的时候控制竞争对手的成本，对其实施打击。

一升一降，通威的强大和睿智展现得淋漓尽致。

而且，通威的采购策略还有一种机会成本策略，比如什么时候该储备多少原料，资金的积压使企业付出的机会成本有多大，当期银行利息是多少，是存银行更赚钱，还是买原料囤积更划算。

经济师和高层管理人员不断地收集研究国家政策和行业信息，不断进行研究判断。就这样，通威在不断变化的市场中游刃有余地施展自己卓越的才华，渐渐做成了中国最强大的水产饲料企业。

此时，对通威而言，信息的把握是成功的关键，而上到国家，下到厂家，各级市场的风吹草动都会成为通威的信息。甚至是周边的同行饲料厂，都主动向通威提供自己的采购计划，他们对通威说，目的是为了维护共同的原料市场，从而获得双赢。其实，背后另有隐情——他们都害怕自己成为孤独的斗士，都害怕自己成为通威强大的原料调控能力的牺牲品。

他们知道，跟紧通威就死不了。

（六）这里的黎明静悄悄

没有喧哗，没有浮躁，刘汉元就这样一步一个脚印，静悄悄地做着自己的企业。他知道，这种匍匐在大地上的姿势，就是自己应有的生存方式和生存技巧。刘汉元说，这更是一种生存哲学。

在国内已经没有竞争对手的刘汉元，仍然感到一种隐隐的不安，他感到一种压力和紧张，尤其是在中国加入 WTO 之后。

目前中国是世界上唯一一个水产养殖产量大于捕捞量的国家，刘汉元知道，这意味着水产饲料厂众多的国外农产品原料供应商早已对中国市场虎视眈眈。

加入 WTO 后，他们的原料必然一拥而入，而且更多的国际饲料生产巨头将把战场摆到中国。

关键是，外国低廉的原料价格将把中国原料市场冲得落花流水，虽然通威将获得更低的成本，但同时对竞争对手也极为有利。通威的原料控制优势将受到威胁甚至丧失。

所以，为了将来自己不至于被动，现在通威必须利用行业龙头身份和成本优势，加速兼并扩张实现全国布局，吃掉尽量多的竞争对手，届时外国原料的最大受益者就是自己。通威将实现强者恒强，才有更强的实力同外企对决。

因此，通威必须调整产业结构，构筑进可攻、退可守的军事工事。

第一，进行多元化建设。通威控股了两家软件公司：新锐和西辰，进行企业管理软件和政府办公软件的开发；在北京中关村组建了生物基因工程公司；投资 20 亿元与德国 MTC 公司联手打造“四川 IT 一号”项目。

第二，围绕饲料主业发展相关多元化。通威开发出了宠物食品，将投巨资建成中国西部最大的集鱼类基因研究、繁育、工厂化养鱼、饲料生产于一体的巨型水产科技园区。

第三，通威制定了水产饲料业的中长期（2001—2010 年）发展战略。“阳光计划”加速兼并扩张步伐，为养殖户提供“业内平均价值之上的价值”，强化全心全意全方面为农户服务的社会化大营销，实现通威股份上市。

到 2010 年，通威鱼、禽、畜饲料要从现在的 200 多万吨上升到 1 000 万吨。集团销售收入将达到 300 亿元。

一切谋定而后动，刘汉元已是成竹在胸。

此时的战略布局和工事构筑，将是未来能否战而胜之的关键。

“现在的通威，表面看欣欣向荣，但我认为，它与整个行业一样，已进入了黎明前最寒冷最平静的时候。外资企业与中国企业的决战已是山雨欲来，加入 WTO 规定的 5 年农业保护期一过，一切就只剩刀兵相见。

“趁现在一切静悄悄，我们开始思考形而上的哲学问题，这将提高我们对企业生存和经营的认识。有人说，世界上让人感动的事情有两种，一是大悲大喜，二是默然坚忍。我们却发现，更具有生命力、更让人心灵震撼的是大悲大喜悟透人生之后，用一种不言不语和干练平常坚持着自己早已坚持的理想。如果这种坚持符合规律，那么就是一种自由畅快的飞翔。

“我们认为，9 年的坚持已经使通威成为这样的企业。我们为通威而骄傲!”

这时，记者从刘汉元眼中读出了另一种异乎寻常的平静和坦然：“但是，每一个人的生命深处都有一份历史的厚重感；每一个生命的天空都有一面英雄主义的大旗在飘扬。5 年之后，如果该来的一切都会来，那么，就先让我的肩膀去承受吧。”

谁是顶天立地的英雄?

刘汉元等着决战的那一天。

下篇 | 一元复始万象新

（1995—1998）

20世纪90年代，“接轨”一词成为中国社会的关键词。自封闭的国门重新开启以来，中国与世界接轨的脚步一天也没有停止过。在中国逐步建立市场经济体制，加快步入世贸组织，在经济上与世界接轨的时候，中国社会也开始了与国际社会全方位接轨的过程。

1992年之后，中国开始深入的改革开放，中国与世界相互依存的关系进一步加深。就如外媒分析的那样：“融入世界，成了促进中国增长的最强有力的发动机之一，而且今后将仍然如此。与以往任何时候相比，这个国家与全世界的交往都大大加深了。”

或许是对数百年来多灾多难中国人的眷顾，改革开放以来这二三十年国际环境也非常适合中国作为后起国家加快发展。首先，没有对中国和平构成实质性阻碍和影响的战争或威胁。其次，主要发达国家当时都已经完成了工业化进程，向后工业化和发展现代服务业转变，具有进行国际产业转移的动机和条件，而中国的低成本劳动力、低资源环境成本和迅速壮大的市场在承接转移中具有强大优势，并且中国的体制机制又成功地把这种优势发挥了出来，成为国际产业转移的重要受益者，有力加快了工业化进程。

改革开放的深入也给予曾经在夹缝中生存的民营经济更为广阔的生存空间。中国改革开放后最早的一批个体户的原动力大多是出于简单的谋生，但随着时代的发展，人们渐渐从“谋生”转向了对“财富”的渴望。

从最初民营经济不被认可，到后来“包括民营经济在内的非公有制经济是我国社会主义市场经济的重要组成部分”，时代在变，民营经济也在蓬勃地“开枝散叶”。

第五章

摩拳擦掌 | 中国互联网前夜

互联网始于 1969 年的美国，又称因特网，是美军在 ARPA（阿帕网，美国国防部研究计划署）制定的协定下，将美国西南部的大学 UCLA（加利福尼亚大学洛杉矶分校）、Stanford Research Institute（斯坦福大学研究学院）、UCSB（加利福尼亚大学）和 University of Utah（犹他州大学）的四台主要的计算机连接起来。这个协定由剑桥大学的 BBN 和 MA 执行，在 1969 年 12 月开始联机。

1989 年，在普及互联网应用的历史上又一个重大的事件发生了。Tim Berners 和其他在欧洲粒子物理实验室的人提出了一个分类互联网信息的协议。这个协议在 1991 年后，被称为 World Wide Web。

1994 年 4 月，NCFC 率先与美国 NSFNET 直接互联，实现了中国与 Internet 全功能网络连接，标志着我国最早的国际互联网络的诞生。中国科技网成为中国最早的国际互联网络。

1998 年是中国物联网高速发展的前夜。同年，张朝阳正式成立搜狐网；马化腾和张志东等五位创始人创立的腾讯正式成立；王志东创立新浪……

这一切都标志着中国正式进入了互联网元年。

张朝阳："第一个发现金矿的人"

尽管自20世纪90年代以来，美国的互联网突飞猛进，日本、西欧国家等也正在迎头赶上，然而这一领域在中国却几乎是一片空白。1995年5月，日后大名鼎鼎的张树新创立"网络接入"性质的瀛海威科技公司，被认为是中国互联网产业的创业宣言。这件事让张朝阳看到了两点：一是这个在美国最令人心跳、制造神话的产业已在国内缓缓开启；二是先行者的操作缺乏深刻认识，从而也就缺乏足够底气。

（一）回国，回国

到目前为止，张朝阳一直是那种能够把几乎所有引起他注意的东西追到手的人。

从1964年到1976年，张朝阳却因不用学习念书，在古城西安度过了比现在的孩子们"欢乐自在"得多的童年。

"因为有小时候玩得特别多的基础，所以上中学后特别苦的几年终于没有厌学"。1976年以来，张朝阳开始萌生理想，好学上进；15岁时，他下决心要考入北京城，然后先去天安门广场威风凛凛地照张相。1981年，张朝阳如愿考入清华大学物理系。

然而他却一直没去天安门广场照相。《中国青年报》上一篇关于陈景润的报道震撼了包括张朝阳在内的那个时代所有学子们的心，他开始埋头学习，发奋念书，梦想着有朝一日能成为受人景仰的大物理学家。1986年，张朝阳考取李政道奖学金项目赴美留学，1993年底又顺利地在麻省理工学院获得博士学位。

跨越了许多人一辈子都难以跨越的鸿沟之后，张朝阳站在一个比较高的起点上，开始接触美国开放的观念和先进的技术。

“在麻省理工学习的后几年，做论文，做研究，搞物理实验，有很多要自己动手的东西，同时也要用到计算机。我的导师是麻省理工的副校长，是一个计算机和工程方面的专家，我因此受到了两方面的影响：一是比较务实的作风，二是对计算机和互联网的熟悉乃至精通。”

在崇尚实用主义的商业社会，在这样一个“最优秀的人去经商”的大环境里，张朝阳慢慢找到了一种新的感觉，他从一定要当物理学家拿诺贝尔奖的想法里挣脱出来，逐渐变得务实。他在家信里说高科技领域的创业神话正在美国四处传颂，“我常常想，只要有机会，我是不是可以做得很好？”

然而，当在美国待了近 10 年之后，张朝阳却开始找不到另一种更重要的感觉：归属感。“原因不是美国人歧视你，而是你没在那儿长大，没有那种文化，所以你不属于那个圈子。比如，两个美国人之间，一个眼神或吃午饭时随便地聊天，都有很多信息在交流着，而你却不知道怎么回事；又比如，一个词语，美国人对它的内涵和外延的反应可能会追溯到他上小学时发生的事情上，而你却只能很肤浅地去理解。”

这种文化上的隔阂影响了很多中国人在美国的发展。作为一个外围的人，张朝阳体会到：你可以在那儿生存，过一种封闭、富足的生活，但你想在那个社会成为真正的主流者却非常难。“所以从麻省毕业时，我决定找一个与中国相关的工作，而没有像我的同学那样去华尔街谋个年薪丰厚的职位。”

张朝阳再次如愿以偿。1994 年初，他的导师为他找了一个帮助麻省理工发展同中国关系的工作，他被任命为“MIT 亚太企业关系中国联络负责人”。

1995 年 7 月，张朝阳随同麻省理工学院院长访华，见到了今天的北大副校长陈章良。这位知名的归国学者改变了张朝阳的一生。

“当时他的表情、目光所体现出来的是他在国内待了好几年的坚定性，一种权威性，他在举手投足间流溢出的自信和自豪感，是你在美国留学生甚至那些较有成就的旅美学者身上看不到的。这是得到本土文化滋养的结果，也是别人重视你的结果。而别人重视你的感觉，你在美国很难找到。这种反差特别大的比较，使我震惊，当时便坚定了我立即回国的决心。”

返回学校后，张朝阳提前3个月预订了机票，将回国的日期定在1995年10月底，自己31岁生日那天。他希望在3个月内找到一条回去的道路，却处处碰壁。临近返程，一位在哈佛大学念书的朋友送来一个机会：请他帮助自己的互联网商务信息公司筹建中国办事处，并允许他用三分之一的时间为自己未来的事业作筹划。这真是一个意外之喜，张朝阳几乎来不及和对方谈工资待遇，便匆匆踏上了回归之旅。

两年后，当张朝阳在信息产业界名声大振之后，在互联网上，他和美国朋友有过这样一段对白：

“回国创办企业以来，会不会有怀念在美国的感觉？”

“当然，我怀念美国的早餐，生活的便利，以及新鲜的空气。但我更喜欢中国的文化。在美国有很多像我一样，因找不到文化的归属感而不结婚、不把终生位置放在那里的华人。”

“现在你找到位置了吗？”

“就事业而言，我找到了。”

（二）市场是最动听的故事

1995年10月底，张朝阳作为ISI商务信息公司驻中国首席代表，回到了阔别近10年的北京。

记者、学者、清洁工，上的士、下餐馆、逛商场，这一切新鲜与熟悉的人与事，都让几乎成为半个美国人的张朝阳感到踏实。他突然明白，这些年也曾产生过无数的梦想和抱负，为什么至今都散若烟尘，无一实现呢？原因就在于，它们没有成活在自己的文化里。

张朝阳一边为朋友在中国筹建办事处，开拓中国市场，一边寻找着自己的人生定位。他可以做官：国家体改委、国家经贸委、国家教委等都纷纷向他敞开大门；也可以做学问：回到母校清华大学，他将是该校最年轻的教授；甚至成为当时北京最流行的“金领阶层”（外企高级管理者），日子也会过得逍遥自在、无拘无束。

然而以张朝阳的眼光和起点，他立即就在国内发现了一个巨大的市场机会。

由于工作的原因，张朝阳得知，尽管20世纪90年代以来美国的互联网突飞猛进，日本、西欧国家等也正在迎头赶上，然而这一领域在中国却几乎是一片空白。1995年5月，日后大名鼎鼎的张树新创立“网络接入”性质的瀛海威科技公司，被认为是中国互联网产业的创业宣言。这件事让张朝阳看到了两点：一是这个在美国最令人心跳、制造神话的产业已在国内缓缓开启；二是先行者的操作缺乏深刻认识，从而也就缺乏足够底气。

1996年5月，北京一家报社公布“今春流行语”调查结果，“上网”一词赫然上榜，与“下岗”“跳槽”“磨合”等并列其间。张朝阳拿着那份报纸，明白过来：自己再不行动，恐怕就真将一事无成了。他萌生了自己创业的念头。

两年之后接受记者采访的张朝阳反复指出：“促成自己立即投身中国互联网事业的因素尽管很偶然，但是在回国之前，我已经打定主意，终生的目标就是职业企业家。所以从这个意义上说，我又必然走向这条路。”

张朝阳是精明的，他明白市场经济的一个基本原理——最稀缺的东西最有价值。而在今天乃至未来若干年内的中国，最稀缺的恐怕就是两件事：一是拥有足够底气投身高科技领域的创业梦想；二是既非借经济走向政治，也非借富贵衣锦还乡，一心一意搞企业的职业企业家。

张朝阳还发现，中国最初的网络建设面临诸多问题，其中最突出的就是中文信息严重匮乏。当前国内所有的因特网服务提供商（ISP）都只能提供简单的因特网接入服务，从而使绝大多数上网者面对英文束手无策，或因束手无策而拒绝上网。

问题在张朝阳眼中变得清晰起来：中国人需要自己的因特网内容提供商(ICP)。他决定建立一个全中文的信息网站。这在当时的国内，还没有人想到。

任何创业都必须首先面对这样的问题：资金从何而来？风险由谁承担？久居美国的张朝阳几乎顺势就想到一个办法：风险融资。尽管中国没有风险投资市场，但在美国这个市场却很发达。

1996年4月，张朝阳拟了一个简单的报告，乘飞机回到美国，开始了他漫长的投资“游说”。

他首先找到自己从前的教授们。严谨刻板的教授们面对这个被简单的商业计划送上门的“发财机会”难有信心，于是第一次融资无功而返。

既无经验也无合作者，单枪匹马的张朝阳已来不及写出更加详尽的投资论证报告。此后的半年时间里，他马不停蹄地奔走于北京与波士顿之间，从硅谷企业到投资公司，再到各界名流，总共绕着地球飞了4圈，前后谈了十几家公司，均一无所获。就在张朝阳快要绝望时，遇见了麻省理工闻名于世的未来学家尼葛洛庞蒂，他抛给张朝阳一个不确定的希望：这个项目可以考虑。

1996年9月20日，张朝阳接到尼葛洛庞蒂的电话，邀请他前往伦敦参加一个22日开始的先锋论坛，顺便商谈合作事宜。而张朝阳此刻仅有美国波士顿的护照，这就意味着他必须坐飞机到波士顿，再坐火车到纽约，在纽约的英国领事馆取得签证后才能飞往英国。

“当时仅去一趟美国就得花5 000美元，半年奔波下来，我的整个信用卡已经透支。临上飞机前，我到北京街头去看了看大饼卖多少钱，衡量自己一旦完全破产，还能不能用仅有的钱维持一年温饱再找别的机会。”

今天的张朝阳回忆起当初的“危险状况”仍有一种“走钢丝的感觉”：“21日晚我赶到波士顿，连夜坐火车，到纽约时已是凌晨4点钟，下着大雨又找不到旅馆，只好流浪到8点钟前去英国领事馆排队。领事馆的人同情地告诉我，得先到中国领事馆申请护照延期，并拿着机票来签证。谢天谢地，这天纽约不塞车，11 点我在中国领事馆办完护照延期，又火速赶去购买机票。12 点 45 分赶到英国领事馆时，工作人员告诉我，还有 15 分钟这里就要闭门谢客……”

9 月 23 日，张朝阳登上世界信息最高论坛，就中国互联网市场的前景做了一番生动描述。这个话题并不深刻而且他的表达也欠准确，然而中国互联网无与伦比的市场前景，却令本来昏昏欲睡的与会者们听得津津有味。

张朝阳终于明白：魅力无穷的市场，本身就是一个最动听的大故事；而这所有的曲折包括演讲的安排，都是这个几乎快要决定自己命运的尼葛洛庞蒂给自己出的一道“考察题”。

1996 年 10 月，张朝阳获得了尼葛洛庞蒂及美国著名风险投资专家爱德华・罗伯特的共同投资 22.5 万美元。尽管不多，但却意义非凡。

与此同时，张朝阳在北京注册了中国第一家完全依靠风险投资创办的高科技企业——爱特信公司（ITC）。

（三）别人的“免费午餐”与自己的午餐

张朝阳有一个著名的理论：行动比思想重要。即什么事情先做起来，不用想着失败，没有患得患失。做不成又怎么着？还可以卷土重来！他将这称作北京人的“二杆子精神”。

然而不用想着失败却并不意味着失败就会自动回避。尽管有人说“硅谷像一台爆米花机，扔进一批冒险者，再投入风险投资，就能爆出一个又一个百万、千万乃至亿万富翁来”，然而人们却很少想到，这一个又一个幸运儿正是以一批又一批的失败者为背景的。张朝阳明白，22.5 万美元在风高浪险的高科技市场，一个不小心，很容易就荡然无存。

做什么，也就是选择怎样的投资方向，是最重要的。ISP 不能做，一方面是资金有限，再就是当时中国的因特网用户不足 10 万人，而以“网络接入”为主要服务内容的 ISP 已迅速膨胀至 40 余家；另一方面，致力于全中文网络信息资源提供的 ICP 却是一片空白。张朝阳是“第一个发现金矿的人”。

选择做ICP之后，张朝阳仍然面临着取舍——因为照“国际惯例”，因特网上的信息资源可以分为收费服务和免费提供两类。所谓收费服务，是指面向特定读者群并提供专业信息资源的封闭式信息平台所做的信息服务。它要求用户登录时输入个人账户和密码，同时必须根据使用的信息量按期缴纳一定的费用。

而随着美国“信息自由”“信息共享”观念的普及和网络“旗帜广告”的出现，收费的信息服务开始变得黯然失色，而免费的信息平台却得到了如火如荼的发展。其经营模式为：以发展信息内容为起点，用丰富的信息资源吸引广泛的用户，以数目巨大的用户群吸引广大的广告客户，以广告收入作为公司的主要收入来源——这也就是美国网络发展史上著名的“收费午餐”与“免费午餐”之争。

张朝阳毫不犹豫地选择了后者。他认为其原理就如同在网上办一本杂志，只要内容好，有人去看，那么杂志的版面就有了广告价值。

他首先租用了长安大街上黄金地段的光华长安大厦写字间，买来必需的先进设备；凭豪华写字间和“美商独资”的招牌，招聘了6位高素质的人才。同时，他又以麻省理工博士的身份，说服北京电信部门与自己合作，共同开发“中国工商网”。

1996年11月7日，张朝阳在爱特信公司全体员工会议上发表讲话，他说：“全中文免费信息平台是我们的独创，它意味着我们正在进入这个时代、这个地区真正的阿里巴巴山洞。希望若干年后，通过我们自己的努力，在座的各位都能成为像微软公司那样打工的百万富翁、千万富翁乃至亿万富翁。然而首先发现金矿与获得金子最多并不是一回事，当竞争来临时，我们唯有依靠自己最优秀的劳动和创造成果，一方面抵抗压力，一方面开拓市场。”

1997年1月，爱特信“中国工商网”首次推出，一举成为中国主干网（163）上信息的重要组成部分。这一年，中国的ICP取得了长足发展。由于爱特信借鉴了麻省理工成熟的技术和商业运作模式，它以很小的投资得到了快速的提高。几个月后，在中国公众多媒体信息网“169”北京信息港的招标中，张朝阳打败了所有的 ISP、ICP 竞争对手，独家中标，承担了它整体内容的创意、设计和制作。

然而张朝阳一边凯歌高奏，一边又同时陷入两大困境：其一，经费所剩无几，为别人提供“免费午餐”的他开始为自己的午餐着急；其二，由于中国 ICP 整体设计水平和宣传投入的不足，尽管爱特信已经走在前列，但与美国成功的 ICP 相比，访问量仍然不可同日而语。

在美国，一个创业的高科技企业，往往必须经过多次风险融资再加上成功的操作，才能铸成一个知名的品牌，去股市上博取价值。进入 1997 年以来，随着“中国工商网”的运行，张朝阳终于发现，自己所从事的事业要获得收益，需要比预期更长时间的等待，于是他开始着手二期风险融资的准备工作。但由于二期融资数额更大，所以必须要有更详尽的商业计划和更艰苦的说服工作。

1997 年 7 月，张朝阳弹尽粮绝，几乎停发了当月的工资；无奈之下只好使出金融领域最为苛刻的借贷形式“桥式贷款”，以解燃眉之急。

众所周知，风险融资是以项目股份向风险投资者换钱，项目不论成败，钱都不用偿还；而“桥式贷款”则是既要以股份为代价，同时还要求偿还。这也意味着，一旦爱特信失败，张朝阳将背上 笔靠打工 辈了都难以清偿的巨额外债。

针对“中国工商网”访问量停滞不前的问题，张朝阳和同事们进行了一次平台审查。

“我们发现，在我们的众多栏目中，有个叫指南针的栏目专门像地图一样帮上网者查找网上内容，其访问率一直很高。这个细节启发了我们，网上的中文信息在今天已经很多，而且迟早有一天将会浩若烟海，令人摸不着边际，我们的工作是否应该转向去搜集整理别人的内容，为别人的查找提供方便之门呢？”

事实证明，这个想法是极具天才意味的。

1997 年 11 月，张朝阳决定放弃做内容，集中力量将“指南针”扩充成公司的主业，并将爱特信公司更名为爱特信搜狐公司。1998 年 2 月，张朝阳打出广告："出门靠地图，上网找搜狐。"它标志着中国人自己的网上搜索引擎"搜狐"即日启动。

几天之后，一个名叫"梅涛"的网民发来电子邮件："在洋文泛滥的因特网海洋中，搜狐令我们这些中国人终于有了一盏备感亲切的航标灯。"

一个月后，搜狐的日访问量达到1.2万人次。

（四）把所有的鸡蛋装在一个篮子里

所有的风险融资都是一场令人精疲力竭的心理大战，张朝阳也不例外。

1998年2月以前，张朝阳再次经历了二期融资"绕着地球转的空中旅行"，只不过这次的他开始懂得了一些运作技巧。比如，他不再以很谦恭的姿态出现在每一个可能的投资者面前，而是非常自信地告诉对方：我带来的是一个以巨大的可开发市场为背景的投资良机。

这一次，美国人显得十分热情好客，纷纷表达合作意向。但投资考察期对张朝阳而言却显得过于漫长。

1998年2月15日，"搜狐"横空出世，华尔街的报刊一经披露，风险投资公司纷纷自动找上门来。

"这一段时间里，我常常夜里12点多在电话和网络上跟投资者搞心理战术。所有的投资者在投资前基本上是你的敌人，他们会故意造成比较紧张的感觉，希望压下公司的价值，尽量以少的投资获得更多的股份。那时候面对电子邮件，常常就像面对一颗颗飞来的子弹，所以你得和他们战斗，而且是同时和很多人战斗。"

此刻的搜狐公司，人员已从6个人膨胀到60人。在拥有"美国式透明度"的公司总部，几乎人人都明白二期融资的成败对公司意味着什么。于是张朝阳上班时总是神采奕奕，因为他知道哪怕一丝细微的反常，都可能影响所有人吃午饭的胃口和工作的积极性。

4月22日一大早，张朝阳用手提电脑向办公室发去了三条指令：1.向新闻媒体发布消息，世界芯片业巨擘英特尔公司联合香港恒隆地产、IDG 国际数据集团及美国哈里森公司，共同向搜狐注入 200 万美元的风险投资，这标志着搜狐公司二期融资获得成功；2. 向几位新的合作伙伴发出声明，200 万美元的投资将用于加大信息收集力度、增强技术支持和扩大搜狐在中文网络使用者中的影响；3. 向所有员工宣布，我们目前的广告收入水平和融资情况，决定了我们今后几年能够从容不迫。

通过对外宣传和自我完善，搜狐的访问量很快超过每天 2 万人次。

然而“闲庭信步”的轻松感还没享受几天，大洋彼岸的飓风就刮到了张朝阳的后院。1998 年 5 月 4 日，世界上最具实力的网上搜索引擎雅虎宣布推出中文版面。猝不及防之下，各界人士大哗：“虎”“狐”之间实力太过悬殊，“虎口夺食”的搜狐看来十之八九将成为“虎口之食”。

与此同时，国内信息产业的另一颗“炸弹”被引爆：瀛海威创始人张树新因经营不善，引咎辞职。人们对此事的担忧之情也波及搜狐公司，有媒体甚至推出预测：张朝阳会不会在成为中国信息产业风险投资试验的典范之后，像张树新那样滑落为垫脚石和牺牲品？

似乎唯有英特尔公司在这场舆论中发出了“不谐音”，他们表示：“搜狐公司拥有经营者前卫的眼光、有效的运作队伍和本公司的技术支持，它们都是坚固的发展后盾，我们对此十分看好。”

这话虽属给张朝阳打气，但似乎并没有完全归纳出搜狐公司面对国际竞争和国内环境信心不倒的真谛所在。张朝阳本人对此却心知肚明：

其一，就国内而言，由于二期融资的成功，搜狐公司已经具备了游刃有余的心态，经营上逐渐专业和专一，这也就是国外高科技企业提倡的“把所有鸡蛋装在一个篮子里”。而国内绝大多数企业由于不能通过风险融资获得资金支持，无论是自筹资金还是银行贷款，从心态上都总是希望一年两年连本带利赚回来，所以很多企业只好进行多种经营。然而在国际互联网领域，这样的经营方式几乎没有成功的先例。

其二，面对雅虎的虎视眈眈，搜狐公司有着自己的“两栖”优势：张朝阳被海外媒体称作“纯粹硅谷版本的中国企业家”，所以在体制、管理、技术包括高科技的创业文化指导方面都和雅虎是不相上下的；而雅虎的中文版本却有着远离大多数中文信息源、不了解中国人鲜明的文化特色，“洋味太重，土味不足”的致命弱点。

张朝阳对此做了一个形象的比喻：“就好像人们吃菜总爱吃家乡菜一样，搜狐就是中国人的家乡菜，我们会按照中国人的习惯对信息进行分类，编辑和读者会有一种建立在共同文化之上的默契。在地形复杂的异地旅游，你选谁做向导？外籍翻译还是本地精英？这种情形有点像我们是山里人，而一群平原上的人来到山里要和我们打，我们当然有着先天的优势。”

然而，雅虎毕竟是世界信息产业界一个非同小可的“巨无霸”，张朝阳对它的到来不敢有丝毫小觑。

8月7日，搜狐公司委托中国互联网信息中心，监测公布了搜狐网站访问量的统计报告。报告超出搜狐全体员工的意想，因为他们自己估计的是每天约3万人次，而报告表明的却是5万人次。由此，搜狐公司以国内第一家委托权威机构进行站点访客量审计的ICP，赢得了从媒体到网友，再到广告客户的广泛信赖。

9月15日，张朝阳穷数月心血精心构思的搜狐2.0版本终于出台。新版搜狐具备了国际先进网站的所有基本特征。

10月5日，美国《时代周刊》推出了50位“数字英雄”，张朝阳以其在国内开创性的工作、搜狐公司无限的发展潜力及对互联网领域的深远影响而榜上有名。

尽管毫无心理准备，张朝阳仍然从容自如地应对了新一轮媒体的爆炒。紧接着，搜狐网站的访问量突破每天7万人次，超过了雅虎中文版在中国内地的访问量。

◎链接

对话张朝阳：网络时代，任何一个热爱技术并富于想象的青年，都有可能成为英雄

1999 年 12 月 2 日晚上 11 点，刚刚从清华大学演讲回来的张朝阳一边吃着方便面，一边接受记者的电话补充采访。

这是一次有预约的、双方均有思想准备的采访。尽管嚼着方便面，但张朝阳疲惫的声音之后仍然不乏闪烁着思想火花的妙论和一个拥有足够经验的人对后来者的启示。

记者：今天晚上在清华演讲的是什么内容？

张朝阳：大概有几个话题，一个是中国儒家知识分子从商的局限性；一个是重视以结果为导向，结果是检验一切行动的标准；再就是行动比思想重要。这些话题我们都曾经沟通过。

记者：是的。请问张总，你对网络市场本身有着怎样的认识？或者说你为什么要选择在这一领域求发展？

张朝阳：我想，从现象上说，网络市场是当今最热门的一个领域，而且在很多地方也是有无数开拓机会的领域。美国现在有 5 000 万人上网，中国前年是 10 万人上网，去年是 30 万人，今年估计是 200 万人。在中国的其他商业领域，短期致富在今天都是不再可能了，但在网络上面，它是能够实现的“神话故事”。网络时代，任何一个热爱技术并富于想象的青年，都有成为英雄的可能。美国的网络精英们从创业到成名，时间最长的十几年，最短的两年，这是一种在过去无法想象的传奇，而且对每一个人都有着难以抵御的诱惑。

有人曾经问我搜狐公司为什么这么快就脱颖而出，我就给他们讲这样一个道理：任何一个时代，谁占据了最关键的生产要素，谁就能很快成为这个时代的主人。比如在农业文明时代，土地是最关键的生产要素；在工业文明时代，石油、铁路、煤炭是最关键的生产要素；到了信息文明时代，信息就是这个时代最主要的生产要素。谁掌握了它们，谁就是各自时代的主人。这实际上是贯穿了整个人类发展史的一个公理。

记者：在听完有关你的所有采访录音后，相信很多人都会有同一个问题：互联网究竟如何赚钱？高科技公司的投资回报怎样产生？

张朝阳：是的，我在自己的经历中谈得很多的还是怎样去融资，投资回报这一块很少涉及。搜狐公司早在1997年底就已经基本做到了收支相抵；但因为要扩充和完善自己，所以后来又组织了大批的资金投入。

以搜狐公司为例，ICP公司目前的投资回报主要体现在三个方面：一个是旗帜广告收入，一个是信息收费（这一块搜狐不做），再就是替其他企业制作主页（这一块我们也准备逐渐放弃）。那么很多人就会产生疑问，仅仅靠旗帜广告能产生前面所说的神话般的业绩吗？

从长远来看，旗帜广告是可以赢利的，而且最重要的是有一个预期价值：如果未来网上购物流行起来，热闹的搜狐网络就形同一条热闹的“商街”，到时候这条街上的铺面无疑就会变得抢手而价值陡升。从近期来看，一旦搜狐公司2001年获准在美国上市（这一点已基本没有问题），其价值就会比前期投入高出10倍甚至百倍，美国的大多数科技富翁都是这样出笼的。如雅虎1997年底的财务报表尚属亏损，但这一点也不妨碍其股市市价攀升到20亿美元的高位。大多数投资者所看好的都是它未来的回报潜力。

记者：有人说中国的高新技术产业急需要有风险融资的推动，你对这件事怎么看？

张朝阳：在美国因为有了风险投资，因为风险投资有了正态循环，使得美国的很多高科技小公司通过发奋图强，几年之后就可以折腾上《福布斯》，这同时也是美国科技能领导人类潮流的重要原因。在那里，如果有一个好公司，它的产品定位很好，思想也很清晰，它的商业概念能够找到一个非常好的市场，那么就会有一圈儿的风险资金围着它，而它只要卖出10% 的股份就可以融资几百万美元。

国内目前还没有完善的风险投资市场，同时也没有可供中小科技企业上市的股市，所以中国的高新科技企业创业都十分艰难：我给你 100 万，还没见效益就被你花掉了，那怎么行？银行一看你的资产负债表是亏损的，就会终止对你的贷款。这是就体制上来说的。

从文化上讲，风险融资是对中国几千年塑造的国民性的一种冲击，所以，第一要在法律上予以保护。比如法律上规定高科技领域里无形资产只能占 20% 的比例，为什么不可以占 80% 或 90%？第二要宣传创业精神，让人们看到，有一小部分人正在通过风险融资迅速致富，这是一种榜样。我自己就愿意成为这样的榜样。

中国人现在对富裕的追求是很强烈的，在这种观念之下就容易焕发创新精神。如果你想富裕，成为中国的比尔·盖茨，就得把几千年来形成的惰性和不冒风险的思维定式扔掉。这既是对创业者的要求，也是对资产所有者的要求。

记者：请谈谈你的财富观。

张朝阳：我的财富观分为三个层次：首先是生存；满足之后，人会追求更好的生活，财富越多，就能更自由地选择自己的生活方式。超越这种自由后，最高一层是自我实现和创造过程中的乐趣。

记者：你会成为中国首富吗？

张朝阳：希望会吧。不过还会有许多人很快成长起来。

史玉柱："在中国轨道上行驶最快的经济列车"

1991 年秋，被妻子抛弃又不被深圳接纳的工作狂人、电脑狂人史玉柱实施战略转移，移师珠海，注册巨人集团。珠海以广大的胸怀，给史玉柱重建梦想提供了绝好的机遇。1993 年，史玉柱获珠海科技重奖特别奖，领得了一套住房和一辆奥迪轿车。1994 年，清瘦高挑的书生史玉柱出任巨人集团董事局主席。这年，他被评为中国十大改革风云人物之一。在珠海市委书记梁广大的全力支持下，"巨人"如猛虎归山、蛟龙入海，以一日千里的速度发展起来。3 年时间，"巨人"在珠海买下一幢 10 层高的富丽堂皇的办公大楼；70 层高的巨人大厦也以三日一层的建设速度浮出地面。

（一）"青春期"的困惑

史玉柱，1962 年生于安徽怀远县。少小顽皮好动，小学四年级时遭受过留级"待遇"。稍长，"改邪归正"，悬梁苦读。1980 年 18 岁时，以全县高考第一名的成绩升入浙江大学，轰动乡野。1984 年，被一纸命令分配到安徽省统计局工作。1987 年，"不安分"的史玉柱考研深造，重返课堂。1989 年，以优异成绩毕业于深圳大学软科学管理系研究生班。1991 年春，29 岁的史玉柱创办一家新技术公司，并给它取了一个响亮的名字——巨人。从此，一个巨大的理想，开始以令人目不暇接的速度变为现实。

1991 年秋，被妻子抛弃又不被深圳接纳的工作狂人、电脑狂人史玉柱实施战略转移，移师珠海，注册巨人集团。珠海以广大的胸怀，给史玉柱重建梦想提供了绝好的机遇。1993 年，史玉柱获珠海科技重奖特别奖，领得了一套住房和一辆奥迪轿车。1994 年，清瘦高挑的书生史玉柱出任巨人集团董事局主席。这年，他被评为中国十大改革风云人物之一。在珠海市委书记梁广大的全力支持下，“巨人”如猛虎归山、蛟龙入海，以一日千里的速度发展起来。3 年时间，“巨人”在珠海买下一幢 10 层高的富丽堂皇的办公大楼；70 层高的巨人大厦也以三日一层的建设速度浮出地面。

史玉柱领导的巨人集团成了珠海的骄傲，成了这个美丽的海滨城市一处展示改革开放伟绩的人文景观。

在巨人集团迅速膨胀的过程中，史玉柱在一本书里读到一段忠告强者的文字：打败自己的最后对手，永远只能是自己；同样，一个优秀的企业好比一座坚固的城堡，这个城也最容易因为内部的冲突而自行瓦解。

史玉柱也听说，在美国硅谷，所有大的电脑公司包括苹果电脑公司和王安电脑公司，在其高速发展的过程中，都出现过员工的创业激情消失，工作积极性不高，工作效率低下，各种不正之风潜滋暗长、弥漫开来的现象，经济学家将这一现象称为“管理青春期”。老牌的苹果电脑公司因为“青春期综合征”而被后来者冲走了大半市场；著名的王安电脑公司也是因为在电脑行业不景气的关口染上“青春期综合征”，最终宣告破产。

从 1992 年以来，“巨人”曾以年递增 500% 的速度令人瞠目结舌地发展着，形成一定规模后，巨人的发展速度仍保持在 300% 左右。连续两年的辉煌后，1994 年，在以前的惯性作用下，“巨人”继续发展，但发展速度明显减慢；“巨人”的身体在膨胀，对市场的反应却开始慵懒、迟缓。名声日隆的巨人集团也似乎染上了国有企业的“大锅饭病”。而且由于“巨人”效益不差，“大锅饭”似乎吃得比国有企业还香甜。

与此同时，公司内部的管理制度和员工纪律也开始散漫下来。上班时间谈天说地，私人电话没完没了；在废纸篓里，没用过的白纸随时可见；桌椅、玻璃及其他办公用具损坏后，无人承担责任；员工与员工之间、干部与干部之间、部门与部门之间扯皮拉筋的事接连不断；更有甚者把属于“巨人”的知识产权转移出去，另立山头。

（二）“巨人”怎么了

那种曾在中国电脑天地里纵横驰骋的气魄英姿哪里去了？那种与午夜钟声互相打鸣的键盘敲击声隐遁到何处去了？那曾经在公司每个员工心目中猎猎飘扬的理想主义和英雄主义的大旗哪里去了？

最初面临这一切时，史玉柱难免有些困惑，有一份无所适从的焦灼。

他曾努力想使“巨人”超越这个时期，“站在巨人的肩上”，寻找通往“巨人国”的捷径。针对巨人公司员工都是年轻人，思想活跃，个性强烈，向往自由的特点，1993年岁末，史玉柱就通过有关渠道搬来美国高科技公司的管理模式，罩在巨人集团头上。试行一段时间后，发现很多方面由于文化背景、社会制度和工作氛围等方面的差异而难以实施，适合于美国公司的做法不适合巨人公司。

史玉柱又企图从日本科学严密的管理体系中找到加强“巨人”管理的灵丹妙药。然而中国人毕竟不是日本人，日本的管理模式之于“巨人”有如镇痛剂一样，只能缓解一时的疼痛，不能从根本上防止“巨人”所面临的“群体软骨症”发作。

国外取经不行，转向国内求道。史玉柱按图索骥，到一些正在被各大报刊炒得热火朝天的企业去求教，结果收效甚微。要么因企业性质不同，要么因员工的年龄结构和知识层次不同，别人的经验无法与“巨人”的实际情况结合起来。更让人失望的是，有很多被认为是很有管理经验的企业，还实施着计划经济体制下的“惯例”，与现代企业制度背道而驰。

1993年的一次职工大会上，史玉柱气度不凡地提出了一个令人耳目一新的命题——“管理也是生产力”。他还强调说，对于高科技企业而言，尤其是上了规模的高科技企业，管理不仅是生产力，而且还是第一生产力。然而面对迅速到来的“管理青春期”，所有现成的管理模式似乎都不能适用于“巨人”。在很长一段时间里，史玉柱都独自坐在他那间300平方米的宽大的办公室里，神情忧郁，痛苦地思考着同一个问题。

（三）二次创业

1989年，史玉柱以优异的成绩毕业于深圳大学软科学管理系硕士班。此前，他将自己反锁在深圳大学的一间房内，借助母校的电脑设备，进行他认为大有市场前途的中文文字处理系统的编制。

他整整5个月内吃了20箱方便面，没吃过一顿正餐。当他虚弱地打开那间几乎已发霉发臭的房间时，当时国内最先进的“M-6401”桌面中文文字处理系统“巨人汉卡”问世了。

他用借来的3 800元承包了一家公司的电脑部，以加价推迟半个月付款的方式赊回一台电脑，又以同样的方式在《计算机世界》上赊了8 400元广告，将巨人汉卡推向市场。数月之间，一文不名的穷书生史玉柱就可怕地为自己筑了近2万元债台。垒上了近2万元债台的他不无幽默而又不无认真地向朋友保证：“下海不成，就去跳海。”

1989年8月，史玉柱收到了第一张3 500元巨人汉卡订单，紧接着是10万元、20万元、30万元，4个月后，“M-6401”型巨人汉卡的销售额突破了100万元。

1994年8月，当史玉柱在全体干部大会上宣布，要对“巨人”进行一次全面的改造，要进行一次创业时，心中再次下定了“不成功便成仁”的决心：第一次创业拟下的章程均属草创，这一次，史玉柱再次将自己孤独地关在办公室苦思冥想，没有任何先例，没有经过任何检验，而且，在一个规模不算小的公司里拆梁换柱、伤筋动骨，一个环节不周，就可能达不到预期目标，甚至全盘瓦解。显然，二次创业对史玉柱个人而言，可能意味着重新一无所有。

在干部大会上，史玉柱全面分析了巨人集团当时的状况，造成这种局面的原因，以及这种局面如果维持下去将带来的灾难性后果。史玉柱强调指出，唯有二次创业，才能使“巨人”重振雄风，大步跨越到一个新的高度；唯有建立独具“巨人”特色的组织结构和管理模式，才是使“巨人”保持永久活力的根本途径。自己的路只能靠自己走，这是沉重的代价告诉“巨人”的，也是“巨人”深刻反思的结果。

在沸沸扬扬的议论声中，史玉柱断然决定：原先大一统的开发部分割成5个软件开发公司，成立物业管理公司、内部财务公司、产品公司、电子工程公司，以及近10个事业部。

行政部门只保留3个，即总裁办、审计部和人事部，被称作巨人集团的“小政府”。“小政府”也不是旱涝保收，当整个集团处于非赢利状态时，“小政府”工作人员的岗位工资只能拿70%。“小政府”及各分公司、各事业部都在财务公司有自己的账号，他们之间都是经济关系。物业公司每月向各个部门收取房租、水电费和餐费、出车费等来维持自己的生存。财务公司靠向各分公司提供贷款的利息来养活自己。

连一贯被认为是“事业”单位的巨人报社，也被迫“下海”了。以前的报社完全靠集团总部的拨款支撑，现在集团总部只拨能维持起码生存水准的款项，即“温饱”款。要想“小康”，甚至“富裕”，就只有提高办报质量，降低办报成本，让全国所有的分公司都订《巨人报》。

史玉柱还宣布，各分公司从此以后统一将个人收入与公司的经济效益挂钩，上不封顶，允许一部分人先富起来。某公司如果连续3个月亏损，并且亏损额达到集团总部规定的数目，这个公司就只有破产。如果你所在的公司效益好，集团总部原则上对你所在公司的正常开支不予干涉。每月纯利的30%作为奖金发放，20%作为员工的福利金，另外的50%作为该公司的发展基金。

这是一种在教科书上找不到任何说法的管理模式，经济学界和新闻媒体只好用一个新的名词来定义它，即“巨人模式”。国内某著名经济学家在评价“巨人模式”时认为，这种模式走出了管理学的一条新路。以前的管理突出“管”，而没有充分利用“理”的功能。所谓“理”，就是要根据每个企业的不同特点，其中包括企业人员的组成结构，理顺人与人、部门与部门之间的关系，既要和谐融洽，又要相互制约。

“二次创业”给巨人集团带来了巨大的生机与活力。仿佛一夜之间，员工们就从“乘凉于巨人树下”的悠闲“白领”，变成了没日没夜的“工作狂”。按常规一年才能开发出来的产品，3 个月就报捷了；有一个部的牵头者，在一个季度内就获得报酬 10 万元；某分公司的销售额，两个月里猛增了 17 倍。

史玉柱的“巨人模式”在巨人集团牛刀小试，显示出不凡的生命力。

而在和记者谈到这点时，史玉柱以良好的风度谦虚地说：“这不过是在与业务挂钩时，把利益给重了一点的结果。”

（四）“锻造”干部

史玉柱祖籍安徽，自幼不吃辣椒。上大学后，班里有了一些四川、湖南的同学，常以敢吃麻辣自夸。有一次双方为此事争得面红耳赤，四川同学拿出一瓶“朝天椒”，声称谁能空口吃下一只，就替谁打一个月的开水。史玉柱拍案而起，抢过整瓶辣椒，慢条斯理一个一个地吃得干干净净。对手们目瞪口呆，俯首称臣。史玉柱虽然几天都被辣得合不拢嘴，但从此他便有了敢吃辣椒的“基因”，饭桌上常常无辣不欢，吃辣椒成了他攻克得最彻底的“世界难题”。

许多年后，史玉柱对此事仍不无莞尔，他说如果没有同窗学友的言语相激，他恐怕至今也不会吃辣椒。其实从这件事上，自己得到了一个最重要的启发，那就是任何人的潜力，在正常的状态下和舒适的环境里，都难以得到激发。

史玉柱的办公室里有一排长长的书柜，排列着数百部名人传记和中国共产党党史。他常常阅读这些书，同时思考一些和企业经营有关的问题。

在战争年代，20 岁出头当军长、师长的堪称常事，十七八岁指挥大规模战役的事也并不新鲜。而在和平时期，30 多岁的人能当一个县长，还算是年轻干部。是和平时期人的素质比战争年代人的素质差，能力没战争年代强吗？史玉柱并不这么看。

而且，由于生活水平的不断提高，和平时期人的智商应该比战争年代人的智商高。关键是和平时期的人没有太大的压力，没有生与死的考验。胜则荣生，败则辱亡，这是战争的规律。在这种超常规的压力之下，有很多人就会最大限度地发挥自己的潜能，就成了“超人”，创造出人间奇迹。史玉柱将这种现象称为“制造英雄”。

当巨人集团发展到 1994 年的规模后，其员工们发现，一些与军事有关的词汇观念，愈来愈多地出现在集团的规划和史玉柱的讲话中。1995 年，“巨人”集中拓展电脑、药品、健康品三类产品的市场，被冠之以“三大战役”的名称；遍布全国各地的分公司、经销部，被划分为华东、华北等 8 个方面军；总裁办公室的墙上，市场统计表的上方赫然贴着“军令状”三个大字；早在“三大战役”开始之前，公司最高权力机构就被模拟成军队司令部的总指挥部。

史玉柱对这一切的唯一解释就是，他希望以此来“锻造”干部。巨人集团的员工都是年轻人，完全可以通过模拟战争年代，营造战争氛围，让全体员工感到一种超常规的压力，使其能力在锻炼中迅速提高。特别是要通过这种锻炼，造就出大批高素质的干部队伍。这支队伍就是“巨人”最大的物质财富和精神财富，是“巨人”未来发展至关重要的基石。

锻造干部队伍的运动是从“巨人脑黄金”走向市场开始的。

1994 年底，史玉柱公布了一项对“巨人”发展具有重要意义的方案；用两个月的时间，将“巨人脑黄金”推向市场，先在华东地区试销，12 月份启动全国市场，确立“巨人”在全国保健品市场的地位。

这个方案对于当时公司绝大多数高层管理人员来说，可以说是平地惊雷。电脑是“巨人”的看家本领，积累了丰富的经验，“巨人”做电脑产品可谓得心应手。可是做保健品，“巨人”能行吗？

按照惯例，要将一个全新的保健品从实验室推向市场，至少要有一年的时间。“巨人”能有什么魔法，想要一觉醒来，遍地都是“脑黄金”？史玉柱明白，如果举手表决，95% 的人都将反对这个提案。他没有触动这个程序，而是直接行使了自己的决策权，命令各分公司立下“军令状”，不能按时保质完成任务，分公司经理就地落马，没有丝毫的客观原因可为自己开脱。

就这样，全国各分公司经理及总部有关部门负责人被一个叫作“巨人脑黄金”的东西硬逼到背水一战的境地。在群雄纷争的中国保健品市场，“巨人”起步最晚。但史玉柱要的效果就是，“巨人”一踏上征程就不再有退路，退路往往就是绝路，没有退路才会有真正的出路。

到 1995 年 2 月底，“巨人脑黄金战役”第一阶段宣告结束，“巨人”创造了中国保健品在启动市场时的奇迹。有近 10 位分公司经理在这期间落马降职，有近 20 位分公司经理稳稳地坐在原来的位置上，个个都可以问心无愧地称自己是保健品市场的专家了。而那些落马或降职的经理，史玉柱说，并非他们能力不够，而是目前还不适应“巨人”正努力营造的特殊气氛。假如让这些人到基层去锻炼一年，一年后再给他们一次机会，他们就会特别珍惜这第二次机会。

人是有惰性的，而生活中的“高压锅原理”可以最大限度地让人克服惰性。同样一只鸡，同样的温度在高压锅里只需十几分钟就能炖好，而在一般的锅里只能慢慢悠悠地耗上几个小时。“巨人脑黄金”第一阶段“销售状元”、原巨人杭州公司经理黄飞深有感触地说：“尽管‘巨人’的环境常常让我紧张得喘不过气来，但我从心里还是感谢‘巨人’。人在年轻的时候，能有这样一个塑造自己的环境，能有这种超常规的压力让自己尽快地成熟起来，一生都是受益无穷的。”

史玉柱成功地把“巨人”变成了一座军营。来到巨人集团，人们真像回到了战争年代，满目所见，尽是 20 多岁的总裁、经理。在这些“娃娃经理”的指挥下，“巨人”以每月赢利数千万元的速度壮大起来。

（五）构筑巨人三脚架

初次见到史玉柱，你也许会感到失望。创造出奇迹的他，远非另外一些成功的企业家那样有一种豪迈气派，更没有刻意营造出的神秘感。他瘦削的身躯显得有些单薄，走路的姿势一点儿也不稳健潇洒。当看到他为检查工作而匆匆穿行于充满现代化风格的公司走廊时，我甚至觉得他还是一位赶去教室上课的学生，而非一位领导着庞大队伍、拥有亿万元资产的企业家。他戴一副眼镜，文质彬彬，不善言辞，也不习惯使用手势加强语言的煽动力。如果他走在大街的人流中，你也绝对不会首先注意到他。

然而，当同他深入交谈后，人们不难发现，这位毕业于浙江大学数学系的年轻人，温和的表面背后，其实隐含着一股刚劲。他似乎有着天生的经营谋略意识和市场敏感神经。

很多年前，当史玉柱对各种经济类书刊产生浓厚兴趣时，就得出一个结论：中国肯定要走市场经济道路，而市场经济必然会翻云覆雨地造就一批有竞争力的企业，也必然会在沉浮起落中淘汰那些不思进取的企业。

史玉柱将“巨人三脚架”归纳为三部分：合理的产业结构、完善而严密的组织、永恒的质量意识。

近年来，随着IBM、康柏、微软等国外一些著名的电脑公司对中国市场的抢占，国内大多数中小电脑公司在洋电脑“船坚炮利”的进攻下溃不成军。“巨人”虽是以电脑起家，实力和根基相对深厚，但在这场市场争夺战中仍不可避免地受到了冲击。史玉柱同时意识到，前几年的“巨人”就像一棵拼命生长的幼树，经过几年的发育，高度是有了，却未免显得树干不粗、枝条不多、根须不密，经不住风吹，耐不了冰雹。“巨人”若不开创新的产业方向，一是抗风险能力不够，再就是曾经给“巨人”带来空前发展力的生长点，将随着电脑产业的日新月异而逐渐稀缺，直至断绝。

史玉柱把目光放在了电脑、健康品、药品、金融业、房地产五大板块上。

电脑仍将是巨人集团的主导产业。1995年，史玉柱斥资2 000多万元，组织了300多人的开发队伍，在上海封闭开发目前中国最大的软件工程——多媒体家庭教育软件。这个软件的开发，不仅将给中国的教育带来一场革命，同时标志着巨人集团电脑产品结构的调整步入正轨。

与此同时，作为“巨人”生物工程的重头戏“巨人脑黄金”于1994年底在史玉柱的个人意志下强力推向市场，因其销势火爆而诱发了一场轰轰烈烈的“脑黄金风波”；而直到1995年5月，“巨人肝黄金”“巨人吃饭香”“巨人补钙”等新一批生物工程产品相继投进市场后，国人才真正意识到，“巨人”这支保健品产业线上的新军，委实不可轻视。

此外，巨人集团还涉足金融业；投巨资兴建70层巨人大厦；在黄山北大门购置12平方千米土地，兴建游乐场、度假村；在大连、上海购置产业。

在“巨人三脚架”的另一个支点——组织结构上，史玉柱也倾注了大量心血。1995年初，“巨人”仅有200名员工，到1995年底，“巨人”的员工人数已增至近万人。管理科学告诉史玉柱，当公司规模小时，可以不需要组织，组织多了反而影响效率；但公司大了，人员多了，如果没有一个严密的组织和管理制度，整个公司就会成一盘散沙，缺乏应变能力和反应速度。内力不足，面向市场就必然缺乏竞争性。

在质量意识上，史玉柱把这一点作为强调最多、奖惩最重的一个环节来抓。曾经有一位部门负责人向史玉柱递交了一份报告，几个错别字令这位负责人当场被罚，一个错字罚款50元。从此，巨人公司就流传着史玉柱的名言：写报告如此粗心的人，抓质量也好不到哪里去。

“巨人”建立了非常严格的质量控制体系。首先是在工厂有一支专业水平很高的质量检测队伍，可保产品出厂时有很高的优质品率。产品出厂后，由各事业部进行抽查，如发现质量问题，制造部门将被重罚。各事业部抽查完后再由集团总部组织专门人员进行检查，如发现质量问题，事业部和制造部将一并受罚。产品到分公司后，分公司如发现了质量问题，制造部、事业部、总部负责检查的人员都将被重罚。最后，如果产品销售出去，用户发现了质量问题，那么，前面所有的部门将加倍受罚。

以“巨人脑黄金”为例，其零售价每盒为29.8元，有的城市因俏销，涨到35元以上，而同类产品大多却定价在20元以上。史玉柱不与同行打价格战，宁肯多花成本，也要坚守质量、维护品牌，不能不说是在当今泥沙俱下的市场上扯起了一面独特的旗帜。

（六）巨人理想

史玉柱初到深圳，看到过太多离奇的人和离奇的事。无数前途美妙、前景灿烂、财力雄厚的人，可能转瞬之间一切化为乌有；一些穷途末路怀着撞大运心理来一试身手的人，却可能一夜成名，在铺天盖地的公司招牌中折腾出几个动听的新字号。以深圳为代表的那些南方城市，无疑是一个个塑造创业英雄的舞台，这样的舞台随时都在更换角色，不断有人从主角滑向配角，甚至去跑龙套。这里各色人等来来往往，如匆匆过客，人物与布景迅疾变幻，上演着一出出酸甜苦辣交织的戏剧。

史玉柱不甘心做这样的匆匆过客。作为毫无操作阅历的企业家，他需要不停地转换观念，摸着石头过河；作为民营高科技企业，其在竞争中立足的支撑点就是不停地让产品升级换代。史玉柱少年时就有成就大业的理想，然而这理想需要一步一步在操作中慢慢实现。

1991年，史玉柱成功地研制出“M-6403”电脑软件，疲惫不堪地回到深圳宝安大厦家中时，迎接他的是满地垃圾：妻子出走了。他在得到成功喜悦的同时，品尝了婚姻失败的苦楚。他至今孑然一身，唯以事业的发展告慰自己，不知是否有一种“悔罪”心理？

史玉柱已经是尽人皆知的亿万富翁了，而令人难以相信的是，他的私人户头上却没有一分钱。作为国内最大民营高科技企业的总裁，史玉柱每天吃方便面已养成了习惯，而且个人常有整月不消费的纪录。

史玉柱在与记者谈到“巨人”的财富积累时说，假如“巨人”今年的利润是5 000万元，那么明年的投入肯定过亿。按传统的积累标准，“巨人”是不做传统积累的。

“这样大规模的企业，不做点积累，不攒点私房钱，万一有个家长里短，不就风雨飘摇了吗?”记者提出了疑问。

史玉柱微微一笑:“可口可乐的老总说，如果一把火将全世界的可口可乐公司都烧掉，也没有什么可怕，因为仅‘可口可乐’这几个字就值上百亿美元，这是永远也烧不掉的。‘巨人’的积累首先是从品牌开始的：每年倾注巨额资金，通过各种媒体，在全社会树立‘巨人’的形象，使‘巨人’这两个字家喻户晓、妇孺皆知。前一段在一项综合民意测验中，有80%的中国人知道‘巨人’，这是‘巨人’的巨大财富。其次是将现有资金转化成先进的科研开发成果，这是‘巨人’积累的又一方式。高科技领域竞争异常激烈，产品更新换代的周期愈来愈短。在某段时间，‘巨人’可能投入了巨额资金，换得一张图纸。从账面上看，这笔钱没有给‘巨人’添置什么实物，好像不是积累，但正是这张图纸就可能给人带来无法估量的收益。

“按照‘巨人’的传统，我们是用M-6401赚来的利润投入到M-6403的开发研究中，用M-6403赚来的利润投入到M-6405、中文手写电脑、巨人财务软件等产品的开发研究中，用电脑软件赚来的利润投入到生物工程的开发研究中，周而复始，生生不息。

“同样，‘巨人’不惜巨资建立的严密的组织结构和广大的营销网络，也是一种无形资产。将有限的有形资产转化为无形资产，再通过无形资产转化成更多的有形资产，‘巨人’用这种从无到有的资产积累方式，用3年时间，走完了一般的积累方式至少10年才能走完的路。”

望着侃侃而谈的史玉柱，笔者相信，“巨人”的理想其实是要做世界企业的巨人，而并不仅仅为了赚钱。当史玉柱于1995年发动“巨人”电脑、健康品、药品“三大战役”时，他的目标是两年内使“巨人”的年产值达到100亿元；到2000年达到500亿元，超过国内最大的企业宝钢和首钢。如此磅礴的气势，来自那么瘦弱的躯体，常令人产生一种两者无法连接的感觉。

史玉柱是幸运的，是勤奋卓越的，也是自负的。他心仪毛泽东，将战争原理引入经营实践；他渴望从大风险中获取大收益；他崇尚气魄，喜欢独立决策，在色彩单一的世界里恣肆汪洋、得心应手。

然而自负的史玉柱也不可避免地要犯一些或大或小的错误，包括决策上的失误：在“巨人健康大行动”中，被史玉柱枪毙了1 000多份计划书然后定稿的宣传方案，却因主客观两方面的原因在实施中失败，导致“巨人”的直接经济损失达2 000万元；而又有人评价说，“巨人”过分追求产量规模的生产方式，在企业发展初期尚可行，大规模生产后，如果不顾市场容量的大小及市场导向的转变而盲目扩大生产，稍一不慎，损失就难以承受。

理想能够诱人奋发上进，理想也能唤起企业的潜力、凝聚力，提高企业的效率，使企业在较高的起点上得到较快的发展。然而理想与达成理想之间，毕竟有一段未知的距离。

西方思想家告诉人们，在一个不确定、一切处于开创阶段的环境里，冒险精神是最为稀缺的资源；而当市场蛋糕基本划定、环境逐渐稳定后，老成持重的人才能获得最大收益。正如毛泽东所言：“1949年以前，熟悉战争会打仗是最重要的；中华人民共和国成立后，学习经济建设、学会创业守成就成了首要任务了。”在这一点上，史玉柱比别的人看得更透，想得更远。

周桐宇：做当地最大的 IT 分销商

从 4 个人的电脑销售公司，到中国行业十强分销商第 4 名（前 3 名皆有强大的政府或外资背景）；从没有本钱赊货起家，到年营业额超过 30 亿元；从挤公共汽车寻找客户，到连续 3 年雄踞上海民营企业百强前 5 名。这一切，周桐宇只用了 10 年时间。10 年间，周桐宇从一个普通女子成长为 IBM、DEC、苹果、惠普、康柏的中国总代理，成为中国青年企业家协会副会长、上海市人大代表、上海市十大杰出青年、中国 IT 渠道精英；10 年间，周桐宇还看到了刀光剑影，看到了竞争对手一个接一个倒下……

（一）从此只为自己干

难得有这样清雅的名字：桐宇。浪漫而不矫情，疏朗中隐含细腻。偏偏就是这样一个同她的名字一样美的女子，在属于男人的 IT 销售行业，将生意做得风生水起，将所有男人抛在背后。

让人惊异的是，1994 年，20 多岁的周桐宇只身“下海”时，除了年轻美貌、复旦文凭和一颗争强好胜不甘人后的心，她几乎一无所有！没有资金，没有专业背景，没有亲朋好友支持，甚至没有她准备从事的那个行业一点点的人脉关系。

然后，不到两年，她的公司竟已成长为华东地区最大的 IT 分销商。

光脚的不怕穿鞋的，“当你一无所有的时候，你还有什么不敢做呢?”

从 4 个人的电脑销售公司，到中国行业十强分销商第 4 名（前 3 名皆有强大的政府或外资背景）；从没有本钱赊货起家，到年营业额超过 30 亿元；从挤公共汽车寻找客户，到连续3年雄踞上海民营企业百强前5名。这一切，周桐宇只用了10年时间。10年间，周桐宇从一个普通女子成长为IBM、DEC、苹果、惠普、康柏的中国总代理，成为中国青年企业家协会副会长、上海市人大代表、上海市十大杰出青年、中国IT渠道精英；10年间，周桐宇还看到了刀光剑影，看到了竞争对手一个接一个倒下……

周桐宇创业、成长，别人倒下之时，周桐宇在前进。

一个小女子，是怎么做到这一切的？换言之，小公司是怎么快速做大的？

让我们来仔细审视周桐宇的创业经历。

性格即命运。“站在街上抬头仰望，满眼皆是繁茂翠绿的梧桐树，活力、铺张，又带着一点阳光洒落后的空阔和寂寥。”周桐宇创业之初的上海街头景象，已深深留在了她的记忆中。那时她每天身着职业套装，在斑驳的梧桐树荫里挤上公共汽车，一个站一个站地去“扫街”，推销自己赊来的20台手提电脑。

那时，周桐宇心里藏着一个强烈的期待：“一定要做一个优秀的人！”这种期待从童年时就进入了她的生活，并影响了她的一生。

小时候，父母在北京，周桐宇跟着奶奶长大，祖孙俩生活清苦。必须自立自强的现实磨砺，让她自小就学会了精打细算巧安排，什么样的事得自己做，什么样的事需要请邻居帮忙。别人帮了忙，找到合适的机会就要表达谢意，这些都要察颜观色。小小的桐宇眉清目秀，善解人意，渐渐变成了“人精”。

祖孙俩相依为命，周桐宇就是奶奶的全部。高考那年，每天晚上，周桐宇搬个凳子坐在弄堂的路灯下复习功课，奶奶就在身后为她摇扇祛暑。考试那天早上，为了讨个口彩，奶奶专门为她买了“定胜糕”。考场就在家对面，考完一出来，周桐宇一眼就看见白发苍苍的奶奶站在弄堂口的烈日下等着自己……那一刻，她心中划过了一句誓言：“我一定不辜负她对我的期望，一定要让奶奶觉得我是一个优秀的人，我一定会交一份非常出色的考卷给她！”从此只要考试，她总是力求100分，年年拿第一名，年年被评为优秀学生干部，年年获得免费参加夏令营的殊荣。

今天，记者面前的周桐宇，笑言追求完美是处女座的特质。其实认真追溯起来，她在少年生活中培养成的聪明伶俐、善交际、热爱集体生活、感恩图报、不甘人后、事事追求第一、事事要自己争气的品质，才是塑造她非凡未来的命运之手。她说："一个人养成了好性格，就会有好的习惯，就一定会有好命运。"

转眼到了 1993 年，复旦大学经济系毕业的周桐宇，当过学生会主席，有了数年工作经历，拍过几部电视剧，她已经有足够大的胆识独闯世界。但就在她梦想编织属于自己的精彩之时，命运却翻云覆雨——

留学美国，却因奶奶病重中途放弃；

开美容院，却因资金不继终成泡影；

应聘外企，却阴差阳错机会烟消云散……

从来只是习惯成功敲门的周桐宇突然遭遇了一连串的挫败，人生惶然失措，骄傲随风飘落。这时她意识到，接二连三的挫折意味着天上再也不会掉下馅饼。她咬咬牙，鼓励自己坚持住。

1994 年，电脑市场在中国勃兴，蛋糕日益庞大，难得一见的手提电脑更是暴利诱人。周桐宇心一横，找了 4 个志同道合的伙伴，决心卖手提电脑去，"从此只为自己干"！她成立了一个叫威达的小公司，4 个穷人没有本钱，好不容易托人赊来 20 台 IBM 手提电脑。

赊货有账期，20 台电脑，30 天结账，卖不完就得乖乖关门走人。

清晨，窗外茂名路上的梧桐树枝繁叶茂。周桐宇在窄窄的行军床上睁开眼睛，望着墙角的 20 台电脑，她有点茫然，有点发蒙。从来没做过生意，更没销售经验，没有资金，没有技术，没有客户，没有宣传，这些货怎样才能卖掉？

（二）生意就是一针见血

她知道，上海所有像她一样的二级经销商都在做终端。每台几千元的暴利（2 万～3 万元一台的终端价）实在诱人，那些公司都是一台一台地卖，一点一点地磨，谈成一单就狠赚一笔，因为上海市场奇大无比，总有人愿意买高价。

但高价卖得实在慢，自己这样做无异于等死。怎样才能在30天内把货卖完？周桐宇顿悟，决心独辟蹊径："低价冲市场，每台只要有500元的利润，我们就脱手。一边做终端客户，同时把货批发给那些卖高价的经销商。"

没有终端门市，更没人力物力财力和时间去开发终端客户，这部分市场只能作为次要市场，重点市场是经销商。第一，经销商都在那儿明摆着，找到他们易如反掌；第二，经销商要货量大而快，内行交易简洁干脆；第三，自己能拿到最新最快的货，在别的经销商拿到新货之前打时间差，把货发给他们；第四，快速周转正好符合了IT产品更新换代快的特点。

一个字，快！这正是自己的命门所在。

在"高额利润"和"快速周转"之间，学经济的周桐宇本能地选择了低价快速周转，这正好符合了生意最本质的道理。"做生意就是要快，哪有时间去软磨硬缠、优柔寡断？创业之初更不需要复杂啰唆的经营理念和事业理想，所以我第一单生意的全部内涵只是用体力和脑力，把东西快速卖出去。"

策略既定，伙伴们马上找来上海市电话号簿，将黄页上面所有的电脑销售公司找出来，画了一张最便捷的公交路线图。然后每天早晨，漂亮的周桐宇穿着漂亮的职业套装，挤上公共汽车，沿着线路图一个公司接一个公司去"扫街"，去敲开别人的门。"我只需要聊一聊，不管对方是经理还是业务员出面，我都能迅速让对方了解我，让我了解他们。因为我的形象和沟通能力，对方总会觉得这是一个良好的开端。后来我发现，只要'扫'足够多的街，只要把足够多的信息传递给对方，就是成功。"

周桐宇上午"扫街"，下午回公司电话回访，晚上一边吃方便面，一边发挥个人特长——煽情演说，为伙伴们描绘美好蓝图。小公司，员工太容易泄气，必须让他们每天晚上激情澎湃地回家，第二天好接着冲锋陷阵。

不到30天，扫过100多家公司之后，20台电脑卖完了！

然后是第二批货，第三批货……已经不再为生存而惶恐的周桐宇，有了更好的心情穿上漂亮套装出门。她知道，爱美的更深一层含义，是尊重自己见到的每一个人，是对自己有更多的期待。此时她在业内已经小有名气，但同行怨怼的潮水倾泻而来，所有的竞争对手都斥责她低价搅局，破坏了大家大杯分羹的游戏规则。周桐宇哑然一笑："重要的是我生存下来了。"

周桐宇对伙伴说，这些竞争对手终究会被淘汰。

因为她知道波特理论：新产品的市场规律犹如一条抛物线，上升期可获取高额利润，但抛物线到达顶部之后就会下滑进入微利阶段。当大多数企业采取上升期做高额利润的市场策略之后，市场必然在某个时期快速进入微利阶段。关键是，此时已经习惯了做高额利润市场策略的企业，往往船大难以掉头，必然不能适应低价竞争的市场形势，最终在残酷的竞争中元气大伤或者死掉。

事实也是如此，10 年后，周桐宇成为行业翘楚之时，当年几十家竞争对手只有一家还活着。

明白了未来趋势，现在就得更加努力。每次一走上繁华热闹、活力四射的大街，她都会觉得浑身有使不完的劲儿，觉得自己每一个细胞都在膨胀、在大口呼吸新鲜空气。上海的天空飘着金钱，地上长着黄金，这个热气腾腾的国际大都市完全就是财富的摇篮——所以周桐宇无论怎样加快速度，业务都会像影子一样跟上来。到 1995 年底，创业不到两年，她经手的 TI、AST 手提电脑，每月出货量达到了 70～80 台，年销售额迅速跃升到了 2 000 多万元！

又一个夏天过去了，秋意开始浓烈，窗外梧桐树叶从翠绿变成金黄。爱在公交车上偷闲自我回顾的周桐宇猛然意识到：自己一开始就掌握了的快速周转环节，其实是将公司快速做大的最关键的要素，所以出货量才这么大；而且她还惊奇地发现，大出货量已经使自己变成了一家非常适合做总代理的公司！

为什么不做成大公司？为什么不争取做总代理?！

生活和生意到了这个分儿上，只需要捅破，就水到渠成。

（三）一个"爬烟囱"的上海女人

周桐宇始终有一种危机感。她感觉自己飘浮在半空，四周全是混沌虚无。

明知道高处有IBM、惠普、康柏等巨无霸，却看不到它们，更牵不到它们的手；自己的下家里没有紧密稳定的客户群，他们随时可能反目而去；而同行又对自己倍加孤立打压。周桐宇常常在深夜里，感到孤独无助……“一个女人，选择了属于男人的IT分销来创业，就是选择了一场血腥的战争，向上或者出局，你没有理由和机会停下来喘息。有时我又感觉自己像一头扎进了一个黑漆漆的烟囱，上面只有很微弱的光线，四壁是很滑很滑的烟灰，有时连手都抓不住了，但是我不能滑下去，因为下面是火，我只有不顾一切拼命向上爬，向上爬。”

说到这里，周桐宇依然波澜不惊，保持着上海人特有的优雅。

为了在这场与男人的战争中不被消灭，周桐宇身上的各种潜力一下被激发出来。她不断追问“我能做什么，我怎样才能做得更好”，她心里很明白，“二级经销商如果3年没出头，就没有希望做大了”，所以她唯一的出路是向上，超越所有小富即安的竞争对手，迅速做大，做第一的全国总代理！虽然创业仅两年，但2 000多万元的二级销售奇迹，就是自己非凡实力的证明。

1996年初，周桐宇找到了正打算开拓中国市场的美国DEC电脑公司，双方一拍即合。

DEC愿意让周桐宇做中国区总代理的理由，一是周桐宇和她的团队素质超群；二是专业做手提电脑；三是威达公司虽小，却有极强的成长潜力，会全力以赴做大DEC，与DEC共同成长；四是有超强的铺货能力，产品几乎可以一夜间进入上海所有的终端市场。

其间，有一个小插曲：总代理签约仪式那天，小小的威达公司竟凑不够出席仪式的人数，周桐宇急了，灵机一动，把家里所有亲戚朋友请来凑数，假扮自己的代理商，大家个个西装革履，举着酒杯，忍着不笑。时至今日，DEC的人看到周桐宇，还会以此拿她取乐。

一日之内，天上人间。身份不一样了，感觉不一样了，整个人仿佛脱胎换骨，每日要思考的是“军国大计”。但是站得高才发现脚下摇晃、根基不牢，站得高才发现展翅时羽翼还不够丰满。为了迅速打开中国市场，DEC对周桐宇和威达的员工进行了品牌经营的全方面培训。此时，从未全盘操作大品牌推广的周桐宇仿佛推开了一道神奇的大门，眼前豁然开朗！天性好学的她像海绵一样吸收着国际大企业的操作经验。

她学到了大厂商是怎样进行生产运营的，市场是怎样通盘策划的，销售部门是怎样运作的，商务部门是怎样给自己下订单的，战略规划部门是怎样与客户谈明年的市场规划的，周桐宇这才知道，什么样的企业才是大企业，大企业怎样进行全盘运作；周桐宇这才知道，自己做营销代理，还有更多的细节尚待完善。此时周桐宇才体会到，自己真的是上了一个台阶。

“就这样，一旦成为总代理，我就成为国际大企业的一部分。我一边向大企业学习国际经验，一边结合中国本土进行实践，一有问题马上又学，短短几年内，我就成长为一家成熟的具有国际视野的公司。”

1996 年底，创业仅两年的周桐宇成为华东地区最大的 IT 分销商。

也是 1996 年底，全球最伟大的企业之一——IBM，敲开了周桐宇的大门。

“做 IBM 的中国总代理?!”周桐宇有点头晕，激动得心都快从嗓子眼里跳出来了，“为什么会选到我?”IBM 解释说，已有的几家中国区总代理都集中在北京，那里的政治文化和区位优势使他们缺少竞争，现在需要在经济更发达、辐射能力更强的华东地区培植新的总代理，以激活全国市场，而周桐宇是 IBM 公认最具成长性的候选人。

但是，IBM 开出的条件却让人窒息——IBM 要求第一年达到的销售额是当时周桐宇销售能力的 10 倍以上！而且即使你前一个月的货一台未卖出去，第二个月你仍然得进规定数量的货。这几乎是让人难以接受的条件。

在开董事会决定签还是不签的最后关头，所有人都犹豫了。签，意味着负债累累，意味着自己和公司所有人都比现在不知累多少倍，而且很可能根本就做不下来，失败，一蹶不振；不签，意味着将成为中国最大 IT 分销商的机会拱手让予他人，意味着寄人篱下，意味着失去全国市场，失去全球最优秀企业的支持。

最后，周桐宇拍板："签！"

"本来我觉得已经爬到烟囱顶部的出口了，我已经呼吸到了最新鲜的空气。但这样一来，我重新把自己硬塞进了一个更高更大的烟囱底部，我必须重新开始拼命向上爬……"记者面前的周桐宇，啜了一口茶，莞尔一笑。

（四）暗度陈仓与一箭双雕

早年周桐宇留学美国时曾到过夏威夷，岛上居民随性而热爱生活，可以穿着拖鞋上飞机。周桐宇问他们："火山随时可能爆发，为什么你们还选择住在岛上?"对方哈哈大笑："每一天都可以按照自己喜欢的方式活着，就是最大的幸福。"

签约IBM时，周桐宇想到了岛上的居民。她感到心灵深处有一个声音在召唤："看看自己究竟可以做到什么程度。"她决心挑战自己，这就是她喜欢的生活。

一场全国性的战役就要打响了，威达还面临着两大难题，一是销售网络不足，二是人才匮乏。周桐宇必须一边着手组建分公司，开拓各地市场，一边在最短的时间内找到合适的人才。反复研究之后，她认为全国IT行业的分销中心在北京，拿下北京市场就等于拿下了中国三分之一的市场份额，而北京市场的决胜高地是中关村，尤其是那里聚集着全国最优秀的IT人才，进军中关村，可实现一箭双雕。

战略既定，周桐宇决定亲赴北京。1997年4月，周桐宇带着一位助手，租下了中关村知春路一幢大厦二楼最小的一个房间做办公室，一边熟悉市场，一边寻找机会。

北京是别人的地盘，周桐宇秘密潜入。正愁没法打开市场之时，IBM来了个通知，要求所有IBM总代理的主力销售人员接受一款新型号手提电脑的销售培训。周桐宇一看这机会太好了，这将成为自己撕开北京市场的突破口！她立即将名片改为"威达公司北京办事处销售主管周桐宇"，参加了培训。培训过程中，她一边发名片一边与别人交流沟通。别人一看，外地来的小姑娘，挺漂亮，打工的，不但没有戒心，还抢着关照她。于是周桐宇抓紧机会，最大限度地发挥自己的交际沟通能力。凭着为人的诚实和谦和，7天培训结束之后，周桐宇与班上几乎所有的人都成了好朋友。

之后每一天，她要么与助手出门“扫街”，要么就在各个IBM店里泡着，晚上就一茬一茬地请这些小青年们出去喝啤酒、泡吧。

“好了，这些人都是卖IBM手提电脑的，手里有大量的客户。他们卖自己老板的货，也在为我出货。卖货都有提成，我给的提成更高一点，他们不就更愿意帮我卖货了吗?”说到这，周桐宇“呵呵”笑出声来，“我不用打广告，办公费用也低，所以价格就降下来了。而且广告都是北京的总代理在打，他一打广告，我就借机悄悄地飞速出货，然后我把省下的广告费给那些销售员们，销售员就干得更欢了。”

这招“暗度陈仓”秘密行动，让威达短短两三个月内就在北京站稳了脚跟。北京的经销商也开始大量地从威达拿货了，此时当地总代理才惊讶地发现——威达已经这么厉害了?！后来他们见到周桐宇，半开玩笑说:“周桐宇，你太狡猾了，如果当初让我们知道了，你早就在摇篮里夭折了。”每到这时，她会露出一个漂亮的微笑。这就是低调沉着的周桐宇，在笑意满满的嘴角边，带出一个女人暗暗的自信和对自己准确的把握。

全国最大的电脑市场终于被攻克，周桐宇又马不停蹄地开始组建各地分公司。

她没有忘记到北京要实现“一箭双雕”的目的，与销售员们天天泡在一块儿，也是为了物色和考察谁能成为下一个分公司的领军人物。这几十上百人的品性、才能、知识、阅历在周桐宇的眼里一览无余，她天天在比较、分析。

她看中了一个做电脑市场推广策划的成都小伙子，决定委任他为成都分公司经理。俩人一商议，认为成都市场应该大做广告，高调强势进入。因为如果成都人知道你是从中关村、从上海来的，他们会仰视，会很容易接受你。此人回到成都，在当时报纸上打了一个整版广告:“威达挡不住!”果然效果奇佳，二级经销商们立即蜂拥拿货。

接着，周桐宇将目光投向了下一个物色对象。越来越多的IT精英人物成了威达旗下大将。

1997年8月，北京市场成熟之后，周桐宇返回上海总部，集中精力操盘IBM手提电脑的销售，带领销售团队创下了10个月销售600万美元的战绩。这一年，威达年度销售额突破了1亿元。

如何才能让三个和尚有水喝？进入1998年，周桐宇加大了各地分公司的建设力度。由于华东地区经济发达，是业务成长的重点区域，于是在南京、杭州等地设立了分公司；华北、华中、华南和西南地区则选择了北京、武汉、广州、深圳、成都等中心城市设立分公司，业务向全区辐射。

借此，威达通过7家分公司、100多家经销商组成的销售网络几乎可以覆盖全国的业务，而且业务已渗透进了证券系统、金融领域、邮电系统，以及税务、财政、油田、学校等各行各业。

但奇怪的是，这一年不管公司上下怎样努力，总感觉增长乏力，使不上劲儿。怎么回事？大家分析之后认为有亚洲金融危机的影响，也有自己是IBM最小的总代理的原因。但周桐宇相信这不是关键，“一定是公司做大之后，某些隐性的环节成了木桶的短板。”她隐隐觉得，威达正在上一个“坎”，迈过这道坎，威达将迎来新一轮快速发展阶段。她感到，自己到了必须要解决某个重大问题的时候了。

对自己至关重要的1998年，她总结说：“任何企业，都是一个阶段一个阶段做过来的，就像地下铁，是一个站一个站地运行。大到国家宏观经济，小到街头小店作坊，都是如此。想明白这一点，你就得留意了，自己的公司在这一阶段是不是该到站了，下一个阶段的起点又在哪里？”时时自省，把握周期，这对周桐宇而言如一日三餐般重要。

终于，周桐宇发现必须改变的是整个销售渠道的运行机制。周桐宇立即在渠道上投入了全部的精力。她认为，在现有条件下要想快速提高营业额，必须将各个国际品牌给威达提供的优惠资源和政策，尽可能多地分给下游，以吸收当地有实力的各级经销商加盟，组成一个强大的威达销售联盟。

在这个联盟中，威达根据一、二、三级分销商实力大小和所覆盖的区域大小，将他们分为不同的等级，不同的等级给予相应的、但一定是当地最有竞争力的价格，同时给每一级分销商提供过去从未有过的正规渠道的种种资源，包括产品、技术、物流、服务等，然后像当年 DEC 对自己进行培训那样，组织每一级把公司做强做大的综合培训、销售培训和技术培训。尤其是将 IBM 对渠道的管理和支持方式向下游延伸，给了各级经销商最大的鼓舞。这样一来，每一级经销商都发现，只要与威达紧紧团结在一起，成为威达销售联盟中的一员，就能快速成长，就能成长为当地最强大的电脑销售商。

当然，还要对他们进行必要的考核，做得好就重奖，除了赚到的钱是自己的，各级经销商几乎成了威达公司的一部分。而这正是周桐宇要达到的效果。

此时，周桐宇终于想明白，做事业远远比做生意更重要。生意短暂，而事业长久。生意大到一定程度，你就不能仍然一门心思赚钱，而应更多地考虑怎样建立一个牢不可破的、属于自己的“铁打营盘”，建立属于自己的帝国。因此必须找到一个合适的建立这种帝国的机制，所幸的是，自己找到了。

建立销售联盟帝国，正是周桐宇获得今日成就的最关键的法宝。

1998 年 10 月，威达在上海周庄召开全国代理商大会。会上，威达正式宣布“威达销售联盟”开始实施。效果果真立竿见影，威达 IBM 产品线在接下来的 4 个月里，销售业绩猛增至 2 亿元，占威达全年 IBM 手提电脑销售额的 2/3，占 IBM 全年市场份额增长的 70%。威达几乎一夜间成为 IBM 大中华区手提电脑总代理中唯一完成销售任务的一家，年度销售额高达 4 000 多万美元，折合人民币 3.2 亿元。这一骄人业绩使周桐宇坚定了对“威达销售联盟”的信心，公司高层决定将其推广至其他所有产品线的渠道运营中。

1999 年，公司秉承“联盟双赢，协作制胜”的全新理念，开始全面发力上攻。

这一年，威达IBM营业额达到6.5亿元，占IBM手提电脑整个中国销售总额的55%，获得了IBM亚太地区最佳销售奖。

这一年，另一家全球最优公司惠普（HP）慕名而来，要求合作，周桐宇微笑相迎。

这时候，一直困扰周桐宇的那种上不沾天、下不着地的虚无恐慌的感觉，才终于渐渐消退了，向上她牵到了全球最大公司的手，向下她又直接与中国成千上万的IT终端，建立了稳固的“共生共赢”关系。她的整个销售渠道网络固若金汤。

多年以后，周桐宇对记者说起这段往事，依然感慨连连。她讲了一个让三个和尚有水喝的简单方法：三个和尚搞接力赛，每人挑一段，大家都不累，水很快就挑满了。这就是协作共赢，这就叫机制创新。她说：“企业大到一定程度，找到一种最优的良性运作机制，比什么都重要。”

（五）看看自己究竟能做到什么程度

让我们回到文章开篇提出的问题：小公司怎样才能快速做大？

周桐宇说：“其实我的整个经历，就是小公司如何快速长大的经历。每个创业者仔细阅读，都能够得到很深的启发。如果我的经验能称得上模式，那么应该是：第一，要有永争第一、绝不动摇的性格；第二，代理一个符合未来市场潮流的新产品；第三，接受正规全面的市场运作培训；第四，低价格，以提高周转率，避免价格波动风险；第五，保持与银行良好的资信关系；第六，要有‘爬烟囱’的拼命心态……”2000年，威达销售总额达到12.5亿元，占全国手提电脑销售总量的16%，名列国内行业第二。威达销售联盟的代理商也由200家增至800多家。

2001年，苹果电脑（Apple）与威达签署中国区总代理协议。这一年，为了迎接新的增长，周桐宇对销售联盟进行调整，将下游渠道进行横向和纵向拓展，横向拓展行业代理商，纵向拓展最终用户代理商，最终，威达“多元化组合分销模式”将下属经销商猛增至 2 700 多家。威达销售网络帝国已然成形！

“重要的是，当威达销售联盟的成员达到数千家的时候，我们就可以反过来向国际厂家争取更优惠的政策，比如价格，然后我们就能完成更大的销售量。这时候，威达的规模效应就体现了出来。这时候即使你不踩油门，威达机制和规模的结合，其本身就会产生加速度。这就是威达跑得越来越快的原因。”

2002 年，周桐宇开始多元化发展。2003 年，威达集团手提电脑和外设销售、服务器和网络产品销售及系统集成等主营业务收入达到 23 亿元，快速消费品、房地产开发、市政建设等多元化业务收入近 10 亿元。除了下属 2 700 多家代理商，在全国各地也已经有了 27 个全资分支机构，稳居行业第四。上海市人大代表、上海十大杰出青年等荣誉也接踵而来……

周桐宇终于可以偷闲，彻底放松。她感到自己已经稳稳站到了最高的烟囱的出口，所有的屋顶都在脚下。

“但不久以后，我也许又会把自己塞进另一个什么大烟囱的底部，然后再向上爬。我总是拿自己当对手，我对自己是贪婪的，当我已经做到第一的时候，每一次倾尽全力，都是为了看看自己究竟可以做到什么程度，而每一次我都能收获惊喜。”

有人说周桐宇是工作狂，“其实我只是貌似工作狂。我想，对任何人而言，最美丽的人生都应该是‘大隐隐于市，貌似工作狂’。”说完，美丽的周桐宇笑靥如花。

比如，她常常会预约酒店早晨 8 点钟的 SPA。那位只会英语和日语的服务生对她说，从来没有中国客人约这么早的 SPA。周桐宇笑笑说：“以后会越来越多。”做完 SPA，她精神抖擞地去逛街、购物、工作、约见客人，这就是国际经验。“我不能只作为一个工作狂去同别人竞争，你要有对生活的理解和底气，外国人懂的你必须得懂，他们的生活方式和生活体验你也得懂，你才能在这个谈判桌上谈一切。谈判需要双方的文化平等。”

别人只要提出问题，周桐宇总是能揣测出对方的心思；她给出的答案，也一定是自己精算后的结果，于是处处能占尽上风。她就是这样一个 10 年浸润在商场中的、精于生活规律和商业规律的人，所以她总是能聪明地顺应，巧妙地利用。“女人首先要理解这个世界，然后要懂得善于利用自己。”

现在，周桐宇在上海顶级的富人区里买了一套别墅，然后把已经快 90 岁高龄的奶奶接过来，和自己住在一起。“在人生的无数条夜行路上，奶奶是夜空里的启明星，默默地关注着我。只要我想看到方向，一抬头便能找到。”

而周桐宇的丈夫胡凯，就是当初冒着巨大风险，帮她赊到 20 台电脑的人。

“他们，是我生命中最重要的两个人。”

第六章

推陈出新 | 抢占新产业

20 世纪 80 年代初期到 90 年代中期，农村工业化是中国经济增长的核心推动力量。农村的富裕和新增购买力，为城市经济注入了强大的活力。1980—1996 年这 17 年中，农村工业化创造了惊人规模的 1.3 亿个工作机会，占到农业就业的 1/3、农业富余劳动力的一半，实现出口 6 008 亿元，总产值高达 1.8 亿元。

1992 年，中国踏上了“社会主义市场经济”的道路，逐渐向世界敞开怀抱。这一时期中国也给予了创业者更为广阔的舞台和无限的机遇：与国外先进思想的交流，相对宽松的创业气氛。

1997—1998 年，亚洲金融危机爆发，使中国经济增长遭遇了暂时的逆风。农村工业化的弱点日渐暴露，企业在规模、技术、人才、信息、渠道、体制等方面的困难，变得越来越缺少回旋的余地。

有人曾这样形容那时候的中国——“遍地都是黄金”。没错，全面开放的中国也就意味着更多的机遇、更多的可能性。一批新兴产业正在悄然崛起。

王传福：角力不如角智

二次充电电池，在中国可以说是一个既老且新的行业。说它老，是基于国际二次充电电池的发展而言；说它新，在中国，这是一个新兴的行业。在此前，中国还没有一家像样和拥有独立知识产权的企业，市场前景不可限量。与此同时，国际电池市场频频传来好消息，二次充电电池市场需求的缺口正在拉大。时刻关注国际电池行业动态的王传福发现：日本宣布本土将不再生产镍镉电池，这势必引发镍镉电池生产基地的国际大转移。“对中国电池行业来说，这将是一个前所未有、千载难逢的机遇！”

（一）从副教授到企业家

杰出人物面对痛苦的选择，往往只按照自己的方式，手起刀落。要在一件事情将萌未萌之际做出选择，有人说需要决策者有过人的智慧，王传福却认为，最关键的还是要有冒险精神。8 年前那一赌，他是赢家。

37 年前，平凡的无为县降生了一个极不显眼的小生命。

在撵鸡斗狗、爬树下河中，王传福度过了无忧无虑的童年。当父母将最后一缕关爱洒向他而撒手西去的时候，这株尚未经历多少风雨的嫩草，还是个中学生。

王传福变得沉默，也变得懂事、坚强了。初中、高中、大学，他咬紧牙关，始终以优异的成绩追求着一个美丽的梦。1987 年，21 岁的王传福成了有色金属研究总院的研究生。

十余载寒窗苦读，多少年艰辛探索，纤纤苗木已是绿荫如盖。1992 年，北京的夏天格外迷人，26 岁的王传福被破格委以总院三〇一室副主任（处级）的重任。与此同时，他还被评为国家级高级工程师、副教授。王传福以雄厚的实力和孜孜不倦的科学精神，成了总院最年轻的高级知识分子。一条清晰而明确的轨道终于铺在了脚下，一幅稳定的人生画卷已经让他触手可及。

有人说机会是缘，可遇而不可求。1993 年，北京有色金属研究院和内蒙古有关方面合资成立了深圳比格电池有限公司，欲利用包头丰富的稀土资源搞新产品开发。这恰好与王传福研究的领域二次充电电池密切相关，部院领导有意让他将“灰色的理论”变成“绿色的实践”，王传福被派到深圳担任总经理。

深圳的天一片湛蓝，揣着自信和梦想的王传福，体味到前所未有的憧憬和激动。新环境的陌生、建功立业的冲动，让王传福浑身洋溢着使不完的劲。这是一个多么难得的机会呀！对王传福来说，从上大学本科到读研究生，学的都是电池。而今，将“潜在的生产力转化为现实的生产力”，他已经有了一方自己的舞台。

更让他兴奋不已的是，二次充电电池，在中国可以说是一个既老且新的行业。说它老，是基于国际二次充电电池的发展而言；说它新，在中国，这是一个新兴的行业。在此前，中国还没有一家像样和拥有独立知识产权的企业，市场前景不可限量。

与此同时，国际电池市场频频传来好消息，二次充电电池市场需求的缺口正在拉大。时刻关注国际电池行业动态的王传福发现：日本宣布本土将不再生产镍镉电池，这势必引发镍镉电池生产基地的国际大转移。“对中国电池行业来说，这将是一个前所未有、千载难逢的机遇！”

但现实却和王传福开了一个不小的玩笑。在这个“吃大锅饭”的企业里，他虽贵为总经理，却没有绝对权力控制和规划企业，企业发展方向、日常经营管理、市场开拓、人事安排……他总不能清晰明确地表达自己的声音。

王传福初到深圳的兴奋与梦想几乎被击得粉碎。站在深圳黄金海岸金色的夜色中，失望和痛苦的煎熬，像海浪一般阵阵向王传福袭来：他分明看到了美妙的市场前景，却无力施展自己的才华；他几乎听到了成功的脚步声，自己却总是笼罩在一张无形的网中，任他拳打脚踢就是挣脱不开。

20世纪90年代初的深圳，是一个每天都在发生奇迹的地方。此时此刻，在王传福的身边，一拨又一拨的年轻人，在“下海”，在轰轰烈烈；一拨又一拨的年轻人，在功成名就、扬名立万。

他再也坐不住了，不在煎熬中灭亡，就定在煎熬中爆发！半年后，王传福痛定思痛，从迷惘中走出来。

（二）跑过火车的马车

一辆马车制作再完美，也跑不过最简陋的火车。但是，王传福却创造了一个“马车跑过火车”的奇迹。他“马车”加“步枪”的干法，不但为比亚迪赢得了飞速的发展，还很快超越国内的同行，抢食了日本同行的蛋糕。

1995年2月，比亚迪在深圳布吉成立。没有资金，没有厂房，更没有设备和原材料。王传福有的仅仅是“年轻而过剩的精力和创业的勇气”。

员工捉摸不透，以为王传福有“大靠山”，就悄悄问：“王总，中央有你的亲戚吧?”

王传福高举双手：“这就是我的靠山。”他脱去外衣，挑砖头，抬钢条，活脱脱一个打工仔，忙活许多天，资金、配套设备却毫无着落。

双手可以干粗活，双手却变不出需要的资金。初出茅庐的王传福在资金问题上四处碰壁、举步维艰。他体会到了一分钱难倒英雄汉的凄苦，甚至动摇过再坚持下去的决心。

在广州做投资的表哥看不下去了，给王传福投了250万元现金，入股比亚迪，王传福才有了“起火粮”。

王传福说：“办企业，你首先要明白一点，你的市场是什么，你的客户在哪里，你的产品的竞争力是什么？这是企业家必须要思考的三个问题，如果这些问题解决不好，企业就不可能一日千里、蒸蒸日上。”

就比亚迪所在的二次充电电池市场来说，这是一个明显分为三级的市场。第一级为替换品市场，这里云集的是一些小品牌，没有自己的核心技术，自然没有丰厚的利润；第二级是品质要求更高的国内厂商，这些厂商要求有相对高的品质和相对低的价格；而第三级市场，才是最高级别的市场，像大霸、朗讯等国际巨头。但它们对供应商的品质、技术、研发能力有很高的要求，当然，它们也是最大利润所在。

二次充电电池进入的门槛相对较低，其生产模式更是简单——从上游企业买来生产电池所需的配件，加工组装就成了。是一开始就切入第三级市场，还是从第一级市场循序渐进达到第三级市场？王传福说："这很简单，在你羽毛还未丰满的时候，你只能做些符合你身份的事情，如果超越了，就是违背规律。"

没有钱买设备，"咱就自己干，我们自己动手做一些关键设备，然后把生产线分解成若干个人工完成的工序，以尽可能地代替机器。"王传福说。

没想到，这个不是办法的办法，却带来了意想不到的效果：由于使用了大量相对廉价的劳动力，比亚迪产品的成本明显比日本厂商和国内数以千万元资金引进生产线的企业有更大的成本优势。更为可贵的是，比亚迪产品的性能丝毫不比日本同行的产品差。

王传福提供的选择，恰恰迎合了国际市场竞争的需要。1995 年下半年，王传福试着将比亚迪的产品送给台湾最大的无绳电话制造商大霸试用。比亚迪产品卓越的品质、低廉的价格，引起了大霸的浓厚兴趣。当年底，大霸毫不犹豫将原本给三洋的订单给了王传福。

刚一出道就得到了客户的认同，王传福福气不小。他也明白了一个道理："你只有真正为客户着想，才会赢得客户的订单，甚至是客户的尊敬！"

王传福尝到了甜头，同时他也认识到，要想挣到"长期饭票"，就必须有自己的核心技术和独立的知识产权。他已经触摸到成功的手，高品质和低价格几乎构成了这类企业赢利模式的全部。就电池行业来说，电芯是最核心的技术优势，只要解决了电芯的研发，比亚迪在市场上就会游刃有余。

1997 年，比亚迪开始研发蓄电池市场具有核心技术的产品镍氢电池和锂电池。王传福投入了大量资金，购买最先进的设备，搜索最前沿的人才，建立中央研究部。他还从中南工大挖来自己的老同学李维，这位化学博士负责整个技术的攻关及产品性能质量的改进。王传福说："在国际市场竞争，我们学会了一种全新的思考问题的方法。当今国际竞争，已是一个角力不如角智，比价格不如拼技术的时代。"

王传福苦练内功的同时，市场给了他相当丰厚的回报。1997 年底，在王传福创业第三年，比亚迪销售额近 1 亿元。

（三）思想的深度决定你的高度

很多初生的创业者，他们膜拜着前人的成功，雕刻着他人的模式、产品相同，名称相同，广告词雷同，价格不相上下，渠道不分你我，一窝蜂的结果是，你有我有大家有，你死我死大家死。

——王传福

1997 年，比亚迪已经从一个不名一文的小角色，成长为一个年销售近 1 亿元的中型企业。王传福的腰也挺了起来。3 年来，比亚迪每年都能达到 100% 的增长率。

民营企业上亿元是一道坎，上去了，你就会顺风顺水；上不去，你就得忍受长时间做不大的煎熬。为了顺利"晋级"，王传福开始规划比亚迪的未来之路。

王传福明白，高手过招，只有你的招比别人更快、更准，你才能获得高额利润。比亚迪是一家生产型企业，虽然已开始拥有自己的核心竞争力和自主的知识产权，但在竞争对手模仿速度极快的今天，很难依靠绝对与众不同的高科技产品确立自己在市场上的垄断地位。

王传福说："国内很多企业盲目追求现代化，往往不切实际地花大价钱引进国际领先水平的生产线，实际上并不可取。因为在引进生产线时，很多厂家根本不会将源代码向中国企业开放，那就等于买了一堆废铁。”

他举例说，在比亚迪进军锂离子电池领域时，国内已有多家厂商进军锂离子电池领域，但它们都在走日本人的老路，甚至花数亿元将日本淘汰的生产线买下来。引进技术的结果是受制于人，而降低成本的另一面则是工艺的改进。“你信不信，一项重大工艺改进给比亚迪带来了 10 倍的成本变化！”王传福对记者说。

生产镍镉电池需要大量耐腐蚀的镍片，而镍的价格高达 14 万元 / 吨，用镀镍片就可降至 1 万元 / 吨，但会影响品质。比亚迪研发中心专门改造了电池溶液的化学成分，从而使镀镍片不易被腐蚀，仅这一项改进就使镍原料的月花费从 500 万—600 万元降至仅需 50 万元。

原材料是构成电池的主要成本。其他厂家与供应商往往只是买卖关系，王传福则不同，他与原料供应商结成战略联盟，和他们交朋友。

王传福说：“我们直接介入供应商的材料开发环节，利用比亚迪强大的科研能力，共同制定降低成本的方案。如镍镉电池需用大量的负极制造材料钴，如果选用性能较好的钴，成本极高。比亚迪与深圳某公司合作，明确了国内外钴的品质差距，制订了提高国产钴品质的详细办法，终于使国产钴达到国际品质要求，同时较国外产品成本低 40%。由于负极材料应用极广，比亚迪仅此一项，一年就可以节省数千万元。”

也许有人会问，这样“偷工减料”，会不会造成产品质量的不过关？王传福告诉记者，比亚迪之所以能够“偷工减料”，是因为有强大的科研能力，是保证品质的“偷工减料”，任何企业都求之不得呢。

（四）大客户的价值和意义

当比亚迪还很“小”时，王传福从不希望得到世界著名厂商的青睐，但当王传福领导的比亚迪已经成为一条威严的“龙”时，他毫不犹豫地来到这些“巨无霸”的门前。

1998年，金融风暴席卷东南亚，全球电池产品价格暴跌20%～40%，日系厂商盈亏线持续紧张，比亚迪的低成本优势越发显得游刃有余。飞利浦、松下甚至索尼也先后向比亚迪发出了令人激动的大额采购订单。

在镍镉电池市场，王传福用了3年时间，抢占了全球近40%的市场份额。比亚迪已经成为镍镉电池当之无愧的老大，但是这是在日系厂商有计划撤离镍镉电池生产的基础上获得的，心高气傲的王传福，岂会甘心只分镍镉电池一杯羹？他的眼光已经瞄向了更具市场前景的锂离子电池。1998年，比亚迪锂离子电池生产工艺技术逐步成熟，达到批量生产能力。王传福组建锂离子电池公司（即现在的锂电池公司），专门负责生产锂离子电池产品。

王传福说，比亚迪的每一款新产品，都遵从了二次充电电池市场的三个层次来发展。在镍镉电池处于最高层次时，锂离子电池刚刚处于第一层次。他说这是一个必要的过程，只有通过第一和第二层次市场的历练和积淀，才有底气和实力进入第三层次。在锂离子电池浸淫两年后，洞若观火的王传福开始有步骤地接触大客户。

大的客户一般都有严格的质量管理体系和工序体系，这就要求为其提供产品的企业也必须适应这些体系，从而能够相应提高供货企业自身的生产水平。明察秋毫的王传福还知道，大客户的意义还在于能带来更多的大客户。

2000年初，深圳的天已经是一片春光明媚。一场争取大客户摩托罗拉的战役，在比亚迪锂离子公司悄然打响。

为攻下这个前所未有的大客户，王传福亲任专门小组组长，技术部、品质部等部门协同作战。摩托罗拉这样的大客户不仅对配套产品有极高的品质要求，更重视配套厂商有无技术发展潜力。王传福说："对摩托罗拉这样的大客户，我们要做的，就是根据他们的要求，不断地改变自己，当他们的要求提完了，也是在合同上签字的时候了。"

2000年11月，比亚迪通过了摩托罗拉的审核，赢得了摩托罗拉首期20万支电池的订单。但这仅仅是个开端，到2002年底，王传福取得了摩托罗拉全球约30%～40%的手机电池业务，摩托罗拉首席执行官克里斯托夫称他是“制造中国传奇的小伙子”。

大客户的效应立竿见影，紧接着爱立信也转单给比亚迪，波导和TCL等国产手机厂商也开始选择王传福作为战略伙伴，比亚迪一跃而成为三洋之后全球第二大电池供应商，占据了近15%的全球市场。其他近100家厂商共同瓜分近85%的市场份额。

王传福向记者透露比亚迪的制胜策略，“我们在向客户作品质承诺时，往往故意将100分的产品说成90分，从不夸大自身的产品。这样，客户在拿到产品做测试时，往往会得到超出预期的效果，也就会对比亚迪的产品形成信赖。”

多年的经商经历，使王传福的朋友越来越多，资源越来越广，路子也越来越宽，雪球越滚越大，100万元，1 000万元，涉足商海8年，从一无所有到囤金数十亿元，他有理由回首他曾经的足迹和辉煌。经过1998年到2001年飞速而稳定的发展，王传福的身后留下了一串让竞争对手尊敬和备受煎熬的数字：

在全球二次充电市场，遥控玩具电池占有38%的市场份额；电动工具占39%的份额；无绳电话占72%的市场份额，已经是第四年排名第一了。而王传福新的经济增长点——移动电话充电电池占23%。

王传福说：“生命有一种硬度，你若有不屈的灵魂，脚下就一定会有一片坚实的土地。”

（五）资本新贵的分财故事

“将股权分送出去，是我的一个心愿，也是我对核心团队的一个交代。比亚迪的香港上市，公司创业收益暴涨数十倍，这包含了公司核心层员工的创业价值，应该给大家一个回报，更是比亚迪今后发展的需要。”

2002年8月17日，比亚迪股份在香港主板上市，作为当年首只在香港上市的H股，首次亮相就表现不俗，受到实力强大的国际机构投资者的疯狂追捧，90%比例的配售额获得了7倍以上的超额认购。香港上市，比亚迪融到近2亿美元的资金，在中国内地54只H股中一骑绝尘。王传福创造了一个内地企业在港融资的神话。

王传福在制造自身传奇的同时，也使比亚迪成为千万级“富豪员工”根据地。王传福说，他本人在比亚迪股份的持股比例仅为28.8%，而比亚迪其他34位高级管理人员拥有高达22.6%的股份。比亚迪34个核心管理层有一半以上持有200万股以上的比亚迪股票，他们每人持有股票的市值达2 000多万元。

王传福说，在很早的时候，他就想到股权过于集中，不利于公司的稳定发展。这么多年来，他看到民营企业的衰败，很大意义上就是“一股独大”造成的恶果。作为民营企业家，应该有广阔的胸襟，应该让员工真正参与企业的发展，让核心员工真正成为企业的主人。

所以从1998年成立比亚迪锂离子电池公司开始，王传福就开始进行管理层股权改革实验。

在王传福的倡导下，比亚迪实业公司及20名个人股东（其中大多数为比亚迪实业的高级管理员工）各投资3万元参股，组建了锂离子电池公司。当时注册资本仅为300万元，其中比亚迪实业持有40%的股权，20名高级管理人员分别持有0.5%～5%不等的股权，累计持有30.5%。到2002年比亚迪上市前夕，王传福将个人股份降至28.8%，将20名持股高管人员上升为34名，持股比例上升到22.6%。

王传福说：“在比亚迪发展的过程中，核心团队立下了汗马功劳，这些财富，可以说是我送的，但也是他们自己的。没有他们，也不会有比亚迪事业飞速的发展。”

王传福很坦然，也很恬淡。他说：“这也是出于激励的需要，将比亚迪的受益人限定为公司的核心团队成员，将比亚迪的事业和大家的事业联系在一起。”创建比亚迪百年基业，才是他心中的愿望。

（六）军队—学校—家庭

任何一个高速发展的企业都至少缺乏两种东西：一是人才，尤其是作为企业中间支撑的技术人才和管理人才；二是管理，疏漏和不规范的地方处处都在。王传福8年成就了一个亿万级企业，这不由让人感叹他的管理和人才问题。王传福对记者说："你说的也许是对的，但比亚迪却是个特例，自己最不缺的就是人才，最满意的就是管理。"

王传福最崇尚的公司模型是"军队—学校—家庭"三位一体。他说，有人认为公司军事化管理是一种简单粗暴的管理，其实说这话的人根本就不理解军队的管理，更不懂管理。作为公司，攻关作战就要有军队的作风，上下一条心，劲往一处使；同时公司还应该承担教育的责任。有人担心人才自己培养，走了咋办？其实，作为企业家，是不应该计较这样的得失的，你在为他人培养，那别的企业不是也在为你培养吗？机会成本是对等的，又有什么得失呢？再者，一个企业，一定要让职工有家的感觉，你是企业家，就像父母为儿女着想般，事事为职工着想。你只有将他们照顾好，他们才会照顾好你的公司，进而照顾好你的利润。

创业至今8年，王传福将比亚迪搬了4次，从莲塘到布吉，从龙岗到葵涌；从当初租下2层小楼，到今天37万平方米的花园式厂区。王传福说，除了公司必需的扩张以外，他下决心要建立葵涌厂区，是希望给所有职工一个充满阳光、充满温暖、气氛宽松、利于创新和安身立命的家园。

他为职工建起了亚迪幼儿园、亚迪小学，甚至和深圳中学联办，建立亚迪分校。他说，这些孩子，也可以说是比亚迪人的后代，他没有理由不让他们受到良好的教育。王传福拨了一笔专款，办起图书馆，办起黑板报，办起各类技能学习班，甚至亲执教鞭，毫无保留地向员工传授高科技知识。在王传福的鼓励下，员工还成立了文学社、书画社、艺术团、英语协会。

王传福真真切切将比亚迪当一个家在建，他要让每一个员工在比亚迪找到自己存在的价值。事实上，王传福也做到了，在比亚迪，很少听说炒老板的故事。

王传福说："著名的社会心理学家马斯洛说，人有五个不同层次的需求，不同的人更有不同的需求。对普通员工，我给他们稳定的收入，安全、美丽如画的环境；而对高级管理人才，则要满足他更多的需求，这样就能将优秀的人才留在自己的身边。"

作为一名学者型企业家，王传福知道他和一些世界级的同行相比，还有一定的差距，日本的三洋、松下，法国的SAFT等五六家强手，都走在他的前头。要成为世界第一，没有一流的人才，只能是痴人说梦。

在比亚迪的研发中心、市场部，云集了相当一批国内电池业的顶尖高手。而这两大部门直接由王传福负责，没有任何中间层。王传福将其喻为"非复印式管理"——如果层层下达，就像一张第五次被复印的纸，等信息传达到他时，已经和原来的意思大相径庭了。王传福说，研发和市场是比亚迪成功的两翼，作为领军人物，他要随时把握市场脉搏和技术走向，而这种垂直管理就能让他把握市场和技术最前沿的动态。

除了安抚好公司已有的人才，王传福还在每年大学生毕业时，亲自到全国高校走一趟，甄选电池专业的优秀毕业生。

他说："有了人才，你就是一个气定神闲的将军，不怕和任何对手作战。"

（七）不断向上的力量

王传福说："人生像攀登一座山，而找山寻路却是一种学习的过程，我们应当在这个过程中，学习笃定、冷静，学习如何从慌乱中找到生机。作为企业家，你一定要记住：真正的机会会伪装成陷阱，真正的陷阱也会伪装成机会。"

2002年底，王传福又一次收获成功，销售收入25亿元，利税6.58亿元。王传福本人也走向了他人生的辉煌，而王传福的"电池帝国"已经初具形态。

在王传福的设想中，未来5年，比亚迪将不仅仅是一家电池生产厂商，产品组合会进一步拓展，包括笔记本电池及个人数据助理器电池、供电动汽车及电动自行车用的燃料电池、太阳能电池和STN液晶显示屏等。

王传福已经在上海投资新的工业园区，主要生产手提电脑电池、手机彩色显示屏。王传福的战略是，在保持电池主业优势的同时，增加更多的盈利点，以保持强劲的赢利能力。他已经掩盖不住自己的雄心——世界最大的二次充电电池生产商，他将实现这一目标的时间定在2005年。

但王传福已感到，自己安身立命的电池行业已经开始“不好玩”了。电子产品的降价，将是无可逃遁的趋势——比亚迪的大客户是手机厂商等电子产品制造商，它们产品价格的不断下跌，势必对比亚迪的利润构成压力。事实上，近几年来，充电电池每年的价格均有10%的下调幅度。此外，在电池制造领域的100多个玩家已使市场非常拥挤，还有很多厂家正摩拳擦掌准备加入竞争。

二次充电电池的价格已经接近赢亏线，竞争势必更加激烈，王传福必须作长久计。

2003年1月23日，王传福神秘收购秦川汽车77%股权，入主陕西省目前唯一的轿车品牌“福莱尔”。他把进军汽车业视作其拓展比亚迪版图的必经之路，也是最后一役。

在王传福的心目中，汽车业是他能够抓到的最后一块“肥肉”：手机肯定不能做了，不能和下游企业竞争；家电也不能做了，竞争太激烈；房地产也不能做了，门槛很低。他的逻辑很简单：要找个玩家少一点的、门槛高一点的、竞争程度相对低一点的行业进入。“想来想去，只有汽车。现在是进入的最佳时机。”

王传福知道这并不是一个有钱就能玩得起的游戏——加入WTO后的汽车业竞争态势无疑会更加激烈，而秦川只是一个1997年才开工的行业新厂。但王传福认为他造的是老百姓坐得起的车，争夺的是微型车市场，他说：“一旦人们的购车欲望被释放出来，这个市场就会像手机市场一样庞大。”让王传福更有底气的是，国内的微型车市场还没有一个绝对领先者。如果将比亚迪在电池领域积累的生产模式复制到秦川，不是又能再造就一个比亚迪吗？

（八）企业家的职责是为企业注入生命

一个快速发展的企业，就像一个高速旋转的陀螺，如果你要陀螺不停地旋转，你就得不断地给它新的动力。企业经营与此同理，作为企业家，你要不断地给企业注入新鲜的活力，不断寻找新的利润增长点，不断完善管理，只有这样，你的企业才会经久不衰，赢得长足发展。

采访结束，王传福的话还在耳边回荡："企业经营就像开车，你是拿方向盘的人，开车的时候必须用自己的眼看前方，不能把自己的眼睛蒙上，听别人指挥开车，否则不仅速度慢，而且还很危险。"王传福很欣赏自己的状态：既是行家，又能站在市场的前沿，明察秋毫。

创业 8 年，对众多的民营企业家来说，王传福没有坎坷的经历，几乎让人羡慕妒忌。但王传福说，8 年来，他天天思考的都是失败，也许正因为这样，企业才会活了 8 年，也才会继续活下去。

他说，他最崇尚的企业是华为，最敬重的企业家是任正非。华为数年来一直沉积在市场的深处，任正非更像一个"神秘的大佛"，多年来只见其运作，不见其身影。

"好走的都是下坡路。"王传福告诫创业者，使人疲惫的不是远处的高山，而是鞋里的一粒沙子；不要为失败寻找理由，而要为成功寻找方法。

周厚健：技术立业，百年海信

1996 年 10 月，周厚健出人意料地向外界宣布：海信计算机有限公司成立。周厚健在一步步实现多元扩张，重建机体的设想。1997 年初，海信电脑以“奔腾”二代的高起点出现在市场上。这一年，海信电脑销售收入达 2.5 亿元，一举进入国内电脑生产商五强行列。1998 年，海信计算机公司狂飙突进。短短两年间，海信的企业孵化模式一飞冲天！

（一）一次水到渠成的胜利

市场是最权威的裁判。

1999 年春节刚过，国内彩电市场仍然波澜不兴：既未燃起降价烽火，也未出现厂商期盼的俏销场面，大家都知道，淡季到了。但北京各大商场家电部的经理们却有一种异样感觉：海信的促销人员总是在眼前一路小跑着来来去去，仿佛有什么事就快发生。也许是司空见惯了，当这些人将块块海信“华彩银鹰”系列“绿色环保彩电”广告牌同时矗立在北京各大商场的时候，远远在一旁观望的商场经理毫不在意，他们哂笑着想：但愿不是又一个噱头。

料峭春寒中，有人开始驻足细读广告牌上的文字：“绿色环保显像管，画面低闪烁不失真，据国家电视检测中心检测，‘华彩银鹰’系列彩电射线射量率为 0.05～0.08 毫伦 / 小时，远低于国家标准 0.5 毫伦 / 小时的安全值。老人、儿童、孕妇可毫无顾虑地欣赏海信绿色环保电视给您带来的美妙电视节目……”

北京人动脑筋了：别的企业可没这样做过！

不久，北京各大商场“华彩”系列彩电的展示台前人气爆棚，每周销售量从50台迅速蹿升至200台以上！暮气沉沉的彩电市场突然出现的惊涛骇浪，立刻引起商家、消费者及有关专家的浓厚兴趣。

5月1日上午10—11时，在一个小时的时间里，济南三联家电商场海信展台共售出50多台29英寸“华彩银鹰”环保彩电，平均每分钟1台，场面呈抢购态势。看着拥挤着排队等待试机的队伍，看着一台台彩电被不断地抬出商场大门，商场经理激动得坐立不安，不断向海信销售公司打来电话：送货、快送货！

当天，北京各大商场获此情报，迅速增加进货量，随即每周销量飙升，300台、600台、1 000台、2 000台！

“上市两个月，我们已取得10万台的销售业绩。”当海信电器总经理于淑珉向集团总裁周厚健汇报完刚刚出现的盛况，周厚健却渐渐陷入了沉思：虽然几大彩电巨头市场负责人都认为这是海信的胜利，但他们绝对不会轻易拱手让出这个凭高科技才能占领的市场制高点。从他们公开发表的看法中，周厚健感觉出了隐隐杀机。

周厚健明白，既然确定了1999年是海信的市场年，就绝不能放弃这次机会。

第一，不能让浓墨重彩上市的“华彩银鹰”像昙花般悄无声息地淹没在彩电市场中，那么如何将这块市场巩固扩大，保持制胜先机？

第二，在环保彩电成为别人暂不能追赶的优势拳头产品之时，是否能将纯平和环保彩电结合起来，形成夹击之势？如是，则可大大缩短新技术的利润回报周期，加快资金利用率从而降低负债率，并使“华彩银鹰”快速切入主流市场，争取更大市场份额。

第三，具有“中国的索尼”美誉的海信向来以高科技为立业之本，虽然企业的目的是追求利润的最大化，但这个“最大”必须有个合理的度，这个“度”就是合理的利润空间。这既是海信的定价原则，也是别的企业必须遵循的经济规律。

周厚健知道，海信的事业必须迎接挑战。虽然自己从来不惮于降价，1996年面对长虹引发的刀光剑影，周厚健也敢在人民大会堂向全国宣布："海信不降价！"但这次，海信必须立即改变作风，巩固和扩大自己应该拥有的市场。

周厚健迅速召开了高层会议，副总裁王希安、夏晓东及电器公司总经理于淑珉等关键人物列席。会上，周厚健指出，海信应改变从战略到战术的沉稳作风。然后他提了一个问题："技术进步的意义是什么？"一瞬间，这个成天都念叨在海信人嘴边的话题，让副总们面面相觑。周厚健说："经济学大师熊彼特曾打了一个非常好的比方，技术进步的意义，就是将丝袜的价格降低到每个女店员都能和皇后一样买得起……"

1999年7月30日起，海信突施重手，以TF2999A29英寸纯平环保彩电为主角，将价格从原来的5 990元降至4 980元，而其他品牌同类产品的价格在5 800～7 500元之间。超千元的让利之后，海信仍然利润不菲。此举一出，中外彩电精品荟萃的京城发生了强烈地震！

9月11日，在上海，连三台样机也被抢走；9月15日，整个西单商场里的海信彩电只剩一台样品。

市场刮起"海信风暴"，记者闻讯风尘仆仆赶到青岛，住进江西路海信人酒店。无意间，记者看到了报纸上一则关于海信降价的报道：海信电视两个多月的持续热销，使脱销现象不时发生，在北京，告急电话接二连三，海信纯平彩电已成期货；在西安，海信电视回款率高达180%；青岛、济南等城市预先付款订货的消费者竟达200家；在厂区，各地来运货的大卡车从车间排到了公司大门口；车间里4条生产线日夜运转，产品未能入库，等候已久的商家就要求搬上车。

"海信产品热销的火爆场面就像一处刚刚点燃的'烽火'，迅速引燃全国。"

当记者谈及海信这一少有的令人振奋的营销胜利时，周厚健却不以为意，笑了笑，最后的回答是："水到渠成而已。"

似乎话外有音。

（二）索尼是一面镜子

奇怪的是，海信像一阵风暴扫过中国彩电市场后，反而使混乱的价格战渐渐平息下来。

许多人表示：不可理解。

其实，人们更加不可理解的是，海信很孤独，周厚健更孤独。

周厚健的孤独常常不为人知，但他必须用自己的独特方式进行表达，因为这是企业行为，他必须让人们承认企业的孤独正是企业的优势。

1998年10月，一向稳重的海信在北京举办了“青岛海信集团技术创新与创新机制研讨论证会”。在这次有国家经贸委、信息产业部、科技部、中国科学院、北京大学、清华大学等50多位领导和专家参与的论证会上，周厚健语出惊人：“海信集团将在北京设立技术擂台，向国内同行叫板！”他在一片诧异声中指出，由于当前大环境和消费者消费理念不成熟，企业间技术的竞争仅仅停留在“打嘴仗”上，而技术投机可能使个别企业在短期内获取利益，但从长远看行业和国家将受到严重损害。

当然，行业内谁也没接周厚健的招，谁站出来，谁就等于承认自己在吹牛。从营销角度而言，海信是在树立自己的技术威信，其“国家级技术开发中心”现有博士、博士后42人，硕士260多人，下设11个高科技研究所，在北京、西安和美国有专门的技术中心，并且是国家“博士后工作站”。仅1997年，海信销售收入的85%来自新研制出的87个新产品，而且海信每年都拿出销售收入的4%左右用于技术开发，1993—1998年，共投资15亿元。著名经济学家胡鞍钢考察海信后，感叹道：“以海信对技术的投入力度和知识的贡献率上来看，这个企业已进入知识驱动或者说技术驱动阶段，这在国内是少有的。”

这时，记者开始明白，海信强大的技术力量就是“水”，蓄在高处必然形成倾泻而下的势能，水到之处，其内在力量必然使“渠”这种营销战术的表现形式自然形成。

周厚健很自豪，他有理由为自己的战略定位而骄傲。他知道，这是海信立于不败之地的唯一根基。但是随着技术年年地提高，周厚健产生了一大心病——海信产品的内在素质明显高于其外化的社会形象。此现象源于海信将大量的人、财、物投向了技术，而忽视了营销。

（三）周厚健承认此“短”

海信的这一“短”，是在同日本索尼的比较中发现的。中国社科院学者康荣平同周厚健促膝深谈之后，海信开始将目前流行西方的一种企业管理战略与自己进行对照：以行业中的领先企业作为标杆和基准，通过资料收集、分析比较，跟踪学习等一系列规范化的程序，改进绩效，赶上并超过竞争对手。

海信选择的标杆企业是索尼。海信与索尼相近有三：率先且成批推出新产品，技术主导型多元化，以数字技术为核心技术。

但周厚健很快发现，索尼的成功是因为有两位关键人物：一是新产品开发带头人井深大，二是市场开拓统帅盛田昭夫。前者的特点是“只要别的企业没设想出的新产品，我就能开发、生产出来”，后者的特点是“只要你生产出新产品来，我就能卖出去”。不仅如此，这两人之间的珠联璧合也是全球企业史上罕见的。周厚健自忖，对海信而言，自己和副总裁兼技术中心主任夏晓东基本上是“井深大”式的人物，但“盛田昭夫”竟然空缺。

这是一个很危险的信号！周厚健坦陈：“海信成了一个陀螺形企业，头重脚轻，海信为此已丧失了许多发展机会。”

为此，周厚健很苦恼，他觉得有种自己内心深处的孤独。他要实现一个藏了很久的理想，但理想与现实之间总有太多的沟壑和障碍必须跨越，他常常夜不能寐。他 42 岁，外表稳健，华发早生，自我评价“没有太大的出息”，所以对自己很刻薄。他明知这是企业战略定位明确了的技术立业前提，但仍想尽一切可能弥补。他口袋里有一张小纸片，记着每天的日程安排和各种奇怪的想法；他每日是 7点30 分起床，夜里 2点入睡，没有午休，长年累月如此。他对记者说：“我小时候看过一本写印度故事的书，对其中一句话印象很深，‘不努力，芝麻也榨不出油’。”

1999年底，周厚健终于决定成立集团公司营销中心，将过去分散的营销网络整合起来，统一策划调度，并监督指导外地14个大区营销中心。其职能为：市场监督维护，后勤服务，公关宣传，协助电话DVD、小天使掌上电脑、机顶盒、智能机器人等市场尚处于开发期的新产品进入市场，起到新产品营销的孵化作用，并开展电子商务。

其实，周厚健比谁都清楚，在技术和营销的天平上，已经不能分孰轻孰重。“但是做企业，犹如雕塑艺术品，搭好骨架，然后才能一块一块地根据骨架造型补上肌肉、雕刻表情，这就是战略前提与机构设置、战术安排的关系，企业才能神形统一……”

周厚健仍然决定走自己的路。

（四）一体多翼的飞翔

周厚健终于发现，解决问题的最好方式是发展——重新塑造一个健全的机体，注入新鲜血液，将带动老问题的解决，何况1994年海信就凭其技术实力确定了通信产品、计算机产品和电子消费类产品这类人才、技术、设备相关性很强的产业作为多元化发展方向。

同时，周厚健有理由为自己的人才感到欣慰。

1995年，毕业于北京航空航天大学的研究生樊军来到海信技术中心，与4名大学生雷文、刘艳清、李林等组成课题小组，做多媒体器件研发。此时，联想、长城等品牌计算机已占领了较大市场份额，但课题小组知道集团和老总们立足长远的良苦用意，他们也知道一句话的分量：“IT行业没有迟到者，只有失败者。”

在一次讨论会上，樊军对产品定位发表了与众不同的见解：“计算机处于群雄并起的时代，每个厂商的市场份额都不会形成垄断，何况市场容量增长很快；由于技术壁垒较低，各品牌的性能、价格差距不大。而且计算机LCPU发展更快，可为后来者提供更多机会。因此，与其做板卡，靠几百万只的生产规模产生效益，不如抓住最好时机，直接做产品，从市场切入计算机行业!”

在进行理论阐述的同时，课题组的技术实力得到充分发挥。他们开发了一套多媒体家庭模拟环境软件，搭起了一个以计算机为核心的多媒体系统，可播VCD、收发传真、连接电视和音响，从而证明了海信生产计算机的可行性。

一边进行生产，一边进行技术开发，5人小组忙得不亦乐乎。他们给自己定的计划是，与联想等大企业的市场推广速度赛跑。于是，仅仅1年时间，海信走完了其他计算机厂商10年才走完的路。

1996年10月，周厚健出人意料地向外界宣布：海信计算机有限公司成立，樊军出任总经理。周厚健在一步步实现多元扩张、重建机体的设想。

“传统家电制造厂商做电脑生意?”业内和各大传媒怀着种种复杂心情和揣测议论纷纷。

1997年初，传媒再次出人意料地宣布海信电脑以“奔腾”二代的高起点出现在市场上，“却不知他们将如何与联想、长城等巨头竞争”。人们的怀疑并没动摇海信计算机公司的信心，他们直接采取了市场细分策略，以山东为根据地，沿陇海铁路延伸。因为在这些地区，山东产品的品牌基础较为扎实。然后以短渠道方式，让利给商家和消费者。樊军说，这是按照“理性、安全、效益”的原则行事，而非一开始就跑到北京、上海、广州等超重量级市场上去与联想等巨头打“阵地战”。任何产品上市初期，首要任务是学会如何与竞争对手共存亡。这一年，海信电脑销售收入达2.5亿元，一举进入国内电脑生产商五强行列。

1998年，海信计算机公司狂飙突进，以迅雷不及掩耳之势在全国设立了青岛、济南、杭州、南京、合肥及华北、东北、华中、华东、西北、西南等11个销售大区及所属37家办事处，构建了遍布全国的300家销售服务网点，并将建成500家CI设计全国统一的专卖店。这些网点犹如从海信身上延伸出去的血脉，与海信紧密相连，遥相呼应，对大城市形成包围之势。也是这一年9月，在全国IT企业因市场清淡纷纷压缩经费、裁减人员之际，海信计算机公司却一下招进了160名大学生，令联想、方正吃惊非小，电话直接打到了公司办公室，连问“为什么”！

这一年，海信电脑销量12.6万台，销售收入9亿元，进入稳定赢利阶段。在“1998年市场产品竞争力调查结果”“1998年实际购买品牌”和“1999年消费者首选品牌”的调查中，海信电脑皆名列三甲。尤其让海信高层欢欣鼓舞的是，这年海信计算机公司成为与联想一道中标国家科技部掌上电脑项目的仅有两家企业之一。

短短两年间，海信的企业孵化模式一飞冲天！

以同样的模式，1997年4月15日，海信集团投资3亿元的海信空调正式投产，成为国内最大的变频空调生产基地。仅仅半年之后，原国内贸易部商业统计信息显示，海信空调销售量和市场覆盖率达11%，进入“中国空调十强龙头企业”之列。1998年，成功的“零缺陷”管理使海信空调成为14年来中国消费者协会唯一认定的零投诉产品。此时，其市场占有率已升至第7位。

海信的企业孵化模式再次令同行汗颜！周厚健对何以决策上马变频空调作了言简意赅的回答：“竞争激烈并不意味着市场饱和，市场是分层次的，不同的技术将满足不同层次的需求。”

此后，周厚健坚定了海信技术立业的战略定位，一个时时绕在心间、做“百年海信”的想法渐渐形成。

1999年5月22日，北京凯宾斯基饭店。在中央电视台经济节目主持人杨平的主持下，海信的两项新产品——网络机顶盒和掌上电脑出现在人们面前。但令人倍感兴趣的是周厚健的发言：“感谢比尔·盖茨先生，是他掀起的‘维纳斯计划’旋风让中国人迅速了解并熟悉了信息家电，这使海信在1998年12月就通过权威鉴定的机顶盒项目能提前形成规模产业。”同时，周厚健宣布海信机顶盒已在包括北京西单商场在内的全国十大城市的十大商场批量上市。

市场又掀狂澜！

难怪留意股市的人发现，从5月12日始，海信电器连连跳空高开，自5月17日，更是以涨停报收，一连四根大阳线，让人感觉海信背后有戏。果然5月

22日，海信电器大爆新闻，不久，再次宣布网络机顶盒将降至800元/台的市民价位，其最新产品智能机器人和智能玩具将在2000年元旦前后上市。于是有股评家大悟："难怪海信电器在大盘上一步紧接一步，走得从容不迫。"周厚健则借势表示，海信将充分发挥集团优势，把成熟、优质的海信电器公司做成中国最大、最具竞争力的信息家电制造商。

闪光灯下，被记者簇拥的周厚健让人眼红。

就在海信迅速扩张、人人欢庆的同时，负债率也在迅速攀升，企业财务感觉有些吃力了。这时，周厚健坚持了自己的另一种思维方式：用"资本家"身份运作资产。

（五）准"资本家"的运作方式

1992年，周厚健入主青岛电视机厂（海信前身）后，市里要求他兼并两家企业，一个是显像管厂，一个是元件厂。周没多想，一口拒绝了。事后，他自己都奇怪，自己怎么会如此武断？这两个厂资产都不错，兼并后对青岛电视机厂大有好处，但自己为什么不要？最后，周厚健恍然大悟：因为我要完成当年承包任务，如果兼并个亏损企业，可能长远看对企业有利，但势必影响当年的经营状况，业绩评价低，自己的承包收入就会减少。这事当然不成。

"这是政策导致的短期行为。"自认为没有事业心却有极强责任感的周厚健很痛苦，他很担心企业在自己手中衰败。这一年，周厚健烟抽得很厉害；也是这一年，周厚健提出：针对国企"老板缺位"（投资者政企不分导致身份不明，不能真正参与资产管理经营）的现状，国企老总应以"经营者错位"（主动将自己的身份假设定位在投资者位置）的方式出现在企业经营中。周厚健苦笑着说，也只是权宜之计……

1993年，周厚健开始了自己准"资本家"身份的历险。也许对他而言，另一个解释更为贴切："运营资本的专家"，就是这样一个在1998年全年收入仅2.3万元的"穷专家"，以3亿元的资本盘活和控股近30亿元的存量资产。为此，周厚健运用了八种资本运营模式：

模式之一：投资控股

海信以有形资产和无形资产，与合作方存量资产重新组合，先后于1994年和1997年成立了淄博海信、贵阳海信、辽宁海信3个青岛市以外的彩电基地，净增单班90万台彩电生产能力，并形成华东、东北、西南“三足鼎立”的市场战略体系。

淄博海信1994年9月开业，不到10天，产量就由250台升至400台以上。

在对贵阳华日电器的兼并案例中，周厚健着眼西部市场，双方以“1+1>2”的原则实现优势互补。一是合作形式采取紧密型，新组建的贵阳海信由青岛海信控股，其生产经营等各项重大活动，都纳入海信集团的全盘策划中，避免了某些松散型合作的弊端；二是注入海信管理模式和企业文化；三是着力建设一支新型的企业人才队伍，培养贵阳海信自身造血机能。

在营销策略上：一是贵阳海信尚未投产时，海信集团将青岛海信的产品分装运到贵州，利用华日公司组装线装成整机推出，快速试探和启动市场，摸清市场消费心理；二是在贵阳等周边城市30多个大商场设专销点，占领城区市场；三是在西南地区设立10多个办事处和技术服务中心，形成销售和服务网络，辐射农村市场；四是跟踪市场，根据消费者需求，有针对性地开发适销对路的新品。

贵阳海信1997年投产，当年即实现收入8 000万元，1998年收入1.16亿元，1999年上半年收入6 800万元。

模式之二：债转股

将确已无法追回的债权与对方存量资产合作，债权转为股权，输出技术、管理、品牌，将死债变成“下蛋的母鸡”。1993年和1995年先后建成临沂海信和肥城海信两个出口机生产基地，净增30万台出口机生产能力。

模式之三：国有异地资产划拨

依靠政府间的协调，异地划拨国有资产。山东青州无线电变压器厂生产电视机所需各种变压器，与海信有长期供货关系。1993年底，该企业主动要求加盟海信。1994 年，青州海信成立，形成地区间国有资产的优势互补。

模式之四：集团内企业相互持股

集团内部企业相互持股，优势和资源互补，使资金与技术、行业经验、市场等各自的优势资本融合，由此孵化出新的增长点。

1994 年，生产电视的海信电器公司出资金，海信技术中心出商用计算机系统技术，海信实业公司提供丰富的行业经验，三者结合，共同组建了 1996 年公开宣布成立的海信计算机有限公司。

模式之五：内部存量资产重组

将系统内部零散的无规模竞争能力的三产存量资产集中整合，并以管理、品牌等将其激活，使存量资产由量变到质变，形成海信有规模竞争能力的第三产业。

1995 年成立的青岛海信实业有限公司，以商业、服务业和经贸为经营方向，不到半年，取得了营业收入 1.5 亿元的好成绩，圆满实现了国有资产的优化配置和产业结构调整。

模式之六：非主业优良资产出售变现

1996 年，海信将两家与主业无关，但效益良好、管理正规的小企业卖给了本企业职工，其中厂长、经理各持有 10% 和 17% 的股份。实施这一办法，海信基于两点考虑：一是其产品不在海信总体规划内，不便于全局统筹发展；二是改变产权关系，明确职工产权地位，可彻底转变企业经营机制。同时，又将海信实业公司 60% 的股权卖给内部职工，将公司制改为股份合作制，在集团控股的前提下，最大限度地实现了股权变现和资本多元化。

模式之七：海外融资

海信空调为中外合资，充分利用了国际先进技术；1993 年与美国最大通信公司朗讯合资成立的“AT&T 通讯设备公司”，已成为国内最主要的大型局用程控交换机生产企业。

模式之八：股份制改造

经有关部门批准，海信电器于 1997 年 3 月改制成为股份有限公司，并向社会公开发行7 000万人民币流通股票，募集资金6.26亿元。1997年4月8日，流通股在上交所挂牌上市交易。

1992年始，周厚健确立了其“经营者错位”思想后，6年时间内，海信资产、销售收入、利润三项指标均增长了20倍，一路高歌猛进。

这时的周厚健仍然保持他一贯的厚重、稳健风格，对所取得的骄人成就从不喜形于色。他说：“海信就像一个人，资本是血液，资本运营长成的是企业的骨骼。”

但是，令周厚健最头痛的问题仍然没能解决。企业在不断兼并扩张，专业多元化也取得了巨大成功，主要指标增长惊人，但周厚健仍然忧心忡忡。他知道，扩张导致的高负债率将压得自己喘不过气来。周厚健希望海信能做百年，但他必须为百年夯实基础。

问题的症结在哪里？周厚健冥思苦想，反复论证。其实他心中已十分明白，他需要的只是解决问题的机会。这个机会本身，一定要有说服力。

（六）夯实海信百年基业

1998年4月8日。青岛市郊城阳宾馆会议室，海信集团总裁、副总裁、子公司经理和经济管理研究中心、营销中心等集团重要部门干部全部到齐。

与以往不同的是，这次会议是封闭式的，与会者全部关掉手机、呼机，全神贯注于会议议题中：是按原计划以高负债实现企业100%增长率，还是保持合理负债，将增速降下来。

与会者都清楚，来自东南亚的那场金融危机，不仅严重地冲击着亚洲乃至世界经济，并以出乎想象的影响波及中国企业。到了4月份，具有敏感嗅觉的海信决策者从韩国一批大企业一夜之间垮掉的事实中，似乎看到“巨大的风险正在身边徘徊”。

与会者争论不休。有人赞成保守，有人坚持激进。

这时，一直沉默的周厚健站了起来：“保守在中文里一直是个贬义词，但我不这么看，我以海信的财务管理保守为荣。不然我们为什么用肖建林？他就是我们的财务警察。”

一个企业在高速扩张时期，如何保持财务状况的健康，确实是个两难选择。但很多红火一时的企业一朝栽倒，都是倒在这道坎上。负债过高，如果资金流通顺畅，短期内问题还暴露不出来，一旦环境发生意外的变化，或者银行抽紧资金、清欠、追债、惜贷，或者工商衔接出现问题，商家货款回笼速度放慢甚至停滞，企业马上就会陷入财务危机。我们都知道，企业一旦陷入财务危机，从来都是祸不单行，必定引发连锁反应，一连串经营危机、管理危机直至生存危机都将接踵而至，不可抗拒。

“资产负债率过高，恰恰是中国大中型企业几乎无一例外的通病。西方国家企业的负债率一般只有 30% ～ 50%，而我们的国有企业负债率平均高达 80%！所以我们对此应保持着高度警觉。企业并不一定非得资不抵债了才会破产，国际上通行的破产标准是企业无力偿还到期债务。这是我们必须严格遵守的一个规则!”

周厚健一席话，与会者无不点头称是。

最后，决策层果断决定，将 100% 的增长计划调整为 50%。1998 年底，海信最终增长率超 2 个百分点完成任务，为 52%。

不久，周厚健一不做、二不休，借此势头将 1998 年定为海信的管理年。

集团专门成立了资金管理小组，展开了“降低不合理资金占用，加速资金周转”的工作：一是对各子公司的存货资金占用全面盘清；二是制定了存货资金管理办法，将存货资金细分为储备资金、生产资金、生产成品资金三项，根据各子公司生产淡旺季，结合历史水平，参照部分同行水平，再根据当年经营目标，提出三项资金的达标标准，按年度进行考核，考核结果将直接关系到子公司奖金的发放和经营者业绩的评定；三是集团信贷资金统一由结算中心掌握，信贷资金只能向资金占用合理、资金良性循环的子公司倾斜。

经过近一年的调整，海信存货量下降 30%，应收账款下降 35%，资产负债率下降到59%，而资金周转率提高了1倍以上！

周厚健长长松了口气。

“真正聪明的人，善于从别人的成败得失中总结出适合于自己的经验。”这回，周厚健是真的笑了，笑得一身轻松。至此，海信实现了精神和理性的突进，虽然看似倒退，但有时候，往后退也是进步的一种方式。

与资金管理改革同步的是，集团内所有公司都进行了目标管理改革。

在海信集团所有公司，每个员工的工作都有一个明确的目标，并受工作目标的控制与约束。员工工作目标取决于部门工作目标，而每个部门的工作目标的制定则依赖于集团年度经营方针与目标。这样，公司内的每个人都通过各自的工作目标紧密联系在一起，共同为一个目标而努力。对工作目标的考核按月进行，结果与当月奖金挂钩。于是，每个部门、每位员工每月都要写出自己下月的工作任务书，制定下月工作目标和方案。自然，有上进心的人不会将目标定得太低，只能往力所能及的高处涨，那么既然定下来，就得想方设法拼命完成自己夸下的“海口”——这一规定使整个企业和员工自然而然地遵循了商业精神中的诚信原则，管理层则以工资的方式肯定这一原则和员工能力的价值。

记者在海信，看到的是井井有条的工作秩序。这里员工的工作和生活已融为一体。这里的年轻人找到了一份能使自己的上进心得到不断满足的工作，也难怪众多的博士、硕士从海外直奔海信而来，甘愿接受这份工作任务书的约束，因为约束的后面，也是个人的成功。

终于，周厚健以大为本，以技术立业，以独特的产业孵化器推动专业多元化精深发展，以“经营者错位”的“资本家”心态，对财务管理采取极端保守的策略，以老字号企业文化激励员工，以10万～20万元的年薪制造内部人才特区，抑制“国企病”等企业经营策略，带领海信人解决了企业的一个又一个困惑和难题，同时，实现了狂飙突进式的发展。这本身就是辩证法的胜利。

当然，海信永远在路上，将会遇到更多的困难，但前方，是一片迷人的新大陆。

闫希军：老兵新商

从 1996 年起，国家大力推动中药现代化、国际化战略的实施。闫希军敏锐地意识到这个机遇给中药企业带来的巨大发展潜力和对中药行业形成的强大冲击力。同年，国家在全国范围内挑选优良的中药品种，冲击国际市场。复方丹参滴丸在众多的竞争产品中脱颖而出。闫希军立即着手准备科研报告，向美国 FDA（食品药品监督管理局）递交了复方丹参滴丸以药品身份进入美国市场的申请。

（一）人生又多了一次历练

让时光倒流 18 年，年仅 28 岁、却已有 12 年军龄的闫希军正在担任所在部队医院的药剂科主任。一天晚上，上级领导找到闫希军，让他暂时把这个主任的位置让出来。

当时医院缩编，一个科室两个主任缩编为一个主任。尽管从各方面看，闫希军都是最合适的人选，但闫希军想都没想，“啪”的一个标准的军礼：“听从领导安排。”

他知道，成熟的男人应该明白一个道理：一不要让领导为难，二要为领导排忧解难。其实，聪明的闫希军还明白另一个朴素的真理：人挪活，树挪死。在一个位置待着，你将只拥有一个位置的资源；如果换一个位置，你就将拥有两个位置的资源。

之后，闫希军被委任为军医学校药师培训班的队长兼指导员。两年之后，出于为领导分忧的目的，闫希军主动请缨去承德办军医学校招待所。

他信心百倍，他相信每一次新的出发，都将成为累积在他人生中的新的砝码！

说是招待所，其实就是供学员住的几十间房子。作为所长和唯一的业务员，他找来一些灰浆，把招待所里里外外全刷了个遍；又用毛笔在一张白纸上写上“军队招待所，安全、卫生，价格实惠”，算是有了广告。那时来承德旅游的人很多，闫希军亲自拿着“广告”去招揽客人。大家一看是部队的招待所，都愿意到他那里去住。结果，一年下来，闫希军居然为部队赚了5万多元。

1984年底，闫希军终于回到阔别已久的药剂科。1989年11月，因为闫希军出色的工作，医院药事管理工作被评为全军先进，闫希军也调到天津解放军第二五四医院担任药械科主任。

新官上任三把火，闫希军再接再厉，憋足了劲要干出一番成绩。然而不当家不知柴米贵，医院各项改革都需要钱，拨给药械科的那一点经费连塞牙缝都不够。领导说要钱没有，要政策可以给，可以“自主经营，对外开放”。

有了领导这句话，闫希军心中一下子豁亮起来，找钱的事难不倒他。

那时正是各地基础建设“大干快上”之时，搞建筑成为很多人致富的捷径。于是，闫希军成立了一家华新商行，拉了帮人到深圳承接土石方工程。但他很快就傻眼了，深圳满街都是他这样的游击队伍，一有项目来了，大家蜂拥而上，那阵势比打仗抢山头还厉害。待了一段时间，闫希军无功而返。看来，建筑这一碗饭不是每个人都可以吃的。

“人生又多了一次历练。”记者面前的闫希军笑言，“只是这次历练被放在了我的人生天平的另一端，它的压力随时都在把我抛上高空，而我则必须随时告诫自己，要给自己足够的警醒和力量，才能回到坚实的大地上。而事实上，这是我所有人生阅历中，最宝贵的一次。”

回到天津后，闫希军利用药械科简陋的设备研制出一些新药，用到临床上，效果显著。闫希军心里一动，为什么不回到自己的老本行——制药上来？

（二）商人的直觉

多年的人生蓄积开始厚积薄发，闫希军不求一鸣惊人，只求滴水穿石。一种在逆境中锤炼而成的坚韧，开始为闫希军的人生谱写出与众不同的篇章。

1991 年，闫希军做了两件事，让他在医院名声大噪。

一是他在药械科进行的一系列改革初见成效，在原北京军区组织的评比中名列前茅。再一个就是他决定建一座 5 000 多平方米、耗资 800 多万元的制剂大楼。这在当时是一项浩大的工程，建成后对医院的发展将有着巨大的推进作用，但部队只能拿出 140 万元，剩下的缺口由闫希军自己想办法。

更让人百思不得其解的是，当时谁都没想明白为什么要建这幢大楼。闫希军只是本能地觉得这是他人生的又一次重大战役！这就够了。当然后来的复方丹参滴丸开发成功后，这幢大楼发挥了很大作用。“但人生何尝又不是由步步险招组成？仿佛冥冥之中，有某种力量在指引。”精彩来自风险，也许一切机缘巧合都已在命中注定。

按常理解释也许不通，但换一个角度却可以发现：当社会洪流、事业洪流和人生洪流三者完全融为一体之时，人的所作所为就将暗合社会发展的规律。那时，决策还需要理由吗？其实，只需要直觉。

凭借丰富的人生积累以直觉做出判断，其实正是千万成功企业家的一种基本能力。

“当时我一个月的工资只有 300 多元，一下子要投入 800 多万元，做梦都不敢想！”回忆起当时的情景，闫希军仍然十分感慨，“大家都说闫希军疯了，100 多万元就能把制剂大楼盖起来？”

谁也不相信闫希军真的能把楼盖起来，一时议论纷纷，说什么的都有。将近 700 万元的资金缺口，像大山一样沉甸甸地压在闫希军的心上，一旦搞砸了，不但自己的脸没处搁，药械科改革的事也就黄了，而苦心经营的人生也将成为断线的风筝。那段时间，白头发像约好了似的一根接一根直往外冒。

当时解放军第二五四医院已经对地方开放，很多制药厂都来找闫希军，希望进他们的药。闫希军心里一动，解决资金的办法来了！他回答说："进药可以啊，但你们得先把给医院的政策提前兑付了，这样大家都放心。"厂家觉得这办法不错，同意了，几个厂家加起来，就有了几百万元。

利用医院的设备，闫希军带领药械科的同事们，研制出一些常用药，用于医院临床。一年下来，也能赚100多万元。这样还剩下几百万元的缺口。为了寻找资金，闫希军和妻子吴迺峰顶着烈日一次次奔走在京津各大药厂之间，劝说他们入股。功夫不负有心人，最后总算找到了投资者——中央制药厂，对方一投就是近300万元，算是参股。

钱到了位，房子修起来就很快。1993年10月，一幢漂亮的制剂大楼拔地而起，和医疗大楼交相辉映。看着制剂大楼在阳光中熠熠生辉，闫希军心中充满了骄傲和自豪，这可是自己两年来700多个日夜的心血啊。

小小的药械科主任闫希军成为医院众多科室主任中举足轻重的人物。

换句话说，剑走偏锋的闫希军以房地产商的举措，展示了自己在医药行业中不可或缺的能力。

楼建起来，正好用作复方丹参滴丸的生产基地。

（三）从复方丹参滴丸到中药现代化

复方丹参滴丸的研制源于一次偶然事件。

1991年，闫希军出差北京，然后转道昌平看望一位退休军医。老人70多岁，身体一直挺好，见到闫希军，非常高兴，午饭席间，老人破例喝了一点酒，谁知却引发了心脏病，在送往医院的途中不幸去世。

一个自己敬重的前辈，为了迎接自己，却在自己眼前骤然远去！闫希军几乎肝胆俱裂。这事对他震动极大，当时便有了研究一种治疗心脏病特效药的念头。他和妻子吴迺峰查资料，发现全球竟然有4亿颗心脏被冠心病困扰，每年因此死亡的人数超过1 200万！却没有一种真正疗效迅速又无毒副作用的特效药。

无意间闯入国际医学界雷区，闫希军没有畏缩，而是和时任解放军第二五四医院药剂科主任药师的妻子吴迺峰一起，决心开发一种治疗心脏病的新药。两人就这样毅然踏上了挑战“人类第一杀手”的漫漫征程。

要想在前人的基础上有所突破，新的药物必须既有急救作用，又有治疗效果，而且不能有严重的毒副作用。这一点，只有中药能够满足。经过一次次甄别和筛选，闫希军把目光停留在了一味叫丹参的中药上。丹参这种植物不但能够使心肌不受缺血、缺氧的损伤，保护细胞膜，而且能改善微循环和血液流变性，防止动脉粥样硬化。更重要的是，作为天然药物，丹参对人体的副作用极小，符合世界医学潮流。当时市面上已经有种复方丹参片，但由于见效慢而被市场冷落。因此，要提高丹参在治疗心脏病方面的疗效，就必须突破中药传统剂型的局限。

然而，对于一个沿袭了数千年的行业来说，要改变谈何容易？

研究得越深，夫妻俩越觉压力大，他们吃惊地发现自己已渐渐进入了一个巨大的背景之中，真的一夜间闯入了一个医药禁区，而且一副无形的重担不知不觉地就摆在了自己面前，那是中国中医行业最迫在眉睫而又最神圣的使命：在全球视野内，国宝中药亟待振兴！

因为，中医药行业面临一个痛苦的现实——由于疗效缓慢和制造工艺落后而难以走出国门；另一个更加痛苦的现实是，日、韩、美、德等国家，从中国大量低价进口中药原材料，以先进技术进行现代化提取生产之后，不但销往全球获取暴利，而且大量返销中国，大把赚走中国人的钱！比如，“六神丸”是中国传统药方，日本人拿去，不过是减一味药，增两味药，却摇身变成了“活心丹”，年销售额高达 1.5 亿美元，超过了中国所有中医药的出口总额！又比如，尽管中医的针灸技术在美国已被广泛接纳，但美国市场上所有的针灸针却是日本和韩国生产的。

“连小小银针市场，也被外国人抢走了。”

自助者，天助之。军人本性让闫希军下定决心发奋图强。同时他也获悉一项国际公认的判断:“自工业革命以来，植物制剂的投资已到了最佳的收获季节。”那么现在进入，为时未晚，因为到处都是机会啊，比如自己正在着手研制的丹参现代化制剂，也许会成为中国中医药向全球发起冲锋的第一声号角。

在青岛召开的一次全军医药制剂会议上，吴迺峰了解到一种新剂型——滴丸，这种技术可以让药物有效成分迅速被人体吸收。如果能用这种技术提炼丹参的有效成分，见效慢的问题就能迎刃而解，事业就有望迈出关键一步!

找到了突破的方向，闫希军和吴迺峰一头扎进实验室，开始了上百次的实验。没有设备，他们就自己用保温漏斗、锅、玻璃滴头等组装出一套简单的“老爷机”；没有执行标准，他们就一遍遍地试，直到找到合适的湿度、温度、黏度、含量等。

几个月一晃过去了。

一天，闫希军和吴迺峰像往常一样来到自制的滴丸机前开始实验。当机器吐出一粒大小、形状、温度、干湿度都完全符合要求的滴丸时，两人愣住了，呆呆地看着这颗黑色的、陌生而仿佛又熟悉的小东西，然后两个人你望望我，我望望你，半晌才反应过来：成功了！两人不由得相拥而泣。经过了多少个不眠之夜，历经了多少回失败的打击，顶住了多少人的冷言冷语，他们终于迎来了这一天！一种突破中医传统剂型的新技术终于在他们手中诞生了!

闫希军终于向中药现代化进程迈出了最坚实的一步，但是，中药现代化还有大量的事要做，必须从制药向两头延伸——向前，是药材的种植、收购、提取的现代化经营管理；向后，是药品生产管理、宣传策划、品牌营销的市场化操作。最关键的是大规模的、现代化的批量生产，这是最难逾越的关口。

但这一切在军人面前，算得上难关吗?

这是 1993 年 10 月，离解放军第二五四医院制剂大楼的完工不到 20 天。

（四）扫雷战

1994 年 4 月，天津解放军第二五四医院与中央制药厂组建天士力联合制药公司，闫希军出任总经理。好的产品在手，加上部队和医院的支持，闫希军对自己正在发动的这场“革命”志在必得。然而，出奇平淡的市场反应却迎头给他浇了一盆冷水。

道理很简单，大家都知道中药见效慢，而心脏病发作如果几分钟不能缓解，就会死人。当时的复方丹参片吃一大把都没什么效果，你这 10 颗药粒就能起作用？尽管销售人员磨破了嘴皮，市场就是迟迟不能启动。那一段时间，闫希军天天泡在医院和药店，不厌其烦地一遍又一遍给医生讲复方丹参滴丸的作用和原理，甚至拿出国家卫生部的批文，但效果仍然不明显。

10 月底，全国药品交易会在广州举行。闫希军兴冲冲地带着产品去参会，结果 10 多万元学术推广费花了个干干净净，订单却一张没拿回来。药交会的失利让闫希军认识到，作为一个新兴的药品，要想让市场接受，必须踏踏实实、一个堡垒一个堡垒地攻克，那种一战成名的想法是不现实的。

于是，闫希军决定以天津、北京和广州为试点，展开“扫雷战”，一个医院一个医院地推广和讲解。闫希军本人坐镇天津，广州攻坚战则由吴迺峰全面指挥。

“那段时间是最艰苦的，公司没有名气，谈不上品牌，而且也没有充裕的资金去做广告，一切都靠两条腿和一张嘴。”回忆起创业时的艰辛，闫希军淡淡一笑，“我和迺峰带着大家一个医院一个医院地跑，跑一家就讲一家，几个月下来，每个人都跑了百来家……”

功夫不负有心人。经过一年多的艰苦努力，闫希军带领他的钢铁团队终于将铁板一块的市场撕开了一道缺口。医院开始使用复方丹参滴丸，药店也开始进一些货，而此时消费者的一些反馈信息也陆续传来。

镜头一:

1995年夏，由北京开往重庆的特快列车上。

在满车的乘客中，有一位清华大学的胡教授，这次她是陪同从台湾回来、失散多年的兄长回重庆探亲的。就在列车快到重庆的时候，突然，胡老先生用手捂住胸口，大颗大颗的汗珠从额头上直往外冒。胡教授一看，急了，满车厢地喊:“有大夫吗？谁是大夫?”

胡教授的喊声惊动了另一个车厢的马先生。当时马先生刚好从北京参加完复方丹参滴丸的专家鉴定会，随身带有厂家给的样品。了解情况后，他当即从身上掏出一个紫红色的瓷瓶，从中倒出十几粒仁丹大小的药丸，让胡老含在舌下。令人惊奇的是，四五分钟后，老先生的病症完全消失了。

患者千恩万谢，一问，才知道这种药叫复方丹参滴丸。

镜头二:

1996年9月底，青藏高原某哨卡。

解放军原总后勤部卫生部药品器材局马友谦大校正在同驻卡官兵交谈，突然觉得胸口像压了一块大石头，呼吸变得极为短促，脸色十分苍白。他知道这是有了高原反应，如果不能及时解除，很可能会有生命危险，于是赶紧从口袋里掏出随身带的丹参滴丸含在舌下。几分钟后，症状神奇地消失了。

同行的新疆军区首长见他这么快就解除了高原反应的症状，“强烈要求”他为驻疆官兵配备这种药。回到北京后，马友谦当即给领导写报告，为每位高原官兵配备复方丹参滴丸。经过一番非常严格的审查后，马大校的申请终于被批准，复方丹参滴丸成为高原官兵的必备药物。

国内市场就这样慢慢地打开了。

（五）挑战美国 FDA

国内市场打开之后，闫希军心中的那个结——进军国际市场，也到了解开之时。

1995 年，国家中医药管理局组织一批企业到美国考察学习。公司刚刚有起色的闫希军，也跟着出去"开开眼界"，随身带了十几盒复方丹参滴丸。他的想法很简单，美国是心脏病发病率较高的国家，这十几盒药算是敲门砖吧。

到了美国，闫希军傻眼了。在这个高度发达的经济强国，中药要想以药品进入流通渠道比登天还难。国内很多大企业的产品，到了这里，都只能以食品的身份在杂货店进行销售。无奈之下，闫希军只好在华人聚集的唐人街摆起了地摊，当街叫卖。

"那种尴尬和屈辱，我至今不能忘记。"

1996 年底，国家科委准备推荐一两种中药现代化制剂进入美国市场，闫希军毫不犹豫递交了申请。科委的人来了，到闫希军的生产车间一看，一路不停地摇头："这么小的厂，也要进军国际市场？"当时闫希军的心就凉了半截。

谁知没多久，科委的正式通知下来了，复方丹参滴丸作为中国政府推荐的中药产品，将于近日赴美参加评审。后来闫希军才知道，当时国内几家有名的中药企业的产品都未通过预审。

尽管当时公司的实力还远远不能和那些大制药企业相比，但闫希军对自己的产品充满了信心。而且，一种强烈的民族自尊心也迫使他必须这么做：中国这样一个有着几千年历史的中药大国，怎能眼睁睁看着日、韩等国家用中药在全球赚钱，而自己却无动于衷？何况全球市场对任何人都是公平的啊。更何况，以复方丹参滴丸为武器振兴国药的理想，在他心中从未停止过。摆地摊他都尝试了，难道还有理由放弃其他任何机会吗？

"去，就算赔钱也要参加！"闫希军一锤定音。

1997 年 12 月 9 日，美国洛杉矶，美国食品与药品监督管理局大楼会议室，面对着世界上最挑剔的药品管理组织和 20 多位美国最顶尖的药学专家、学者，闫希军没有丝毫畏惧，他侃侃而谈："中药作为中华民族对世界医学的杰出贡献，在过去的历史中为人类的健康做出过伟大的贡献。现在，随着中药现代化进程的不断推进，我们愿意将最优秀的中药产品与美国人民共享。"在随后的答辩中，闫希军就复方丹参滴丸在治疗心血管疾病中的各种问题一一做了解答。

时间过去1小时20分钟。在场的美方官员和专家经过交换意见，当场宣布复方丹参滴丸直接进入二期、三期临床阶段，而且两期合并在一起做！

幸福来得太突然，闫希军还没有反应过来，就被一阵雷鸣般的掌声淹没了。

不经过一期临床实验而直接进入下一个阶段，这在FDA的历史上，是从来没有过的事。这标志着中国第一个复方中成药也是世界第一例治疗心血管疾病的中成药制剂得到了国际权威药品管理部门的认可。中药以治疗药物的身份堂堂正正进入发达国家主流医药市场，终于迈出了历史性的一步。

中国的中医瑰宝终于在国际市场上和日、韩企业站在了同一起跑线上。

1998年1月12日，18部委在北京梅地亚召开会议。24位医药方面的"两院"院士和60多位药学专家出席了会议。会议正式宣布了复方丹参滴丸成为中国第一例通过美国FDA-IND临床前认证申请的中成药，随后引来上百家媒体的竞相报道。

国际市场的一小步，意味着天士力集团的一大步。2003年，复方丹参滴丸销售一举突破12亿元，创下了中药单一品种连续几年销售超过10亿元的奇迹。

中药现代化渐渐展示出其大生产、大营销的独特魅力。

（六）回归大健康

2001年5月26—28日，中国首届中医药文化节在天津召开。作为文化节的积极倡导者和承办者，天士力再一次成为媒体和世人关注的焦点。文化节不仅请来了中央电视台《同一首歌》剧组，还邀请了医学泰斗、全国人大常委会副委员长吴阶平先生为文化节揭幕，其他来自全国及国际社会的友人更是不计其数。

闫希军的心情非常愉快。天士力出资兴建的长 150 米、高 18 米，反映中华 5 000 年医药文明史的大型浮雕一经亮相便赢得无数惊叹，而且被载入世界吉尼斯纪录；来自俄罗斯红十字会的主席波特拉夫诺娃·柳德米拉女士为表彰闫希军在中俄医疗保健合作中所做的贡献，特地向他颁发了“俄罗斯红十字勋章”；卫计委、国家中医药管理局和天津市的领导都来了，对天士力的发展给予了充分的肯定，而且表示今后还要大力支持。

几天下来，一向体力过人的闫希军忽然有了一丝倦意，尤其是胃和肝，由于连续饮酒，甚至有些隐隐作痛。这么多年来，谈项目，找资金，打市场，每一次都离不开酒，每一次闫希军都是超负荷运转。这就是中国的酒文化，高兴时要喝，不高兴也要喝；成功了要喝，失败了也要喝，酒似乎成了一剂万能的良药，什么病都可以治，什么伤都可以疗。

“要是有一种酒，既有传统酒的特点又不伤身体就好了。”闫希军对自己说。

于是，闫希军开始关注白酒业。

闫希军的思路是，利用天士力强大的科研实力，研制出一种中药营养液，将其融入白酒后，在不影响白酒颜色和口感的前提下，将甲醇、醛等有害物质分解，从而降低白酒对人体的伤害。经过两年多的潜心研发，闫希军成功了。2003 年 7 月 26 日，闫希军在“中国白酒营销论坛”上率先提出“现代白酒”的概念，开始了进军白酒业的大规模运作。

此时的天士力早已非昔日吴下阿蒙，早已有了雄厚的资金实力。

经过考察，闫希军投资 1.3 亿元，在贵州茅台镇收购了华台酒厂。为了扩大产能，又征了 200 亩地，经过两期技改，目前每年能够生产酱香型白酒 12 000 吨。

为了将酒业做成公司新的增长点，闫希军投资了金士力酒业公司，同时从全国各地招募高手加盟。“我们的目标是，在 5 年之内，把金士力做成国内白酒行业有特色的企业。”闫希军告诉记者，“不仅如此，我们还要逐步利用天士力的资源，对茶叶、烟草等传统行业进行改造和整合。我们的终极目标是走一条大健康之路。”

记者发现，闫希军所关注的，的确都是在中国有着巨大市场规模，却很少用现代科技和管理去整合运营的行业。于是记者问：“那么，是不是可以这样理解，其实从父辈流传到今天的东西，或者说传统行业，一定有其独特的市场价值，但很多没有被发掘发扬，那是因为我们没有用现代企业的思维和运作方式去探究它们？”

闫希军哈哈一笑，点头称是。“现在流行全球的文化，几乎全是欧美文化，我们为什么不将东方文化的内核与其合二为一呢？”

谈吐之间，意犹未尽。一个理想主义者。